閑情記舊二集

魏彥才著

文 學 叢 刊

文史哲出版社印行

國家圖書館出版品預行編目資料

閑情記舊二集 / 魏彥才著. -- 初版 -- 臺北市：
文史哲, 民 90
面 ； 公分. -- (文學叢刊；128)
ISBN 957-549-382-4 (平裝)

856.9   90014226

文 學 叢 刊 ⑫⑧

閑 情 記 舊 二 集

著　　　者：魏　　　彥　　　才
出 版 者：文　史　哲　出　版　社
登記證字號：行政院新聞局版臺業字五三三七號
發 行 人：彭　　　正　　　雄
發 行 所：文　史　哲　出　版　社
印 刷 者：文　史　哲　出　版　社
臺北市羅斯福路一段七十二巷四號
郵政劃撥帳號：一六一八〇一七五
電話 886-2-23511028・傳真 886-2-23965656

實價新臺幣 三四〇元

中 華 民 國 九 十 年 八 月 初 版

序

　　吾邑鄉賢魏彥才先生最近又要推出他的《閑情記舊》第二集，囑我替其寫篇序文。於情於理，我是應該替他說幾句話。因爲，自始至終，這一千多則"隨筆"，都是在我主編的《世界論壇報副刊》發表的，而且多年來受到海峽兩岸及海外華人地區的讀者所歡迎，作爲一個主編人，亦有榮焉。

　　早年，我執編《中央月刊》時，我的長官秦孝儀先生特別叮囑，選文章最基本的條件，要使人能"悅"讀，要大眾化，平易近人，讓讀者喜歡去讀它。否則，再好的文章，如果沒有人去讀它，等於擱在象牙塔裡的水晶球，再美，也只能自我欣賞而已。

　　彥才先生一度從事教育，門牆桃李遍植各地，爲國家作育良才，爲社稷培育興邦菁英，不愧爲士林師表。六年前，鄉長吳偉英先生介紹他的文章給《世界論壇報副刊》刊登，始覺得彥才先生學術湛深，不但詩文具華，且博學浩瀚。以其耄耋之年，還能有超人記憶力，將往事歷歷在目地記錄下來，令人欽佩不已。

　　這一千多則隨筆中，有歷史證言，有時代的感懷，有嘲諷的，有趣味的，無論那一種形式，都帶有濃稠的啓迪性，可以說言簡意賅，點到爲止，讓人讀了，可以莞爾一笑，也可低徊良久。在現代工商業社會，一切講求速率的今天，這樣短小精練的隨筆，是最爲讀者所歡迎。在我主編《世界論壇報副刊》的十年中，最受讀者喜愛，就是司馬庵的《神州感舊》和彥才先生的《閑情記舊》。司馬庵先生寫的是故都北京的一些人文、掌故，和一些地方軼事；彥才先生的《閑情記舊》，縱深度較廣、較深，而且，所涉及的人文、掌故、軼事，也比較豐富，但兩者都是文林高手，長博詩書，飽經人生歷練，否則，很難有如此才氣縱橫，真知碩學的廣博表現。

　　作爲一個後學，又是鄉親，實不敢言序，只是在出版前略抒數言，以表達對鄉賢的尊敬和仰戴。

2001 年六月
於中國文化大學

閑情記舊二集

目　　錄

閑 情 記 舊

（第 二 集）

魏彥才

526 齊白石不忘恩人

齊白石(1864—1957)原是雕花木工，經過他的勤學苦練和湘潭師友的扶持幫助，竟成爲世界級的詩書畫篆刻俱佳的大師。他成名後，不忘記恩人，很敬重以前的師友，並加以報答；還自刻許多閑章鈐在書畫上，以表示內心感激之情，例如："知己有恩"，"受恩慎勿忘"，"肝膽照人"，"一別故人生百憂"，"患難見交情"等等。他對後輩人和貧苦親朋，更能夠扶持幫助，爲世人所稱頌。

527 丁日昌與丘逢甲

清朝台灣巡撫丁日昌，廣東豐順湯坑人。五十多年前，我曾到他的故鄉訪問，知道他文武雙全，門第興旺，子孫顯赫。他在台灣巡撫任內，曾主持童子試，當時有應考的童子名叫丘逢甲，年紀最小，只有十四歲，他很疼愛，當即以"甲年逢甲子"（丘逢甲生於1864

甲子年)叫他應對，丘逢甲立即對曰："丁歲遇丁公"(當年是 1877 丁丑年)。對得很巧妙，錄爲秀才。以後丘逢甲二十五歲中舉人、二十六歲成進士。1895 年，統帶台灣人民抗日保台，不幸失敗，乃渡海回祖居地廣東蕉嶺興學育人，並參加孫中山先生的革命活動，卒於 1912 年民國成立後，有詩集傳世。

528 "跨世紀的青年"

報載：山東濟南市某中學高中畢業生李某的家長，發現兒子的畢業紀念冊上同學寫的贈言有："願您早日找到心上的白雪公主"。還有："八八八發發發，早生貴子早當家"。"有錢能使鬼推磨，願您我都是能使鬼推磨的人"等等。這位家長很氣憤大罵兒子："你們的同學怎麼儘寫些胡說八道的贈言而不互相勉勵？"兒子理直氣壯答道："爸爸，你又來了，我們是跨世紀的青年，臨別贈言也應該有時代特色，開放一些、瀟灑一些，怎能寫那些老掉牙的語言？"

嗚呼，這些可愛的"跨世紀的青年"！

529 科爾與日本相撲運動員

據說美國人很幽默，所以有馬克吐溫這樣的幽默作家。即如當今美國的總統柯林頓，也頗富幽默感。一九九四年當他和德國高一米九三、重一百五十公斤以上的當時總理科爾會晤，在莊嚴的外交場合中，也曾風趣地幽他一默：

"昨天我在電視上看到日本相撲運動員時，便想到您—科爾"。

彼此相顧而笑。

530 石龍鎮的竹工為東征立功

廣東東莞石龍古鎮的竹器街，長約一百三十多米，寬僅三米，該鎮本身雖不產竹，多由東江各縣運來，但所產的竹器，卻揚名海內外，許多華僑以能買到石龍竹器使用為榮。1925 年，國民革命軍東征陳炯明，久攻惠州城不下，因為城牆高而堅固，又缺重砲。石龍竹器工人接受了連夜趕製五百多張攻城使用的長竹梯任務，依時交付東征軍，賴以一舉攻下惠州城，為國民革命立下大功。現在這條竹器街尚存。

531 每個人對時間的感覺不同

歲月悠悠，人生苦短。時間對每個人的分配都是一樣的，但每個人卻對它的感覺不同：

有人嫌多，有人嫌少。

空閒的人不知道怎樣打發時間，忙碌的人又苦於時間不夠用。

青年對時間是慷慨的，中年對時間是節省的，老年對時間是吝嗇的。

中老年人說：青少年時代是"黃金時代"，但青少年自已卻往往不很看重；到了看重的時候，"黃金時代"都已過去了，悔之晚矣！

532 文化名人的百年誕辰

1998 年是許多文化名人的百年誕辰，隨便一想便有如下幾位：

許廣平(魯迅夫人，1898－1968)，朱自清(1898－1948)，豐子愷(1898－1975)，鄭振鐸(西諦，1898－1958)，田漢(1898－1968)。

533 薪盡火傳的崇高師道

二、三十年代成名的作家許欽文，曾因一個女學生的死而吃了一場馬拉松式的官司，他的《無妻之累》記實文學，寫得很詳細，轟動一時。他是由魯迅培養成長的，所以對魯迅很崇敬，也很有研究，連陶元慶為《徬徨》畫的封面圖案，也刻意推敲，深有體會。1950 年以後，他曾任浙江省文化局、作家協會等重要職務，他對後輩也同樣不厭其煩，盡力培養成長，這就是古語"薪盡火傳"一代接一代的崇高師道。

534 中國文化與佛道神鬼

中國文化人一向與佛道神鬼有關，直到本世紀初還有李叔同(1880－1942)、蘇曼殊(1884－1918)的出家修行和豐子愷(1898－1975)、張大千的茹素做居士。齊白石出身於鄉間木匠，沒有受過現代的科學教育，自然也難免對鬼神近而敬之。1945 年白石夢見有人抬棺材到家裡，暗悲自己當不久人世，乃擬了一副自輓聯解嘲：

有天下畫名，何若忠臣孝子；

無人間惡相，不怕馬面牛頭。

由此可見齊白石對鬼神夢幻之事是信又不信，無可奈何的。

535 紅軍書法家舒同

受毛澤東稱爲"紅軍書法家"、"黨內一枝筆"的中國書法家協會創始人並任主席的舒同(1905－1998)，不幸病逝北京。同是著名書法家沈鵬送一輓聯，很能概括舒同的一生：

　　　　從疆場作戰到奪取政權，軍內一枝如椽筆；

　　　　由馬背寫字而創建書協，藝壇元勳樹巨碑。

按：舒同的書法初學顏真卿，既有碑的渾厚蒼勁，又有帖的風緻雅韻，縱橫姿肆，真氣淋漓，人稱之爲"舒體"，已作爲當今電腦漢字系統字庫的一體。

536 柳亞子輓孫中山先生

楹聯是中華文苑的奇葩；其中輓聯是常見的一個品種，可長可短，總之以精萃準確的語言和真情實感表達對逝者的評價和哀思。1925 年孫中山先生病逝北京，舉世哀悼，柳亞子曾爲自己和新南社以及胞妹柳均權寫了一副輓聯，堪稱上品，從中也可以看出柳亞子的政治傾向：

　　　　與被壓迫民族相提攜，縱赤化興謠，人言奚足卹；

　　　　爲不平等條約而奮鬥，奈黃腸遽掩，天道寧復論。

註：上聯下比"黃腸"古時葬具，"天道"指三民主義。意思是無奈：孫中山先生過早逝世，難道三民主義不再繼承？另外還有許多佚名的輓聯也寫得不錯，如：輓魯迅聯：

　　　　有名作、有群眾、有青年，先生未死；

　　　　不做官、不愛錢、不變節，是我良師。

又輓郭沫若：

> 巨筆寫春秋，何獨屈子問天，文姬歸漢；
> 雄才跨百代，豈讓杜陵尊聖，太白稱仙？

又輓朱自清：

> 教書三十年，一面教一面學，向時代學，向青年學，生能如此，君誠健者；
>
> 生存五一載，愈艱苦愈奮鬥，與醜惡鬥，與暴力鬥，死而後已，我哭斯人。

537 重慶市校場口慘案

報載：1998年六月五日重慶市一百五十個警報台拉響了防空警報器，為五十七年前日本侵略者轟炸造成重慶市校場口隧道慘案死難同胞致哀，並使市民牢記歷史，不忘國恥，居安思危。這次慘案發生於1941年六月五日十八時，日機三十四架對重慶輪番轟炸，近七千市民蜂湧走入市區校場口防空隧道躲避。因為轟炸時間長達五個小時，隧道內缺氧以致窒息，踐踏死亡近三千人，是第二次世界大戰中一次性死亡最多的慘案之一。

538 胡政之的功績

《大公報》創始人三巨頭之一的胡政之(1889－1949)，四川成都人。晚年雖然逐漸傾向仕途，違背初衷，但他還是中國新聞界有一定地位的人物。他國學基礎深厚，精通日、英語，能看懂德、法文；在主持《大公報》二十多年中，既與吳鼎昌、張季鸞同心同德辦好報紙，獨樹一幟；而且還盡力培養了王芸生、徐鑄成、范長江、孟秋江、楊剛、徐盈、彭子岡等一大批優秀的新聞工作者，在中國的新聞事業中大放異彩。

539 蕭乾論知識份子

當代名記者、老作家、翻譯家蕭乾(1810－1999)，蒙古族。臨終前還與夫人文潔若著譯不輟，報刊上常可讀到他雋語連篇的短文。他認爲讀書人(包括專家學者)與知識份子不是同義語。僅僅閉門讀書或作埋頭實驗而不問世事者，只可稱爲讀書人或專家學者，而不能算是知識份子。所謂知識份子，必須是讀書人，除了研究自己的專業以外，還必須關心國內外大事，並有自己的見解和表達。若將國家比作一艘船，那麼，知識份子不僅是划船手，而且是一邊划一邊高瞻遠矚，關心船的走向的主人翁。

540 過猶不及

我們現在的書刊都用橫排，把數字改用阿拉伯字，既明瞭又省篇幅，例如 1999 年 10 月 15 日、50%等等。但凡事過猶不及，近來因爲濫用了反而不妙。例如：一、二位寫成 1、2 位；三、四個寫成 3、4 個；一一出現寫成 11 出現；說一不二寫成說 1 不 2；丟三落四寫成丟 3 落 4；五顏六色寫成 5 顏 6 色；十有八、九寫成 10 有 8、9 等等。這樣一來豈不「亂 78 糟」亂了套，使讀者啼笑皆非？

541 李鴻章訪問美國

清朝李鴻章(1823－1901)於 1896 年出使歐洲，參加沙皇尼古拉二世加冕典禮，並訪問西歐德、荷、比、法、英等國，大出洋相，後來還坐郵輪到美國紐約訪問。郵輪抵岸，他坐著四人抬的金色官轎走上碼頭，前扶後擁，吆喝前後，長辮子挽到屁股，架子十足，跟著的是同樣挽著長辮子的官員十八人，僕役二十三人，行李三百多件，還有二隻會說英語的籠中鸚鵡。最出色的還是由僕役撐起的朝廷賞賜的"金龍傘"，與"豬尾巴"(外國人稱長辮子爲豬尾巴)齊飛。這許多玩意，真像外星人下凡，使美國人大開眼界，大呼大喊，嘆爲觀止。

542 聶紺弩原是黃埔軍校學生

已故著名作家聶紺弩(1903－1986)，湖北京山人。前記有他二首打油詩。他原是華僑，1923年秋，在緬甸仰光編輯《覺民日報》、《緬甸晨報》，當時他已讀過《新青年》雜誌，知道了魯迅的名字。1924年黃埔軍校創辦，他回國考入第二期，隨即參加東征陳炯明，到過潮汕地區。後離開軍隊，重新辦報，三十年代初，主編上海《中華時報》、文學副刊《動向》。從此他結識了魯迅、郭沫若、茅盾、廖沫沙、歐陽山、田間等許多著名作家。而對魯迅卻特別推崇敬仰，學習魯迅寫了許多雜文傳世。以後卻受到"四人幫"摧殘迫害，過著長期的牛棚生活。

543 啟功瀟灑對疾病

現任北京大學教授、國家文物鑒定主任委員、中央文史館副館長、書法家啟功，已是八十望九的老人，前記有他自撰墓誌銘，可見他豁達開朗，幽默風趣。原來他對疾病也是灑灑對待，隨遇而安，不以爲意的。他有一首提及氣管炎的詩，也頗幽默風趣：

> 北風六級大寒時，氣管炎人喘不支；
> 可愛蘇詩通病理，"春江水暖鴨先知"。

544 魏明倫讀書三性

當代劇作家、雜文家、人稱鬼才的魏明倫，1941 年生於四川內江。他對讀書力求"三性"：韌性、記性、悟性。他說讀書有韌性而無記性，讀了白讀；有記性而無悟性，讀的是死書；而悟性最關緊要，一舉滿堂皆活。但單憑悟性，而無記性，則沒有庫存，是皮包公司；再無韌性，則建不成大倉，是短途小販。三性具備，乃可稱之爲知識富翁。

545 張恨水賣畫勞軍

創作了百多部言情小說的張恨水(1896—1963)，曾有人問他：你的"恨水"之名，是否典出"女人是水做的"？張微笑答曰：乃取自"人生長恨水長東"一語，非別也。張不單擅寫小說詩詞，還能作畫，頗見功力。抗日戰爭時期，他曾與人作畫義賣，得款慰勞前方將士。他畫的是菊花，上題詩曰：

> 措大勞軍禮物差，也來義賣寫黃花；
> 憑君買去糊窗口，休把吾人當畫家。

546 將校哭陵

　　1948 年內戰仍酣，南京中央訓練團有被縮編或收容的將校六百多人受訓，七月六日由中將學員武思光，帶領這些將校，全副武裝，預定計劃經國防部、總統府向中山陵進發，沿途觀者如堵。到達中山陵後，肅穆向中山漢白玉臥像行三鞠躬禮並默哀三分鐘，繼而朗讀祭文。這祭文出自丘八之手，雖不甚佳，但亦屬歷史資料，不可不記：

　　　　大總統中山先生九泉有靈，冥聽部屬哭拜：當今國民正處水深火熱，士無鬥志，人盡離心，政府措施，益形乖謬，經濟破產，金融紛亂，財政空赤，民不聊生，怨聲載道，乾柴烈火，政壇薄冰，國際降威，貪污橫行，怙惡不悛，國不似國，當朝奄奄一息，國民氣息將滅，眾叛親離，如此悲慘，望大總統指點迷津………

　　當時所有將校無不感動得痛哭流涕，這就是震動世界的 "哭陵" 一幕。不多久，這些將校們沒有說出的大敗局面出現了。

547 長沙大火田漢賦詩

　　抗日時期的 1937 年 11 月 12 日，一把火竟把一座繁華古城長沙化為灰燼，雖然把豐悌當作替罪羊殺了，但國家損失之大，士氣影響之深，實在無法估計，全國人民悲憤萬分。當時軍事委員會政治部第三廳的田漢和洪深前來長沙協助善後，如撫慰災民，安頓傷痛，清理廢墟，恢復交通等等。田漢(1898—1968)目睹長沙全城煙霧彌漫，滿目淒涼，感慨萬千，寫了一首無可奈何的七律：

　　　　長驅塵霧過湘潭，鄉國重歸忍細談；
　　　　市爐無燈添夜黑，野燒飛焰破天藍；
　　　　銜枚荷重人千百，整瓦完垣戶二三；

猶有不磨雄傑氣，再從焦上建湖南。

548 一副好的新聞標題

1948 年，美國駐中國特使馬歇爾奉召回國，另派華來士來南京接替馬歇爾。當時南京報紙以大字標題刊登這一消息。有一家報紙的標題是：「馬歇爾歇馬，華來士來華」，不用看新聞內容，已知道所報導的事實。它以兩人的中文譯名湊成十個字，簡單明瞭，而且對仗工整，構思奇妙，無論順讀倒讀都不變意思，是一副可偶遇而不可強求，難能可貴的好標題。

549 劉半農自取臭罵

語言學家劉半農(1890—1934)是"五‧四"時代的戰將，他為了文學革命，曾提倡俗文學寫打油詩。有一天他心血來潮，在北京《晨報》上刊登一則啓事：徵集罵人的土話，準備編寫一部《中華罵人大全》問世。他的好友，也是語言學家的趙元任看到這則啓事，立即到劉家用安徽、湖北、四川各地的方言，拍著桌子大聲對劉半農臭罵一頓。接著又是他的好友周作人也來到用紹興話向劉大罵。劉隨即到北京大學授課，寧波、廣東各地的學生同樣用各自的家鄉話痛罵不止，弄得劉半農難以下台階。他經過這幾頓臭罵，心馳神往編寫罵人大全的事，竟然頹然放棄了，只添了文壇一則趣話。

550 古今高級廁所

《世說新語》載：西晉大富豪石崇家中曾建有高級廁所，金碧輝煌，銀盆金缽，香氣四溢，流水潺琮。又載：宮內府第，也有這種廁所，可見兩晉奢靡之風全由皇家帶頭興起，人民怎不貧困思變？司馬氏的西晉天下只有五十二年，良有以也。以後東晉社會更見四分五裂，終於滅亡，可爲後人警誡。

551 辜鴻銘敢說敢罵又幾例

前記自稱是"東西南北老人"的辜鴻銘(1857—1928)，蔑視權貴，獨立特行的趣事很多，現在再記幾例：

1885年，辜鴻銘自歐洲回國投入湖廣總督張之洞門下爲幕僚，一幹就是二十年。1902年老佛爺慈禧生日時，總督衙門照例張燈結彩，大事慶祝，張之洞令大家唱新編《愛國歌》，辜鴻銘卻對大家說：有《愛國歌》爲甚麼沒有"愛民歌"？大家請辜自編，辜即吟："天子萬年，百姓花錢；萬壽無疆，百姓遭殃"。一時嘩然，視爲瘋人，他卻淡定自若，安之若素，結果未受罪罰，亦云幸矣。

後來張之洞逝世，辜鴻銘撰寫了《張文襄幕府紀聞》，對當朝權貴嬉笑怒罵，不拘一格。他評論張之洞說："人謂我張大帥學問貫古今，余謂即一部《論語》亦僅通一半耳。"而對袁世凱更不客氣斥之爲"絕種"，"兵將知宮保(指袁世凱)而不知有國家"。他還將這些評論譯成英文傳播海外，不顧後果。儘管他不滿當朝的許多黑幕，但他還是忠於清室的，民國成立後，他留著辮子穿著長衫馬掛，抱殘守缺，不能自拔，大概就出於這樣的思想感情的。

552 魯迅與柳亞子的友情

魯迅(1881—1936)與柳亞子(1881—1958)相交的時間雖然不長，但惺惺相惜，可謂莫逆。1932 年十月間，郁達夫王映霞夫婦請魯迅許廣平夫婦和柳亞子鄭佩宜夫婦相見，當時魯迅曾題句紀念，即人所共知的 "橫眉冷對千夫指，俯首甘為孺子牛"。後又應柳亞子之請手書整首詩相贈：

> 運交華蓋欲何求，未敢翻身已碰頭；
>
> 舊帽遮顏過鬧市，破船載酒泛中流；
>
> 橫眉冷對千夫指，俯首甘為孺子牛；
>
> 躲進小樓成一統，管他冬夏與春秋。

到了 1933 年一月，魯迅也由郁達夫代請柳亞子寫詩相贈，柳即書 1931 年所作《新文壇雜詠》中《詠魯迅》一絕親自送給魯迅：

> 逐臭趨炎苦未休，能標叛幟即千秋；
>
> 稽山一老終堪念，牛酪何人為你謀。

以後柳亞子一直讚頌魯迅的文章道德和功業，對毛澤東評價魯迅的言論深表同意，曾有 "魯迅先生今聖人，毛公讚語定千秋"、"論定延京尊後聖，毛郎一語奠群嘩" 等句。到了柳亞子晚年的遺囑還有這樣的話："墓能在魯迅先生附近最佳，因我生平極服膺魯迅先生也"。

553 雷鋒心中的四季

作為幾十年學習榜樣的雷鋒，在日記中記述心中的四季：對待同志要像春天般地溫暖；對待工作要像夏天般地火熱；對待錯誤要像秋風掃葉一樣猛烈；對待敵人要像嚴冬一樣冷酷。這些話教育了一茬一茬青少年。時至今日，社會已起了變化，流傳著另幾句順口溜，四季雖然一樣冷暖風雪，但說法不一樣了：對待美人要像春天般地溫暖；對待金錢要像夏天般地火熱；對待公共財物要像秋風掃葉一樣無情；對待競爭對手要像嚴冬一樣冷酷。現實的政治倫理和社會道德果真如此嗎？值得我們深思！

554 文化人都愛書

學者、作家和一切文化人都很愛書，也善讀書。清朝袁枚(子才，1716—1798)說："讀書如吃飯，善吃者長精神，不善吃者生痴瘤"。所謂善吃就是講究讀書方法，經過咀嚼品味，取其精華，棄其糟粕。蘇俄大文豪高爾基，也很愛書而善讀書。有一次他的住屋起火，他首先救出書籍，險被燒死。他說："書籍一方面啓迪我的心靈和智慧，一方面幫助我在一片爛泥裡站了起來。如果我沒有書籍，我就會沉沒在爛泥裡，被愚蠢和庸俗淹死。"

555 《花月痕》這本小說

郁達夫(1896—1945)生前曾提到他走上文學道路，與讀了《花月痕》有關係。這部清末長篇言情小說是福建閩侯人魏秀仁所寫，很有點《紅樓夢》味道。魏氏生於嘉慶二十三年，死於同治十二年(1818—1878)。他自幼隨父親熟讀經史，二十八歲考中秀才，二十九歲考中舉人，但在仕途上卻很不得意，長期爲人幕僚，爲他人做嫁衣裳，又值"洪楊之亂"，天下擾攘，民不聊生，更爲抑壓不得志，乃借別人之酒澆自己愁腸，寫出這部才子佳人小說，其中情節多以自己經歷爲模特，書中插入很多詩詞，耐人吟誦，我在抗日時期也曾讀過，至今記憶猶新。

556 巴金與蕭珊的真愛情

巴金(1904－　　)在三十二歲時已結識了十九歲的陳蘊珍，到了四十歲二人才結成夫婦。因陳在西南聯大外語系的女生中排行第三，因此改名爲蕭珊(珊與三諧音)。婚後夫妻感情深篤，過著刻苦貧寒而又溫暖幸福的生活。"文革"十年，他們受盡磨折凌辱，蕭珊曾用身體掩護巴金，擋住紅衛兵加在巴金身上的皮鞭。而自己同樣受盡批鬥、遊街、精神與肉體的痛苦，不幸於 1973 年先行逝世。巴金把夫婦合譯的《屠格涅夫中短篇小說集》和蕭珊的骨灰盒放在臥室，朝夕相伴。他對人說：我願意爲我那十多部"邪書"而受人千刀萬剮，只求她能活下去，但現在她先走了，讓我永遠閉上眼睛的時候，把我的骨灰和她的摻在一起吧…………

巴金一生講真話，在夫妻關係上也講真愛情。

557 　 周恩來輓鄒韜奮

現代著名報人鄒韜奮(1895－1944)與周恩來相交很深，他因病在上海逝世，是在抗日勝利的前一年七月二十四日。當時重慶各地的文化界人士宋慶齡、郭沫若等衝破阻力，分別舉行隆重的悼念會，周恩來與鄧穎超送了輓聯：

憂時從不後人，辦文化機關，組救亡團體，力爭民主，痛批獨裁，那怕冤獄摧殘，宵小枉徒勞，更顯先生正氣；

歷史終須前進，開國事會議，建聯合政府，準備反攻，驅除日寇，正待吾曹努力，哲人今竟逝，倍令後死傷神。

按：鄒韜奮 1926 年主編《生活》週刊，一紙風行，爲當時銷路最好的期刊。1932 年創辦生活書店和分店，爲讀者熱情服務，有口皆碑。1933 年《生活》週刊被查封，繼編《全民抗戰》等期刊。

558　釋疑如破竹的周振甫

當代著名學者周振甫先生，生於 1911 年。他從少年開始，即與古典文學結下不解之緣。他曾在無錫國學專修班求學，於 1932 年受上海開明書店招聘爲《辭通》大辭典的校對。從此他在業餘艱苦治學，涉獵廣泛，常發表文章於《中學生》雜誌等報刊上，深得讀者喜愛，更得到錢鍾書(1910—1998)的賞識。錢所著《談藝錄》、《管錐編》，先後由他校勘並任責任編輯。兩位學者惺惺相惜，感情深摯。後來周振甫參加新版《魯迅全集》的註釋和《中國大百科全書·中國文學》的編寫；還推出《詩詞例話》、《文章例話》、《小說例話》、《文學風格例話》等等系列著作，風行海內外。現屆九十高齡猶寫作不輟，真如錢鍾書生前所稱頌的：

　　　　“迎刃析疑如破竹，斯文大業炳無窮。”

559　無心插柳柳成蔭

閑讀傳記文學，說的是以前美國標準石油公司，有一位小職員，名叫阿塞勃特，他出於愛護公司的誠意，無論走到哪裡都在自己的簽名下寫上：“每桶四元的標準石油”作爲廣告。這事給董事長洛克菲勒知道後，深記在心，時加考驗。到了洛克菲勒年老退休時，竟把這位無名小卒越級提升爲第二任董事長，使人跌破眼鏡。這說明人生際遇，有時候奇怪難測，有的人窮其一生孜孜撈取名利而不可得，有的人以平常心對待工作，長期勤懇耕耘，卻得到意外的收獲和驚喜。這正如中國的老話："有意栽花花不開，無心插柳柳成蔭。"

560　韋君宜的《思痛錄》

　　韋君宜(原名魏蓁一，湖北建始人，1917—1998)最後寫成的回憶錄《思痛錄》，是一部暢銷書。這書是近幾十年來中國風雲一特別是「左禍」的親身經歷的翔實記錄。她說："歷史是不能被遺忘的，我只是說事實，把事情一件件擺出來，目的也只有一個：讓我們永遠記住歷史的教訓，不要重複過去走彎路"。這正和中國的老話"前事不忘，後事之師"一樣的意思。但是我們幾十年來所受的禍害，總在重複著，直到現在還有人諱疾忌醫，要受禍害的人向前看，不糾纏著往事，說什麼"退一步海闊天空"等等以息事寧人，粉飾太平，這是不是欠缺革命者的胸懷，有違韋君宜寫回憶錄的宗旨？

561　粵東文化不能與江浙相提並論

　　鄒韜奮於1941年香港淪陷後，曾來粵東梅縣小住，盛讚粵東地區文化發達，不輸於江浙。其實鄒先生這話說得太重了，很使我們慚愧。文化的內涵包容很廣，只從文化人才來說，在現代不要舉文化名城紹興的魯迅兄弟、蔡元培、許壽裳、孫伏園、許欽文等等，即如普通小縣市如桐鄉，也有茅盾、豐子愷、錢君匋、嚴獨鶴、金仲華等等許多名家。這些年來粵東地區更與江浙拉大了差距，有目共見。我們應該怎樣急起直追，才不負鄒韜奮先生生前的期許？

562　橫刀看天笑的譚嗣同

　　1998 年是戊戌政變失敗的一百週年。當時犧牲最壯烈的是譚嗣同，他原可以和康有爲、梁啓超一樣逃往外國，躲避災禍，但他毅然表示：“各國變法無不以流血而成，今日中國未聞有因變法而流血者，此國之所以不昌也。有之，請從譚嗣同始。”他還留下“我自橫刀看天笑，去留肝膽兩崑崙”、“死得其所，快哉快哉”的豪言壯語，而從容就義。這種爲國爲民的高風亮節和勇於犧牲精神，將永遠是中華民族學習的榜樣。

563　張謇的功業

　　清末狀元、近代實業家張謇(1853—1926)很得到毛澤東的讚賞，同意黃炎培給他的讚詩：“首膺實業開新紀，獨佔瓊林第一枝”，並認爲中國的重工業不能忘記張之洞，輕工業不能忘記張謇。張謇不因狀元郎這副功名所羈，一生對國事、民事看得很重要，對私名私利卻很淡薄。他遺囑死後應該小墓小銘小誌，墓碑僅刻上南通張某之墓足矣。但出人意料，他出殯時送行的多達十萬人，正如章太炎的輓聯所寫：

　　　　作人以活人，一旦云亡，痛哭同聲天地慘；
　　　　盡己不利己，畢生匪懈，彌留猶念國家危。

　　然而，張謇畢竟也受到歷史的侷限，晚年也有守舊落後的一面，例如擁護袁世凱對抗孫中山的國民黨，提倡尊孔讀經，抵制“五·四”新文化運動等等。大概也可以說是“白玉之疵”吧。

564 中國的晚報

中國之有晚報，只比日報遲了一些。1882 年上海就有《滬報》所辦的夜報，開始時印幾百份，後來每況愈下，只發行一年時間便停刊了。這因為當時上海市民的生活情況，還沒有看晚報的條件，而且晚報又少新聞，只有消閒文字。後來沈卓吾於 1921 年獨資印行《中國晚報》，新聞內容雖然多了，但市民還是沒有看晚報的習慣，虧損累累，只好停刊。繼起的也莫不如此。直到 1932 年淞滬抗日，《大晚報》卻能發行數萬份，說明讀晚報的習慣和興趣，已因關心國家大事而大大提高。現在的上海《新民晚報》和廣州的《羊城晚報》竟發行百萬份以上，而其他各大中城市也紛紛創辦晚報，銷路不低，可見我們的國家社會飛躍進步的程度。

565 李叔同出家之謎

在福建泉州圓寂的李叔同(弘一法師 1880－1942)，曾留學日本，多才多藝，原很富於革命思想，參加進步事業，但到了風華正茂的三十九歲，卻在杭州出家，過著苦行僧的生活，世人認為這是一個謎。有人懷疑他有家庭中的感情問題，但他的家庭一向很是和睦親愛，天津的髮妻俞氏帶著二個孩子，上海有日籍的如夫人城子，是在日本結合的，感情也很好。兩位夫人聽到他出家修道，悲痛欲絕，俞氏從天津趕來杭州，要求在岳廟前一間素食店共餐晤談。他進店後眼睛一直不抬，默然用飯，有問才答上一二句，飯罷返寺。俞氏大哭一場回天津，六年後病逝。至於如夫人城子，也由友人送回日本娘家，下落不明。這些情況在我們俗人看來，是多麼痛苦難堪的事？他怎麼能忍下來？

566 夏丐尊在抗日時期

開明書店創辦人之一、教育家、翻譯家夏丐尊(1886—1946)，抗日時期，未及遷入內地，一直輾轉於江浙城鄉間，生活很爲艱難，1943年冬曾被日寇逮捕，以“抗日份子”嚴加審訊，受盡磨折，他堅貞不屈，保持民族氣節，囚禁十多天後，得到老友日本人內山完造(也是魯迅的好友)營救獲釋。從此憂憤交加，肺病復發，久治無效，於抗日勝利後第二年四月與世長辭，享年六十歲。一代宗師的道德勛業，永遠受人景仰。

567 小腳今昔

最近報載：雲南省通海縣九街鄉六一村，尚有一百三十多名“三寸金蓮”老婦人。她們很喜歡聚集排坐在一起，任人觀賞。但她們並非藉此歛錢，或者評比誰的“金蓮”最小榮任“花魁”；而是向世人展示這“金蓮”曾負載著長期的屈辱、辛酸和淚水，即將與這把婦女束縛、扭曲、壓迫的時代告別。按：據說所謂“金蓮”的小腳，源於南唐後主李煜(937—978)這位亡國之君，他爲了逸樂，命妃嬪以帛纏足，越小越好，再穿上素襪在蓮台上翩翩起舞以取歡。這一舞便舞出了千年來中國婦女的屈辱、辛酸和無盡的淚水。這豈是李煜當年能料到的滔天罪惡？

568 陳獨秀聯慰劉海粟

陳獨秀是“五‧四”新文化運動的功臣，他對劉海粟在藝術教育上的創新，如使用裸體女模特素描等等，很是同情支持，曾贈一聯慰勉：行無愧怍心常坦，身處艱難氣若虹。

569 馮友蘭期頤望齊眉

當代女作家宗璞的父母，很少人知道就是大名鼎鼎的馮友蘭和任載坤。馮友蘭固然是大教授大學者，而任載坤也來頭不小，畢業於前期的北京女子師範大學。據宗璞在一篇散文中透露，母親一生都為父親料理家務，支持父親教書、寫作和社會活動。抗日時期在西南聯大，父母與許多聯大教授如王力夫婦等等，很有往來，彼此互相鼓舞忍受戰時的艱苦生活。“文革”時，母親也和父親一樣受盡凌辱折磨，毫無怨言，真是一位難得的典型賢妻良母。1977 年，任載坤八十三歲病逝，馮友蘭寫一輓聯送行：

憶昔時追隨，同榮辱、共安危，期頤望齊眉，黃泉碧落君先去；

從今少牽掛，斬名韁、破利鎖，仰俯無愧怍，海闊天空我自飛。

可喜的是：馮友蘭雖然沒有達到「期頤望齊眉」的目的，也“自飛”了十三年到 1990 年才逝世，含笑看到了撥亂反正、改革開放的初步成功。

570 哲人多哲言

有人問大科學家愛因斯坦：你與普通人的區別在哪裡？他不加思索答道：如果讓一位普通人在乾草堆裡找一根針，那個人在找到那一根針以後，就會停下來；而我呢，卻會把整個乾草堆掀開，把可能散落的針都找出來。

571 獲諾貝爾獎的華裔科學家

　　1998 年的諾貝爾物理學獎得主，又有一位和 1997 年一樣是美籍華人。他就是 1939 年出生於河南，1958 年赴美求學的崔琦。從這事可以看出中國人不笨蠢，但中國卻缺乏研究科學和培養科學人才的環境和條件，很應該急起直追，加以創造。直到現在，獲得諾貝爾獎的華裔科學家有：1957 年的李政道、楊振寧(物理)；1976 年的丁肇中(物理)；1986 年的李遠哲(化學)；1997 年的朱棣文(物理)以及上述的崔琦。這幾個人的數字，是不是與十多億人口的中華民族比例太小一點？

572 人生與書

　　光陰易逝，人生苦短。可有一樣東西可以擴大你的視野，瞭解這燦爛壯闊的世界，啓迪和豐富你的人生；並可追憶以往，鑒古明今，展示未來。這東西可以驅趕孤獨，延年益壽，永遠使你愉悅。它就是在你左右的“書”。當然，這“書”也應該是開卷有益的好書。

573 辜振甫夫婦在北京大學

　　1998 年十月十四日至十九日，台灣海基會董事長辜振甫和嚴倬雲夫婦，率團到大陸作“破冰之旅”，其中有一個節目到北京大學，向首任校長嚴復(幾道，1954—1921)的銅像獻花。原來嚴倬雲是嚴復的孫女，辜振甫又是北大"五·四"前後的教授辜鴻銘的親屬，都算與北大有很大的關係，正如唐·王昌齡的詩句："青山一道同雲雨，明月何曾是兩鄉"。以這樣的人做親善使者，應該說是很合適而會作出成績的。且拭目以待。

574 古今毫無禁忌的受賄貪官

《明史·李廣傳》：明孝宗時有一個叫李廣的太監，以符籙之術受寵於帝，此人膽大心貪，常假傳聖旨授人官職，收受賄賂，後失寵自殺，抄出一帙納賄簿，記載文武百官行賄的數目和姓名，以黃米白米作爲黃金白銀的代稱，這樣的"偷食不洗嘴"，自己寫出犯罪的鐵證，可謂蠢矣。但五百年後的今天，卻有比這更蠢的貪官，據《中國紀檢監察報》載：江蘇江陰市山觀鎮原黨委書記陸福榮，把自己任鎮長、書記六年所受的賄賂一一記帳，共達一百七十多萬元，還加以統計，詳細記出一天受賄最高數額和最多次數，以及"受款增長率"、"斂財新指標"等等，已比明朝的李廣做法先進得多，透明得多，彷彿貪污受賄無須禁忌，視爲當然了。不亦怪哉！

575 不以作者產量多少論高下

詩文應該如白居易說的："文章合爲時而著，詩歌合爲事而作"，就是說詩文應該對世事人生有感而發，不以小花小草、胡思亂想、無病呻吟、浮詞麗句爲能事。有識者從來不以產量多少評定作者的高下。清·乾隆皇帝一生寫了幾萬首詩，卻不能在中國文學史上取得一席之地。前人筆記中曾說：有潘大臨其人，只吟了一句"滿城風雨近重陽"，卻被人們輾轉抄錄，代代相傳成爲佳話。

576 曲徑通幽引人入勝

文學作品的意境，貴深不貴淺，情節貴曲不貴直。所有優秀作品決不把什麼都一下子和盤托出，使人一覽無餘，看了上文便已知道下文，味同嚼蠟，正如唐·常建詩句寫的“曲徑通幽處，禪房花木深”，使人感到似乎山窮水盡了，卻又峰迴路轉，柳暗花明，另有一番景緻引誘著你去想像去追尋去品味，沉醉在美感中。

577 老人節與老人年

1998 年農曆九月初九是大陸第十個法定老人節，各地照例開展敬老活動；1999 年又是國際老人年，活動會更多。我國自古以來對老人都很尊敬，留下許多讚美、慰勉的詩文：“老當益壯，寧知白首之心；窮且益堅，不墜青雲之志”，這是王勃對老人的希望。“憐君頭早白，其志竟不衰”，這是白居易對老人的讚美。“鬢衰頭似雪，行步急如風，不怕騎生馬，猶能挽硬弓”，這是張籍對老人的歌頌。總之，白髮是成熟的標誌，老人是人類的至尊。但願所有老人不為白髮所嚇倒，永保青春的光華；更願全社會尊敬老人，尊敬曾經創造世界的功臣！

578 代有人才各領風騷

有人說：“文化大革命”就是“造神”運動，得不償失，毫無意義。試想：把一些人的言行抬高到“頂峰”，前無古人，後無來者，甚麼"最最最……"，只能使"神"飄飄然、昏昏然；而造神者卻給人民的鐵掌打倒，遺臭萬年。其實社會在不斷發展，時代在不斷進步，誰能說自己是空前絕後的偉大人物？還是清‧趙翼的思想比較開放，有詩爲證：

> 李杜詩篇萬口傳，至今已覺不新鮮；
>
> 江山代有人才出，各領風騷數百年。

579 胡適的婚外戀

胡適(1891—1962)這樣的知名人物，能與小腳文盲江冬秀白頭偕老，確使人有些不解。但他畢竟不是不食人間煙火的人，前記有1923 年在杭州與曹誠英的一段情緣，而在他留學美國時，還有與一位教授的女兒名叫韋蓮絲(1985—1971)相戀的故事。他們不光在相處時親蜜無間，即分別後也經常通信，五十年中也有幾次重逢。韋蓮絲終身未嫁，胡適逝世後，她曾提出願意用積蓄爲胡適編印遺著。有人說：胡適的《嘗試集》第一首新詩《蝴蝶》，是爲韋蓮絲而寫的：

兩個蝴蝶雙雙飛上天/不知爲什麼，一個忽飛還/剩下那一個，孤單怪可憐/也無心上天，天上太孤單。

580 貪污那麼多財物做什麼

近來各種報刊報導查辦大貪官的新聞不少，其貪污受賄的金額，動輒十萬百萬千萬甚至上億元，真使人怵目驚心，大嘆錢慾橫流。例如 1988 年十一月五日《羊城晚報》載：原海南省東方市委書記戚火貴和妻子、東方市中國銀行支行行長符榮英，自 1992 年至1998 年，共收受賄賂二百多萬元，另不明來歷的一千多萬元；還有港幣六十多萬元，美鈔三萬多元，以及金項鍊三十四條，金手鍊四條，金戒指四十三枚，金手鐲八個，金耳環四對，金磚四塊等等。我們真不知道時至今日，還有像嚴嵩、和珅那樣的貪官，究竟是為自己的晚年生活而打算？抑是為子孫後代的出路而謀略？我看都沒有必要。現在案情已經暴露，大概夫妻倆無福消受這些財物了，正應了白居易的自警詩：

> 蠶老繭成不庇身，蜂飢蜜熟屬他人；
>
> 須知年老憂家者，恐似兩蟲虛苦辛。

我還記得林則徐對待貪污說的幾句話，也很有意思：

> 子孫若肖我，留錢做甚麼？賢而多財，則損其志；
>
> 子孫若不肖，留錢做甚麼？愚而多財，益增其過。

581 戴厚英之死

著名女作家、教授戴厚英(1938—1996)，安徽省人。不幸於1996年八月二十五日在上海寓所，連同她的侄女被劫匪槍殺。這是中國第一樁清貧作家、教授被劫匪槍殺大案。她在"文化大革命"苦難中，丈夫和她離異，遺下她和一個女兒艱難地生活著。以後她與詩人聞捷發生戀情，又遭"四人幫"張春橋等人的干涉，使聞捷自殺身亡，她更加陷入痛苦中。但她很堅強、善良、勤奮，茹苦含辛養大女兒戴醒，並留學美國成為博士。她自己也在業餘寫出《詩人之死》、《人啊，人》多部小說和許多散文，無論題材、技巧、文采都不隨流俗，別開生面，暢銷海內外。遺憾的是：她沒有死於"四人幫"的迫害，竟死於無良的劫匪槍下，良可嘆也。

582 端木蕻良想念香港回歸

　　端木蕻良(1911－1996)是一位紅學家，早年即得到魯迅的看重，他極富友情，更熱愛國家民族，生前曾寫詩寄香港友人：

　　　　薰風流海宇，花鑄萬年美。榕下連千木，天邊近五羊。
　　　　振翮接雲霞，奮馬躍馳韁。禹甸同歌日，蘭亭共流觴。
　　　　來潮何浩蕩，今昔不同論。香島春光靄，國門紫氣真。
　　　　接航歌共調，帶水吐同氛。元宵龍月舞，流水嚮過雲。

　　詩中的"禹甸同歌日，蘭亭共流觴。""接航歌共調，帶水吐同氛。"等句都是他憧憬香港回歸之日與友人痛飲高歌的嚮往和期待，遺憾的是：他早幾個月便逝世了。

583 新詞語的出現

　　中國改革開放二十年來，變化之大，用天翻地覆來形容也不過份。即如新的詞語，據調查就有二千個之多。由於環境的寬鬆，過去所常用的生硬、火藥味的詞語，多轉變為溫馨而有人情味的詞語，例如："先生"、"小姐"、"請你"、"對不起"等等；又由於意識型態的變化，增加了"個人價值"、"自我意識"、"跳槽"等等；更由於經濟體制和物質生活的改變，更有"市場經濟"、"民營企業"、"特區"、"房地產"、"融資"、"萬元戶"、"打的"等等。至於科技方面的新詞語如"微機"、"大哥大"、"因特網"、"計算機病毒"等等，尤使我們這些劉姥姥們，眼花撩亂、莫名其妙，很需要專家學者收集編入新版詞書了。

584 老一輩女作家陸晶清

老一輩女作家陸晶清，1907 年生於昆明，是曾受高爾基譽為
"東方雪萊" 王禮錫的夫人，畢業於北京女子師範大學，和魯迅夫
人許廣平同是大革命時代最活躍的進步女性。她們抗議日本等八個
國家阻撓中國軍隊在天津設防；向段祺瑞政府請願反對帝國主義的
侵略；驅逐新任北京女子師範大學校長楊蔭榆等等。結果，發生劉
和珍等同學被打死的慘案。後來陸晶清從事文學創作，與當時的謝
冰心、陳衡哲、黃廬隱、白薇、凌叔華等人齊名。1957 年被打成 "右
派"，銷聲匿跡多年，直到 "四人幫" 倒台後才像 "出土文物" 那
樣重見天日。現在坊間重版她的著作，仍然熠熠生輝。與美國的謝
冰瑩和台灣的蘇雪林，仍有書信往來。

585 北京女子師範大學的名教授

1924 年許壽裳任北京女子師範大學校長，他繼承 "五‧四" 傳
統，提倡科學、民主，鼓勵學生獨立思考。當時師資堅強，名家薈
萃，僅文學院就有一李(大釗)兩周(魯迅、周作人)三沈(沈士遠、沈尹
默、沈兼士)四名士(錢玄同、林語堂、黎錦熙、馬裕藻)。後來因為
政局、人事影響，發生學潮，許壽裳辭去校長職務，由自稱是「家
婆」楊蔭榆接替，以致這些名教授都風流雲散了，楊蔭榆也隨之下
台。在魯迅的著作中，楊蔭榆是不得人心的人物，但到了抗日時期，
這位留日女學生卻能保持民族令節，拒絕日寇的利誘威脅出任偽
職，卒被殺害於蘇州。

586 曹禺的《王昭君》

曹禺(萬家寶，1910—1996)在中國話劇史上，恐怕沒有人和他比肩。他在三十歲以前，即創造出《雷雨》、《日出》、《北京人》等劇本，蜚聲中外，許多男女名演員，以能扮演上述劇中人物為榮。以後他無例外地受到"四人幫"的摧殘迫害，弄得死去活來。到了1974年，才由周恩來設法解救出來。1980年他七十歲了，很無奈遵命創作了《王昭君》一劇，一反歷史真實把王昭君出塞說成是自願出嫁少數民族，為民族團結做了許多有利的工作。這樣的勉強改變情節，自然就像帶著腳鐐跳舞，很不是滋味，寫得不如《雷雨》、《日出》成功了。當時"四人幫"的文藝思想還沒有肅清，所謂領導出思想、群眾出生活、作家出技巧的創作方法，簡直就是戕害作家的荒唐笑話。

587 殉道殉情的吳宓

一向任教重慶西南師範大學的吳宓(1894—1978)，一生為"道"與"情"兩字而鼓舞、苦鬥、受累、犧牲。他對中國的傳統文化，具有堅強的信心，他不怕中國被外人滅亡，只怕中國文化淪喪。曾說："寧可殺頭，也不批孔"。在"文革"批孔聲中，只有他和梁漱溟、容庚三教授默不作聲，可謂"守道"。至於"情"字，他視毛彥文女士為"東方海倫"，他對她的苦戀至死不渝，眼見她嫁作大官夫人，還照舊寫《海倫曲》一類的情詩和抒發苦戀的散文發表。他真算是殉道殉情、古今中外皆通、文史哲俱精的大學者。他的高足成名成家者眾多，如王力(了一)、高亨、劉盼遂、徐中舒、姜亮夫、陸侃如、錢鍾書、季羨林、李健吾、王佐良等等，可謂薪盡而火傳，很值得我們崇敬。

588 溥儀談貪污受賄

從皇帝到公民的溥儀(1906—1967)，經過十多年的改造，總算認識了貪污受賄的禍害。他生前曾對人說：清朝之亡就亡在兩王三貝勒。兩王即醇親王載灃、慶親王奕劻，三貝勒即載洵、載濤、毓朗。奕劻與其子載振專事收賄，人稱"慶記父子公司"，盛宣懷之能任郵傳尚書，是送了奕劻三十萬兩銀子的結果。奕劻極力逢迎慈禧，得到慈禧的撐腰，所以敢於貪污受賄而無忌，釀成官場如市場，官風敗壞，道德淪喪，清朝怎能不亡？大概溥儀也會唸起《阿房宮賦》的最後幾句：

後之視今，亦猶今之視昔……秦人不暇自哀，而後人哀之；後人哀之而不鑒之，亦使後人而復哀後人………。

589 最早的副刊

報紙之有副刊，有人說始於 1921 年北京的《晨報》。其實是創刊於 1904 年的上海《時報》，該報初時也和其他報紙一樣，把新聞以外的小說雜文詩詞等等，附載於新聞之後，並無專用版或欄目。大約到了辛亥革命前夕，該報地方編輯包天笑，忽發奇想，向報社負責人狄楚青建議，別闢專欄爲《餘興》，專載新聞以外的雜著。得到同意照辦後，讀者滿意，投稿者也多，影響很大，銷路增多，遂成爲定式。不久，《申報》以《自由談》、《新聞報》以《快活林》作爲副刊專版。其他各地報紙也相繼仿效編出副刊專版。到了"五·

四" 以後，副刊已是報紙不可缺少的內容，產生了一位人稱 "副刊大王" 的孫伏園。

590 魏明倫評論郭沫若

四川作家魏明倫，人稱鬼才。在他《巴山鬼話》的雜文中曾說："從前我喜歡郭沫若青春燦爛，如今我敬仰巴金晚霞輝煌。若論學識淵博，才華洋溢，巴老比郭老遜色，若論道德風骨，人格力量，恕我直言，暮年的郭老有些可悲，他用違心的假話，否定自己黃金時代說過的大量真話………"。一般人認為這話說得準確，郭老的暮年不如上半生，即如他解釋毛澤東詩詞，就寫了許多文章，引經據典，牽強附會，為 "造神運動" 出了大力。

591 梅妻鶴子的公案

藉名人標榜和抬高自己，古已有之。有的還冒充名人的親朋或子孫而大鬧笑話。我們知道北宋錢塘人林逋(謚和靖，967—1028)，是隱居西湖的名士，不娶，種梅養鶴以自娛，人稱 "梅妻鶴子"。後來有一位叫林可山的，自稱是林逋的七世孫，時人嘲之曰：

> 和靖當年不娶妻，只留一鶴一童兒；
> 可山認作孤山種，正是瓜皮搭李皮。

還有一首類似的詩：

> 和靖當年不娶妻，因何七世有孫兒；
> 若非鶴種並龍種，定是瓜皮搭李皮。

到了南宋，還有人自稱是林逋十世孫的，同樣受人嘲諷。林逋真的沒有後代嗎？又似乎未必。據史載：清‧嘉慶庚申年(1820) 林則徐在浙江杭嘉湖道任上，重修林逋墓和放鶴亭，發現了碑記，說林逋有後代，據分析林逋並非不娶，而是喪偶後不再續絃云云。姑妄聽之。

592 虬髯客其人

讀杜光庭的《虬髯客傳》很有意思。他把一個凡人虬髯客寫得有血有淚，有情有義。這位虬髯客忽然想到和李世民逐鹿中原，戰火蔓延，勝敗很難逆料。但天下將有多少生靈塗炭？多少餓殍載道？多少孤兒寡婦痛斷肝腸虬於是毅然退出競逐權力的戰爭，把所有的人馬財物等等，送給原來的敵人李世民，使天下早日太平，人民安居樂業。虬髯客這種柔腸俠骨的人物多麼可敬？這是中國儒家思想在文學創作中的反映。

593 于謙的《詠石灰》詩

中國的歷史不少是由昏君、佞臣、閹宦等等壞東西造成的亂局，所有一心為公的忠臣義士，反而遭到抄家殺身，甚至株連九族之禍，明朝的于謙被英宗枉殺便是一例。他遺下的《詠石灰》詩，正是他的自畫像。前些時全國人民紀念劉少奇誕辰一百週年，又有人聯想起這首膾炙人口的詩：

> 千錘百鍊出深山，烈火焚燒非等閑；
> 粉身碎骨渾不怕，只留清白在人間。

594 廣州中山圖書館楹聯

廣州中山圖書館已有八十多年的歷史，1912 年創辦初期，利用
"廣雅書局" 舊址，取名 "廣雅書局圖書館"，後來才正式改名爲
"中山圖書館"，以紀念孫中山先生。最近該館在倉庫裡偶然發現
一百零七年前，即光緒十七年會稽(紹興)人陶濬宣撰寫的 "廣雅書
局" 楹聯下句：

　　天開東壁，聚丹黃滿架，此中有百宋千元。

但查遍各個倉庫和特藏部，再也找不到上句，乃函請香港中文
大學著名國學家饒宗熙教授補題，饒教授欣然命筆：

　　地近南園，會詩酒高明，是能讀三墳五典；

這補題的上句，既同樣具有中華文化的博大精深，又體現了中
山圖書館上溯明朝南園詩社，清代廣雅書局，以及成立以來的歷史
功績；而且與陶氏的下句對仗工整，珠聯璧合。現在全聯已用竹雕
掛在該館特藏部大門兩邊，益增文化品味。(據報載：最近已查出陶
濬宣的原聯上句："地接南園，看蒼翠成林，疑身到六橋三笠"。
新舊差別：一對人文，一對風景。)

595 小人與君子並存

在階級鬥爭爲綱的年代裡，很多人嗟嘆人心不古，趨炎附勢，
投機取巧，道義蕩然。其實人情味十足者，所在多有。任何時代任
何社會，既有小人，也有君子，不能以偏概全，把所有的人看扁。
記得著名作家、出版家馮雪峰，被定爲右派份子時，許多人都急急
和他划清界線，而宦鄉、胡愈之卻一直到馮臨終，還是守在他的身
邊。又胡風被打成反革命份子時，株連了許多文化人，但聶紺弩在
自身難保的危境中，還爲胡奔走營救，不怕淫威。這些事實是那些

"風派"人物無法想像到的。

596 康有為的晚節

被毛澤東譽爲向西方找尋救國真理的康有爲(1858—1927)，不消說在歷史上有其一定的功績。但到了戊戌(1898年)政變失敗後，行爲卻不敢恭維了。當他逃亡到加拿大創立"保皇會"，向華僑募款經營圖利，公私不分，任人唯親，揮霍無度。後來還因騙取廣西振華實業公司派到美洲招股的劉士驥款項不遂，而陰謀殺害劉士驥，這是1909年的事。愛國詩人丘逢甲在悲憤中輓劉士驥云：

> 貪夫殉財，烈士殉名，公得名矣；
>
> 聖人不死，大盜不止，孰能止之。

按：康有爲素有"南海聖人"之稱，民國成立後，他又回到國內在"孔教會"和張勳復辟等醜劇中，扮演了不光彩的角色，於1927年病故。

597 張大千喜歡自畫像

國畫大師張大千(1897—1983)喜歡自畫像，一生所畫多達百多幅。除請人題識外，更樂意自題，例如在六十歲的自畫像上自題：

> 如煙如霧去堂堂，彈指流年六十霜；
>
> 挾瑟每憐中婦艷，簪花人笑老夫狂；
>
> 五洲行遍猶尋勝，萬里投荒豈戀鄉？
>
> 珍重人生能有幾？且揩雙眼看滄桑。

又七十自畫像自題：

七十婆娑老境成，觀河真覺負平生；

新來事事都昏瞶，只有看山兩眼明。

他到了八十歲的自畫像，除了自題還有名家陳定山的題詩：

大千居士吾老弟，今年大壽八十一；

再過九年九十歲，看君白髮能添幾？

還有一幅自畫像是扮成打鬼的鍾馗模樣的，並題了一首滑稽的打油詩和附識：

烏帽紅袍底樣妝，無人不笑此君狂；

世上漫言皆傀儡，老夫粉墨也登場。

小兒見之而笑，小鬼見之而逃，

不是天師畫像，聊同進士拿妖。

598 張佛千為蕭乾、巴金製聯

台灣張佛千老先生，讀書萬卷，學識淵博，擅長詩聯。他對大陸蕭乾(1910—1999)年高德劭，寫作不輟，深為欽敬，乃製聯相贈，以表心意：

蕭疏一老天下重，乾坤萬象心中春。

把蕭乾名字嵌入，本來很難湊成佳句，而此聯卻自然活潑，對仗工整，意境深遠，語言精巧。上比寫蕭乾的文名，下比寫"文革"劫後餘生猶胸懷曠達，努力工作。張佛千還為巴金製作一聯，也堪稱佳作：

巴水長，巴水迴，無量壽；

金剛堅，金剛固，不壞身。

599 胡適的“三從四德”

胡適(1891—1962)在家庭中與江冬秀在社會上與師生朋友的人際關係上，留下了很好的聲名。有人稱他：“治學方法是西方的，做人方法是東方的。”還有人作聯歌頌他：

舊倫理中新思想的師表；

新文化上舊道德的楷模。

胡博士雖是大名人，人卻很隨和，常與人談笑，幽默風趣，妙語如珠。他曾說：現代男人也有“三從四德”：太太出門要跟從；太太命令要服從；太太說錯要盲從。太太化妝要等得；太太生日要記得；太太打罵要忍得；太太花錢要捨得。

600 王光美的妙語

劉少奇(1898—1969)被迫害致死於不明不白中，他的夫人王光美也從 1967 年至 1979 年坐牢十二載。她於 1998 年十一月七日到河南省竹溝鎮為劉少奇工作過的紀念館揭幕，她對參加的群眾說了幾句意味深長耐人尋味的話：

“今天能在這裡和大家見面，還得感謝毛主席。當年毛主席在其他人全部畫圈同意判我死刑的判決書上批示：刀下留人，留下活證據。此話才使我活到今天。”

601 邵力子改聯

陳炯明叛變革命失敗後逃往香港。1925 年三月十二日孫中山先生病逝於北京，陳炯明(1879—1933)也假惺惺送來一副輓聯：

　　　唯英雄能活人殺人，功首罪魁，留得千秋青史在；

　　　以故交曾一戰再戰，私情公誼，全憑一寸赤心知。

　　從這副輓聯一看便知道陳炯明顛倒是非，用心險惡，攻擊孫先生，美化自己，群情憤慨。時任黃埔軍校祕書長的邵力子，把這聯只改動二個字，意思便大不相同：

　　　唯英雄能活人殺人，功首罪魁，留得千秋青史在；

　　　以故交曾一叛再叛，私情公誼，全憑一寸黑心知。

602 怎樣達到長壽境界

　　人人都怕病，老年人更怕。然而，假如你能多一些仁愛，內心處於奉獻狀態；多一些平衡，慾望處於沉潛狀態；多一些寧靜，情緒處於和諧狀態；多一些運動，身體處於活躍狀態；多一些冥想，大腦處於輕鬆狀態；多一些遊戲，心智處於快樂狀態；……那麼，也許你會少些生病或不生病，達到你理想的長壽境界。

603 政治運動中的黑色幽默

　　在以前的許多政治運動今特別是“文革”十年中，離奇古怪的事，層出不窮。有人說：“傷痕文學”應該休止。其實這類作品，時寫常新，如梗在喉，不吐不快。既多黑色幽默，可以消痰化氣，更有前車之鑒，產生警世作用。比如著名的電影評論家鍾惦棐，在五七幹校掏糞坑，他製造了掏糞工具：把空罐頭的邊緣穿空，用小鐵絲繫在木柄上，掏起糞來乾淨俐落，效率特佳。後來他填履歷表，在“有何特長”欄上，除填電影理論專業外，還填了“掏糞坑”特長。又如小說家沙汀，被關押後，看守人員怕他自殺，把褲帶沒收，於是他每到早晚請罪匯報，便一手提褲頭，一手舉起"紅寶書"，頗感尷尬。關於當時林彪、"四人幫"的整人術的發明創造，真使人嘆爲觀止。假如把它分門別類一一寫出，大概又是一部"大典"。

604 張學良作詩解嘲

1931 年"九‧一八"東北淪陷後，馬君武曾作詩譴責張學良："趙四風流朱五狂，翩翩胡蝶正當行；溫柔鄉是英雄塚，哪管東師入瀋陽。"詩中說的胡蝶雖非事實，但張氏也有苦難言。據說：在無可奈何中，也曾作詩解嘲並以回應：

> 自古英雄皆好色，好色不都是英雄；
> 我本不是英雄漢，唯有好色似英雄。

又據說：1936 年雙十二西安事變後，有人問周恩來：張學良爲什麼那麼傻瓜，竟陪蔣介石到南京，以致被拘禁？周恩來感慨地說了一句很實在的話：

張將軍看演忠義人物的京劇太多了。

605 名人怒斥看不懂的詩文

前記有沙葉新對一些新潮詩看不懂的批評，其實豈止他一人？老詩人公劉也有"反反覆覆研究了十遍也還是莫名其妙"的感嘆。對這類看不懂的新潮詩，魯迅早就謙遜地表示："我作不來"。郁達夫也曾說："我不會做這樣的新詩。"毛澤東更乾脆宣佈："反正我不看，除非給我一百塊大洋。"這情況外國也有，俄國大文豪托爾斯泰曾厲聲言道：“如果我是沙皇，對那些寫出除自己以外誰也看不懂的詩文作者，一律打一百大棍。”可見對文壇上壞現象的憤恨，中外古今皆同。

606 浪花淘盡英雄

世界上不論是無上君王政要的權杖，富豪闊佬的家業，在歷史長河中，都不過是一團轉眼即逝的煙雲，幾滴濺落地上的泡沫；只有對國家民族人類作出了貢獻的仁人志士道德功業，才能萬古長存。據報載：建於 1935 年的香港名園“虎豹別墅”(胡文虎花園)，一向對外開放，是旅遊者的好去處。但因近年星島集團經營不善，負債累累，其後人胡仙女士，以低價售給李嘉誠的長江實業集團，藉以抵債。從此名園易主，人事已非，難免使人記起《三國演義》序詞：“正是滾滾長江東流水，浪花淘盡英雄……古今多少事，都付笑談中！”但胡文虎生前對國家社會所作的不少貢獻，人們是不會忘記的。

607 錢鍾書遺下豐富文化精品

錢鍾書(1910—1998)江蘇無錫人。1933 年清華大學畢業，1935年赴英國牛津大學留學，曾任西南聯合大學教授、研究員、社會科學院副院長等等，著作等身，有小說《圍城》，評論集《談藝錄》和貫通古今的《管錐編》等等。他是當代融匯多種科學知識，探幽究微、鉤玄提要，自成一家的文化大家。文化界有不少人研究他，稱為“錢學”。他平日沉潛不露，埋頭治學，卻又很幽默風趣，有一次他覆信給研究他的學者，開頭便說：“來書奉到，既感且愧。謬種流傳(指錢學)，他年追咎，弟為禍首，足下亦免從犯……"1998年十二月十九日他久病不治逝世，遵照遺囑喪事簡辦，只有夫人楊絳和胡繩等二十多親友送行。一代宗師固然遺下豐富的文化精品，也樹立了喪葬新風。

608 "堅持就是勝利"

有人說："堅持就是勝利"。其實堅持也多有失敗者。近代的孫中山已堅持革命數十年，卻被別人奪去了果實；古代的屈原堅持愛國主張，卻被流放投江自殺；諸葛亮堅持興蜀伐魏，卻"長使英雄淚滿襟"；李白堅持不"摧眉折腰事權貴"，卻未被主上重用；杜甫堅持寫詩為民請命，卻一生潦倒貧窮；陸游、文天祥、史可法等等莫不如此，事與願違。但他們在當時是失敗者，卻在後人心中是勝利者；在功名利祿上是失敗者，卻在精神上是勝利者，永遠使人景仰學習，發出不滅的亮光。可見勝利的因素，最主要的是所堅持的事業，是不是推動了歷史的前進和發展。

609 余秋雨對盜版無奈

當代的散文家余秋雨的《文化苦旅》等書，一紙風行，許多人以為他收到許多稿費和版稅，成了大富翁。其實他很窮，因為社會上盜版很凶。有人提出抵制盜版，另出精品選本，他卻認為把自己不多的作品編來選去出售，有負讀者利益。誰知以後出版新書《山居筆記》，加意防偽，還是盜版橫行，真是道高一尺，魔高一丈。在無可奈何中，他寫了一封公開信在報刊上發表，痛責此事，並大嘆假冒僞劣商品，不僅橫行於衣食住行業中，更猖狂於書市和出版界，奈何！

610 梁曉聲新著有錯

作家梁曉聲新著《中國社會各階層分析》，被人檢出不少錯誤，值得我們注意，作爲借鏡：

第一，說當今的資產者成功，非是"運交華蓋"的結果，而是白手起家與命運抗爭的結果。這顯然把交華蓋運與交好運同義解。按：《辭源》可查知"舊的迷信，以爲人有華蓋星犯命，是運氣不好。"

第二，書中把縣長說成是"九品芝麻官"，也顯然不對。其實明、清兩朝縣官都在七品以上，八、九品已是不入流的"吏"了。

第三，書內還說："京試"三年考一次，狀元僅有一名，榜眼探花加在一起也不過十多名，其餘大多數皆屬陪考下場。其實狀元、榜眼、探花各取其一，共僅三名；而由幾千舉人選拔進士卻又不止十多名，而是百數十名。

以上都是歷史常識，寫作時假如不注意查考，便很容易弄錯，鬧出笑話。

611 亞洲球王李惠堂也能詩書畫

曾被稱爲"亞洲球王"的李惠堂(1905—1979)，廣東五華人。他不僅有一身牛勁和全面的足球技術，更具有深厚的文化素養，擅長詩書畫，作品流傳於世。當代四川才子、詩人流沙河深知其名，不止一次向朋友提起李惠堂那首題像詩，並曾抄給在美國的侄女，以資鼓勵：

圓顱方趾等閒身，湖海沉浮一散人。

豈有經綸堪濟世，更無詞賦可通神。

心慚末學將勤補，藝愧全牛勵日新。

自是艱難能玉汝，休將志業付因循。

從這首自題像詩裡，很可以看出李惠堂的虛心奮進精神風貌，只可惜因爲歷史原因，晚年遭際坎坷，窒居香港，未能發揮他的各方面才能。

612 張大千與畢加索會晤

1956 年七月，張大千在巴黎舉辦近作展，曾和西方畫壇巨匠、西班牙人畢加索作過一次歷史性會晤，轟動世界。會晤時，畢加索捧出幾本畫冊說：“這是我學中國畫的習作，請不吝指教。”張大千細看畫冊多是學習齊白石的花鳥蟲魚，不求形似而重寫意，只因畫筆不同，水墨沒有分淸濃淡，稍感不足，乃送幾枝中國畫筆。接著畢加索還說：“我最不理解的是：你們中國人爲什麼要跑到老遠的巴黎來學習藝術？其實世界上只有中國、日本和非洲才有藝術。”張大千聽了這些直率真誠的話，不勝驚喜感奮。我們那些言必稱希臘、羅馬，總認爲外國的月亮也比中國的圓，以及夜郎自大、閉關自守的人，是不是也應該得到應有的啓迪？

613 散文分類

中國對文學傳統的分類是小說、戲劇、詩歌，除了這些以外便是散文，使散文的涵蓋很闊，包羅萬象，對發展和提高散文不利。

最近有人認爲應該根據散文內容重新分爲五類，比較醒目：

  一、報告文學：包括文藝通信、特寫、速寫、巡禮、印象記、
    訪談錄等，具有記實性的散文。

  二、史記文學：包括人物評傳、自傳、回憶錄、地方誌等。

  三、雜文：包括有關政治、社會評議性的議論散文。

  四、隨筆：包括軟性的知識小品、讀書筆記、生活隨筆等。

  五、藝術散文：即立足自我、裸露心靈、個性鮮明、真實自然，
    容易得到讀者共鳴的過去所謂抒情散文。

614 王雲五辭官賦詩

  王雲五(1888—1979)廣東中山人，出生於上海，學徒出身，堅持自學，十七歲任英語教師，胡適、朱經農、楊杏佛許多名人都是他的學生。1921 年入上海商務印書館編譯館，後任總經理。商務印書館對中國文化的貢獻，有他立下的大功。後參加國民黨政府工作，隨遷台灣。1963 年辭去「行政院副院長」之職。當時他曾寫詩表明心跡：

   良朋滿座終須散，笙歌永晝夜難連；
    此日掛冠恰到好，再留不值半文錢。

  可見他在官場不能專心做學問和從事文化教育事業，深感不適，乃復任商務印書館董事長，使業務從低落到上升，並潛心著述，創立雲五圖書館，把私人藏書對外開放，正如他的自撰聯所寫：

    爲學不萌老態，做人須具童心。

615 寬容的妙用

人與人間時常會因利害關係而發生衝突，受到困擾，損害身心
和事業，特別在這社會轉型時期。有人提出要注重修養，學會寬容。
寬容並非毫無原則的忍讓，而是將心比心去包涵去化解可寬容的人
和事，使前面的道路寬廣平坦，朋友也會越來越多，困擾越來越少。
斤斤計較、心狠手辣、工於心計、心胸狹窄的人，也許一時會得到
便宜，但經不起時間的考驗，終會被人遺棄。

616 陳獨秀晚年感懷詩

"五・四"運動健將、中共創始人之一、第一任總書記陳獨秀
(仲甫 1879—1942)，一生被捕五次，1927年因執行路線問題，脫離
了領導層。1932年7月，被國民黨判刑八年，幸全面抗日後得到釋
放，客居四川江津，度過一生最後四年貧病交迫的生活而逝世。一
代叱吒風雲領過風騷的人物，雖然一時寂然，但他對國家民族所曾
作出的貢獻，人們永遠不會忘記的。他在晚年曾作感懷詩：

> 七國從來多妖孽，一時興衰過眼明；
>
> 幸有艱難能煉骨，依然白髮老書生。

617 蘇東坡在廣州的後裔

據史載：廣州白雲山有蘇蒙山，山上有宋朝蘇紹箕太尉之墓。
這位太尉是蘇東坡之孫，蘇迨之子，宋・元佑三年(1088年，東坡健
在)生於南雄珠璣巷，二十歲中武舉，為宋高宗(趙構)南逃護駕，後
見岳飛被殺，知大勢已去，藉傷殘於1143年解甲歸田南雄珠璣巷。
第二年因南雄又亂，乃遷居番禺四弟家，其長子蘇世紀，次子蘇世

度，也住在番禺一帶。到了紹興十五年(1145 年)，蘇紹箕離開四弟到白雲山建"月溪寺"隱居，寄情山水，卒於 1150 年....。

從上述情節看來，蘇東坡的子孫不少在廣州番禺一帶繁衍生息，代代相傳，不知道現在珠江三角洲的蘇姓人氏，有多少是東坡的後裔？

618 通信失誤釀成大禍

過去中國的軍隊，通信設備落後，通信人員素質也差，往往因電文發錯或譯錯，貽誤戎機，釀成大禍，茲記其兩例：

1930 年馮玉祥，閻錫山聯合反蔣，掀起中原大戰。原約定在豫晉邊境的沁陽會師，以期殲滅蔣軍，卻因電文把沁陽誤爲泌陽，以致馮軍誤入泌陽，兩地相距近千里，會師計畫失敗，反被蔣軍各個擊破，否則中國的歷史也許要改寫了。

1944 年九月中旬，日寇企圖打通大陸交通線，進攻桂林、柳州地區，張發奎的第四戰區長官部被迫轉移到黔桂邊境的六寨鎮，最高統帥部急電告知美軍，日寇已進至六甲(廣西河池城郊)，請派空軍支援阻截，竟把六甲譯爲六寨，十七架美機飛掠六寨上空，向長官部猛炸二十分鐘後揚長而去。計死長官部中將一人，少將二人，上校八人，合共其他官兵不下千人，亦云慘矣。

619 澳門又名馬交的由來

今(1999)年底澳門就要回歸祖國，澳門特區籌備委員會副主任何鴻燊，在北京釣魚臺出席一次宴會時，興緻勃勃地說了澳門又名馬交(Macau)的由來。他說：1553 年葡萄牙人向明朝官吏汪瑞行賄，達成口頭協議，交百分之二十實物稅，可以自由貿易，准搭茅棚暫住。幾年後葡人狡猾奸詐，軟硬兼施，建起永久性房屋，每年交地租五百兩，至鴉片戰爭後拒交，竟長期霸佔居留下來，澳門就這樣稀里糊塗一步步淪爲葡國殖民地。當時當地中國人沒有看過番鬼的，一看見便跑回家裡大叫：「媽！狗....來了！」這就是澳門別名"馬交"的由來。(廣州話媽與馬、狗與交同音)。

620 張國燾小史

古今中外有許多悲劇人物，有的爲國爲民爲人類進步事業而"出師未捷身先死"；有的卻在自己陣營裡因故脫離或者含冤受害。大概張國燾(1897—1979)可以列入後者。張是中共創始人之一，任過顯要的職務，據說後來因脫離群眾、居功自傲、一意孤行，於1938年從延安叛逃到重慶，1948年遷台灣，1949年再遷香港，1968年定居加拿大多倫多；1977年中風不起，住在免費的老人醫院裡，貧病交迫，只好向台灣乞討勉強度日。後因夜間睡眠被子掉地，既不能動彈，又不能呼叫，竟凍死床上。死後的蒼涼冷落自可想見。

621 小說中的插詩

當代作家陳國凱，廣東五華縣人，工人出身，自學成材。他個子瘦小，卻又精神飽滿，幽默風趣。最近他的長篇創作《一方土地》在報上連載，是描寫深圳工業區的建立和發展的故事，得到讀者好評。其中有一首插詩，是男主角方辛抒發老戰士的激烈情懷的，很能加強小說的感染力，這是中國古典小說常用的手法。是陳國凱自

作，抑或借用他人成品，我孤陋寡聞不得而知，總之，詩是好詩，
抄錄如下：

> 食縱無魚味自甘，手中長鋏未輕彈。
> 梅經狂雪花方俏，月照緇衣膽不寒。
> 樂我書山艱步履，看他孽海賊翻船。
> 閒來潑墨龍蛇舞，欄起威風滿室間。

622 章克標百歲徵婚

　　盛世明時喜事多。三十年代曾任上海開明書店編輯，著有《文
壇登龍術》而聞名的章克標老先生，浙江海寧人，五十年代被打成
"右派"，受盡磨折坎坷，平反後已是耄耋老人，猶寫作不輟，重
現青春。1999 年他百歲大壽，在上海各報刊出一則別具一格的徵婚
廣告，還附有近照："前年老伴仙逝以來，初時頗感得到解放自由
之樂，但一年之後，又漸覺孤獨單調難耐……。"有記者問他擇偶
標準時，他連說幾個"隨便"，年紀大小隨便，有沒有知識隨便，
經濟條件好壞也隨便。爲的就是："兩人可以開口說話，自然就不
孤單寂寞了。"章老先生又說："不過，最好聽得懂我的講話，不
要廣東那廂的人。"廣告刊出後不久，便有十多人前來應徵，最老
的是五十六歲；同時各地記者也紛紛前來採訪，終日應付繁忙，已
有招架不住之勢。但願章老先生好自爲之，早日得到如意伴侶，爲
中國當代文壇再創佳話。

623 聞一多曾為澳門賦詩

　　前記民主戰士、詩人聞一多曾爲香港九龍寫過一首詩，抒發早

日收回失地的願望。1925 年，他還以杜鵑啼血般的激情寫了一首《澳門》：

> 妳可知道“馬交”不是我真姓名？……我離開襁褓太久了，母親！/但是他們擄去的是我的肉體/妳依然保管著我內心的靈魂。/三百多年來夢寐不忘的生母啊！/請叫兒的乳名，叫我一聲「澳門」！母親！我要回來，母親！

現在，澳門(馬交)已經回歸祖國，請聞一多先生安息吧。

624 朱夏院士的幽默

前些時南京某報刊載中國科學院院士朱夏的名字，竟誤植為“失夏”。朱夏先生不愧是大家風度，看後不怨不忿，竟幽默地戲作一詩調侃解嘲：

> 錚錚鐵骨何曾斷，小小頭顱尚喜留。
> 從此金陵無酷暑，送春歸去便迎秋。

意思是說：朱字抽去中間一豎，正如抽掉脊骨，但頭上沒有變動，剩下“失”字。“失夏”就是說南京已沒有夏天，春天一過就是秋天了。

625 老舍談語法修辭

老舍(舒舍予 1899—1966)是被公認為寫京味小說最成功的作家，《駱駝祥子》、《四世同堂》、《月牙兒》等等，都是再現老北京平民生活的全景圖。使人悲憤的是：“文化大革命”之初，“紅衛兵”竟把他掛牌遊鬥，呵斥謾罵，毒打污辱，他受不了竟帶著遍體鱗傷，投太平湖自殺了。他生前熱愛國家民族和青年，對後輩敦敦教誨，熱情親切。1958 年九月，《林海雪原》長篇小說作者曲波，到他的北京寓所請教語法修辭的事。他說：創作是要講究語法修辭的，但有些作品的語言文字，又有不盡合語法修辭的，比如魯迅筆下的阿 Q 口頭語 "媽媽的" 就是。但文學是寫人，語言要合乎人物的身份，不能叫林黛玉說魯智深的 "洒家" 和李逵的 "鳥人"。文學不像社論或條約宣言那樣規範，出點格以免千人一腔是容許的……後來老舍還對這位後輩送了一副嵌名的對聯：

曲高和眾，波遠澤長。

626 關山月為 1999 年題詩

當代嶺南派畫家關山月(1912—2000)曾於 1999 年元旦寫了一首抒懷詩：

今逢國慶五十年，又是澳門回歸天。
開放革新多盛事，奔騰在望新紀元。

到了一個多月後的兔年春節，他又畫了一幅大型的似火紅棉圖，並題《九九新春頌》：

否極泰來多吉日，紀元換代世更新。
澳門回歸迎國慶，九九紅棉早報春。

可見 1999 年確多好事，既是建國五十週年大慶，澳門回歸祖國，又是二十一世紀即將來臨，激動了這位老藝術家的萬丈豪情。

627 余光中向大陸同胞拜年

1999 年春節，台灣著名作家余光中，為文向大陸同胞拜年，寄語惜時，我們應作座右銘長時警惕：

今年是兔年，所謂 "兔走鳥飛，正喻日月交替，光陰不留。歲月之逝，其速可驚。兔走就是逸字，逸字可解爲負面的逃逸，也可解爲正面的超越。在兔年應該捉其長耳，莫待兔年之去，再捉其尾巴，那就太遲了。"

628 蕭乾的口述自傳

著名作家、翻譯家、名記者、中央文史館館長蕭乾，不幸於 1999 年二月十一日病逝北京，享年八十九歲。他遺下一本口述自傳《風雨平生》，在序言中說：這本口述自傳，直截了當，一點沒繞彎子……這是我向世人交代了自己的一生，讓時間和讀者批評……該書內容確有許多出人意外的情節，比如："曹禺寫文說我是泥鰍，其實他才是大泥鰍。我感覺他一生都在演戲，活得不真實。最出乎我的意料的是在文聯批鬥我的大會上，沈從文發言說我早在 1929 年就同美帝國主義勾結上了。" 我們知道曹禺、沈從文都是中國文壇著名作家。果真如此壞嗎？幾十年的階級鬥爭，弄得是非顛顛倒倒，人人自危，被迫說些違心話，已是 "司空見慣"，我們對此大可不必當真，或者還可以當作笑話看待。

629 文徵明父子的惜時詩歌

明・文徵明(1470—1559)曾作《今日詩》：

今日復今日，今日何其少？今日又不爲，此事何時了？人生百年幾今日？今日不爲真可惜。若言姑待明朝至，明朝又有明朝事。

為君敬誦《今日詩》，努力請從今日始！

文徵明的次子文嘉(1501—1583)繼乃父又寫了一首《明日歌》，也是提醒人們惜時的佳作：

明日復明日，明日何其多！日日待明日，萬事成蹉跎。世人皆被明日累，明日無窮老將至。晨昏滾滾水東流，今古悠悠日西墜。百年明日能幾何？請君聽我《明日歌》！

630 金庸成名的機遇

人生大道是自己努力走出來的，但也要有湊合的機遇。著名武俠小說作家金庸(查良鏞)，是在 1947 年十月經過口試筆試考入上海《大公報》任翻譯的。1948 年三月，《大公報》香港版復刊，缺少一名翻譯，上海報社原定派張契民前往，因張契民太太臨產，只好徵得查良鏞同意，改派他去應急。誰知道查先生竟因此與香港結下不解之緣，為以後幾十年撰寫武俠小說成名成家，得到了優裕的環境，這就是機遇。

631 冰心老人的讖語

1999 年二月二十八日晚，倍受人們尊敬愛戴的文壇老人冰心先生在北京醫院逝世，享年九十九歲。她一生純真、犀利、堅定、勇敢、正直、仁愛；創作豐富，晚年還發起了創作新高潮。特別自八十五歲至九十三歲期間，發表了許多激動人心的好作品。當時我曾寫過一篇《台灣作家梅新訪問冰心老人》短文刊在某雜誌上，結尾有這樣的話：“梅新告辭時，曾懇切地向她說：到老人一百歲華誕時，他要組織一個龐大台灣作家祝壽團，前來北京為她祝壽⋯。”

遺憾的是：梅新先生已於前幾年病逝台灣，現在冰心老人也已辭世，未及受到海峽兩岸各界人士爲她做百歲大壽。她當時搖手答謝梅新的話：“我不知道能否活到那時候？”(百歲大壽)竟成讖語，使人倍增悲痛。

632 全國悼念冰心老人

冰心老人走了。她的女兒吳青遵照遺囑喪事從簡辦理，但送行那天，還是人流如潮，上至國家領導，下至各行各業，依依惜別，倍感哀榮。至於悼念詩文，更長期刊在全國報刊上，吐露人們崇敬熱愛她的心聲。她一生爲國家民族而忘我地工作，晚年更顯現她的英氣。正如巴金所說：她呼號、她請求，她那真誠確切的語言，她那些充滿感情的文字，都是爲了我們這多災多難的國家民族，都是爲了我們忠誠老實的人民。蕭乾生前也曾說：老年的冰心，更勇敢更輝煌。而後一輩作家王蒙更說：冰心是我們的社會生活、文藝生活裡一個清明、健康、穩重的因素……偉大的古老的中華民族，不是應該多有幾個這樣的人物嗎？

633 文星接連殞落

冰心老人於 1999 年二月二十八日逝世，蕭乾則於同年同月十一日病故，只相隔半個月左右，文星接連殞落，更增哀思。我們知道冰心、蕭乾、巴金同是世紀老人，也最知己。蕭乾臨終前半年曾寫了五封信給巴金，最後說：相交七十五年了，自己也九十歲了。他對冰心更加熟絡，又同住北京，健康時期，兩人常常會晤，很親切地大姐前大姐後叫著，還天真地作貼面吻。而冰心也常以"小餅乾"相稱(與蕭乾的原名蕭炳乾諧音)，親蜜無間。現在，只剩下巴金老人在上海醫院養病了，我們怎能不對他倍加關切和擔心？

634 王洛賓之死

大眾稱為"西部歌王"、"民歌之父"的王洛賓(1913—1996)，一生收集、改編、創作如《在那遙遙的地方》、《掀開你的蓋頭來》等許多歌曲，傳唱天下五六十年，連台灣著名作家三毛也慕名和他來往。但在九十年代初，藝壇上卻掀起對王洛賓在版權上的指摘，認為他的作品是從西北民歌中"剽竊"的，而且還把版權賣給外人，侵害中華民族的權益。我們知道王洛賓自小愛好音樂，在北京師範大學音樂系時，就曾舉辦獨唱音樂會。"文革"以前的幾十年中，還曾先後入獄十八年之久。直到1994年才有赴美國、台灣講學演唱的機會，可謂是一位嚐盡酸甜苦辣鹹的愛國音樂家。他不想也無暇和別人爭論自己的是與非，他認為改編一首民歌，有時難於寫一首新歌，因為寫新歌是主動的，改編卻是被動加主動。他把這些體驗和意見寫信給好友，囑好友到他死後三年才發表，請大家根據事實評論。可見他是含著悲憤和遺憾去世的。在中國像這樣不明不白、是非顛倒的事太多了，至今還有人罵魯迅是惹事生非、唯恐天下不亂的人物，豈止誣蔑王洛賓一人而已哉。

635 聞一多重視美學

近來人們已很注意生存條件而講求綠化環境、消除污染以及美學教育與實踐。聞一多先生生前就很重視美學，認為人生最簡單的吃飯，也很講究色香味。他曾建議把羅家山改爲珞珈山，名字很美，使武漢大學學生處在有許多詩情畫意的美的環境裡，"美"作爲觀念，貫穿於整個人生，當前很應該在提高人的素質同時，扭轉一切枯澀、醜陋、污濁、墮落的現象，使我們的世界，成爲自然的美術館，隨處受到美的薰陶。

636 小鳳仙輓蔡鍔

名將蔡鍔於 1916 年討伐袁世凱成功後的八月，即不幸患喉病赴日就醫，十一月竟不治逝世，薄海同悲。他的紅粉知己小鳳仙特製輓聯哀悼，至今爲人傳誦，亦屬英雄美人佳話：

九萬里南天鵬翼，直上扶搖，憐他憂患餘生，萍水相逢成一夢；
十八載北地胭脂，自悲淪落，贏得英雄知己，桃花顏色亦千秋。

637 王蒙的警言

1999 年春天的一次全國政協會，著名作家王蒙曾談到：隨著一些文化巨匠相繼去世，一個令人深思的問題凸現在面前：新中國培養的文藝界大師、科學界大師在哪裡？像郭沫若、巴金、茅盾、李四光、錢學森等，在舊中國就已經奠定了他們的歷史地位，然而，今天的大師在哪裡？王蒙指出：要反思我們的教育制度、科研制度，如果新中國培養不出科學巨人、文化巨人，就對不起後代子孫！

638 梅花種種

我國的梅花據調查有二百二十多品種，概分爲臘梅、紅梅、白梅。臘梅在百花凋謝的臘月開放，黃花幽香，給冬天的人們以溫暖、慰藉、希望和鼓勵，所謂"梅花香自苦寒來"是也。紅梅和白梅一般在春天才開艷麗的花朵，是春神的使者，報春的仙女。而臘梅是和嚴寒拼搏的俠女，是春神仙女的開路先鋒。它不以花容取悅於人，卻以精神鼓舞人心。古今對梅的歌頌詩詞很多，如宋·林逋、陸游、元·王冕和現代的毛澤東等都很著名，所有詠梅詩詞都比詠其他花草的詩詞，耐人品味。我記得有這樣的一首：

> 有梅無雪不精神，有雪無詩俗了人。
>
> 日暮詩成天又雪，與梅並作十分春。

639 流沙河的《飲酒銘》

我平生不飲酒，既不知道飲酒的好處，更爲酒徒爛醉惹禍而擔心。記得詩人流沙河曾仿劉禹錫的《陋室銘》寫了一篇《飲酒銘》，勸人不要爛醉，也不要把別人灌醉，提倡酒德：

> 飲不至醉，半酣即停；醉不至狂，微醺即醒；斯是酒德，君子奉行。豪氣常溢盞，仙香自透瓶。吟詩宜獨酌，辦事且同酢。可以宴良朋，娛嘉賓。無歌星之亂耳，無小姐之煩人。三杯通大道，一座講文明。李白說："飲酒留名"。

640 端木蕻良題詩謝客

已故作家、"紅學家"端木蕻良，原名曹京平，三、四十年代已成名。抗日戰爭時期，他住在桂林努力寫作，曾題一詩貼在門上：

女兒心上想情郎，日寫花箋十萬行。

月上枝頭方得息，夢魂又欲到西廂。

當時作家秦牧前往探視蕻良，不明詩中之意，以爲有所指的情詩。後來才得到解釋，寫此詩的目的實爲閉門謝客。意思是寫作像熱戀中那樣痴情，無暇和一些愛閑聊神侃的人長談，請多諒解，幸勿打擾。

641 李清照的氣骨情操

宋・秦檜(1090—1155)與老婆王氏，長期跪在岳王墳前受人唾罵。女詞人李清照是王氏的表姊，但李清照知道表妹夫婦奸惡狡詐，殘害忠良，蓄勢賣國，從不親近依靠他們，甚至恨之入骨。自丈夫趙明誠去世後，隻身飄泊江南，孤苦淒涼，貧病交加，單靠變賣存留的一些文物度日，但始終不去高攀榮華富貴的表妹夫婦，正如她的名作所詠，是一位很有氣骨情操的女詞人、女豪傑：

生當作人傑，死亦爲鬼雄。

至今思項羽，不肯過江東。

642 秦檜後代秦澗泉

清・錢詠《履園叢話》載：秦檜的後代秦澗泉，是清・乾隆年間著名詩人袁枚(子才)的門生，文才出眾，金榜題名，曾任翰林院編修，常隨侍乾隆左右。乾隆偶問：你果真是秦檜後代子孫？秦澗泉答得巧妙：「一朝天子一朝臣」。意思是說：有宋高宗趙構之類的昏君，便有秦檜之類的奸臣投其所好，爲虎作倀。君昏則臣奸，君清則臣忠。答得乾隆含笑首肯。一次秦潤泉到杭州與業師袁枚遊西湖，在岳飛墳前，袁枚要他撰聯明志，隨即唸道：

> 人從宋後少名檜，我到墳前愧姓秦。

這聯既尊重客觀歷史真實，不爲祖先遮醜飾惡；又大膽剖析作爲後代的義膽忠心，袁枚聽了也大加讚賞。(另據《南宋雜事詩註》載：秦檜嫡親傳至第五代秦浚抗金陣亡，即打上句號。上述故事當是後人造作的"文壇佳話"。)

643 康廣仁的死節

1898 年的戊戌政變失敗後，光緒帝被囚瀛臺，慈禧重新執政，譚嗣同、康廣仁、林旭、劉光第、楊銳、楊深秀六人被殺，康有爲、梁啓超逃亡海外。當時譚嗣同英勇就義的情節，歷史記載詳細，知之者多。而康廣仁(康有爲幼弟，1867—1898)臨刑前的從容慷慨，卻較少人知道。原來康廣仁也和譚嗣同一樣認爲："死則中國之強在此矣，死又何傷哉？"梁啓超曾抄存康廣仁的一首遺詩，也足見他爲國家民族獻身的精神。詩曰：

> 迢迢看海小欄杆，獨立微吟一笑歡。
> 我亦生平有心事，好花留與後人看。

644 老舍與馮玉祥將軍

抗日期間，老舍與馮玉祥將軍在武漢、重慶等地，有很多往來，並得到馮的支持幫助和關照，使他在"中華全國文藝界抗敵協會"的工作進行順利。1939 年初，他們有一次離開重慶市區外出，看見滿地黃花，芬芳四溢，馮將軍感慨繫之，寫了一首"丘八詩"：

時當二九天，蜀道菜花黃。燦爛真悅目，風來陣陣香。

此花有傲骨，膽敢戰寒霜。前方正抗敵，汪賊竟投降。

（指汪精衛 1938 年冬發出艷電叛國投敵）。

詩題由兩人定為《菜花黃》，發表於各報刊，鼓舞了全國軍民抗敵意志和勇氣。抗日勝利後，馮將軍赴美國考察水利，老舍也赴美講學，兩人得在異地重逢，非常愉快。1948 年九月，馮將軍由美國轉道歐洲回國，船經黑海遇難，老舍聞之，痛悼不已。

645 作家二月河原名凌解放

近年以寫《康熙大帝》、《雍正皇帝》、《乾隆皇帝》系列帝王小說，並孕育再寫曾國藩、左宗棠、李鴻章系列將相小說而著名的作家二月河，名字與詩人流沙河同樣有點古怪。他原名凌解放，1945年出生於山西黃陽縣。他為了寫好歷史小說，博覽群籍，認真考勘，終於寫出傳主全新的形象。比如：雍正皇帝歷來人們認為是一個心狠手辣、大興文字獄、草菅人命的暴君，但二月河卻根據歷史真實，又透出勤政、節約、整貪等等另一面的德政。最近根據原著改編的電視連續劇，就很吸引觀眾。因為凌解放原名太過現代，便改用二月河為筆名。河指養育他的黃河，黃河到了二月間冰凌開化，浮冰如萬馬奔騰，氣象萬千。凌者冰凌也，解放者開化解凍也。"凌解放"與"二月河"的意義，正好暗合，不亦宜乎？

646 趙超構感念毛澤東

現代著名報人、曾任上海《新民晚報》社長的趙超構，擅寫政

論時評雜文，署名 "林放"。1944 年抗戰末期，他曾隨中外記者團
到達延安，得到毛澤東的認識。以後兩人還有多次會晤，交情頗深。
1978 年，他重訪延安，百感交集，寫了一首七律，很能表現他對毛
澤東感念之情：

> 棗園燈火明天下，延水波流潤萬邦。
> 苦鬥當年曾共睹，歡歌今日又觀光。
> 驚看廣廈春雲展，彌覺洞窯日月長。
> 俯仰塔山增愧汗，鴻恩大德敢相忘？

647 來頭不小的趙元任

前記有幾則已故著名語言學家趙元任的軼事。此公真正秦瓊賣
馬，來頭不小。他是宋始祖趙匡胤的第三十一代孫，而在史學界頗
有地位、著名《二十二史札記》作者、又以 "各領風騷數百年" 詩
句聞名的清·趙翼，是他的六世祖。1910 年，他和胡適等七十二人
考取了清華庚子賠款第二批留美學生，趙元任名列第二，胡適名列
第五十五，兩人同船赴美，同進康乃爾大學，同期畢業，但所學不
同。兩人往來的朋友都是當時名人，如蔡元培、梁啓超、錢玄同、
劉半農、蔣夢麟、羅家倫、陳寅恪、傅斯年、梅貽琦、金岳霖、徐
志摩等等。遺憾的是：這位能講三十三種方言、精通多國文字的大
學者，卻與夫人楊步偉晚年長期居留美國，直到逝世，未能把自己
的才華完全貢獻給祖國，惜哉！

648 信口開河與不知所云

前些年我有幸被送往塞外 "改造"，共計居留十七年。我多謝

父母給我一副硬骨頭，艱苦的勞動還可以應付，最怕最難受的卻是嚴冬時候端坐在露天廣場聽訓。台上的人口沫橫飛，滔滔不絕，越訓越有勁，而我們衣著單薄，冷氣砭骨，痛苦難忍，只盼散場，不知所云。在無可奈何中，我作一聯以記其事：

> 改造犯不知所云，教導員信口開河。

649 王蒙的幽默

曾任文化部長、著名作家王蒙，頗多幽默佳話。一次到上海某大學演講，一開頭便說：由於我近日身體不好，感冒咳嗽，不太能說話，請大家諒解！我想這也不算是壞事，可以提醒我少說話多做事……竟引起了聽眾的笑聲和掌聲。他還說：希望大家評論他人作品，不要輕易下結論，而要反覆讀遍、讀懂、讀透，千萬不要像有些人那樣，看到我走路先邁左腳，便說我王蒙犯了左傾主義；看到我先邁右腳，又說我王蒙犯了右傾主義。如果我因感冒咳嗽用手絹擦了鼻涕眼淚，更說我王蒙又沮喪、頹廢啦等等，那怎麼得了？

650 包公再世能解決問題嗎

今年是"一身正氣衝天地，兩袖清風鑒古今"的宋·包拯(字希仁 999—1062)誕生一千週年，海內外都舉行紀念，特別是包公的出生地安徽合肥和爲官地河南開封，更是一番熱鬧。應該說：就當今形勢而言，反腐倡廉刻不容緩，人民對貪污腐化恨之入骨，把近千年形成的"包公文化"加以探討發揚，是很有現實意義的。然而，僅僅歡呼包公再世，又真能解決問題嗎？

651 漢字又吃香了

方塊漢字，曾被人咒罵"漢字不滅，中國必亡"，而提倡改用拉丁字。經過半個多世紀時間的考驗，現在又吃香了。世界上學習漢語漢字的人增多，有成爲聲控電腦第一語言的可能；韓國政府最近還宣佈恢復使用漢字，總統金大中熱衷中國書法，親自推行。我記得前人曾用五個漢字略加變化，成了一首五言絕詩，而且還頗有韻味，足見漢字博大精深，變化莫測：

> 月亮故鄉好，故鄉好月亮；
> 月好亮故鄉，故鄉月好亮。

652 補記朱元璋的詩聯

明朝開國之君、殘忍成性的朱元璋，出身微寒，卻蘊藏著"君臨天下，擁有四海"的雄心壯志。曾仿唐・黃巢寫了一首《菊花詩》，前已有記。據查：也是在未發跡的時候，他還寫了一首氣勢如虹，霸道十足的七絕：

> 天為帳幕地為毯，日月星辰伴我眠；
> 夜間不敢伸長腿，恐把山河一腳穿。

以後，他做了一國之君，詩文大有進步，也講一些"文武之道"了，曾對開國功臣徐達製作一副讚揚的對聯相贈：

> 破虜平蠻，功貫古今人第一；
> 出將入相，才兼文武世無雙。

653 魯迅豐富著作的由來

魯迅(1881—1936)曾說："文學是餘裕的產物"，他勸青年人勞逸結合，自己也要歇歇玩玩，更要講趣味尋休閑。但縱觀他的五十五年的人生，是以"俯首甘為孺子牛"的行動，完成他的"我以我血薦軒轅"的誓言的。他出版了十七本雜文集、三本小說集、散文詩和回憶散文各一本、書信一千四百多封，印成厚厚二部；加上學術論著、日記二部，共四百餘萬字；另翻譯二百五十多萬字、輯錄校勘古籍一百多萬字，總共七百多萬字。姑不論其思想、藝術、歷史認識等等的價值，即其數量而言，也真是一位不知疲倦的作家。他的夫人許廣平在《獻詞》中曾說：您曾對我說："我好像一隻牛，吃的是草，擠出的是牛奶、血！"您不曉得甚麼是休息，甚麼是娛樂；工作、工作，死前一天還在執筆⋯⋯。更有很多人說：魯迅的豐富著作，是在別人喝咖啡的時間中寫出來的，可以說是他緊張戰鬥的產物；他為了讀者休閑，卻把自己的休閑放棄了。在聰明人看來，他是大傻瓜，但卻是國家民族的棟樑，人們永遠沒有忘記他。

654 "豬仔總統"曹錕

現在傳媒上相繼刊出許多買官鬻爵的醜聞，都說這是道德敗壞的人，為了個人名利而進行鼠竊狗偷、污染風氣、禍國殃民的行徑。百年間最著名的是 1923 年十月，直隸軍閥曹錕(1862—1939)，他左手拿著大棒，右手托著銀元，公開標價 5000 元銀元購買一張選票，賄選了自己當上中華民國大總統。光是豬仔票價就花了 1350 萬銀元，合計其他費用究竟有多少，誰也難以計算。不久，曹錕被馮玉祥(1882—1948)藉奉直之戰趕跑，連一向養尊處優、蠢蠢欲動的末代皇帝溥儀，也被掃出紫禁城了。馮玉祥這一功績，是可圈可點的。

655 辮子軍醜劇破滅

中華民國初年怪事多。在豬仔大總統曹錕被推倒之前，袁世凱稱帝死亡之後的 1917 年，張勛(1854—1923)趁北京黎元洪、段祺瑞兩人的府院之爭，率三千辮子軍入京，趕走黎元洪，並與康有為一般遺老遺少，密謀策劃擁護末代皇帝溥儀復辟。於 1917 年七月一日，利用堂會戲邀請京中實權人物看戲，中途張勛偷偷離場，突然向國內外宣佈復辟，溥儀重新粉墨登台，僥倖得到成功。但十二天後，經過段祺瑞部隊反擊，張勛辮子軍兵敗，逃入北京荷蘭租界，又一場醜劇破滅。

656 徐志摩逝世親人的輓聯

詩人徐志摩於 1932 年不幸坐飛機失事，北京大學為他開追悼會，會上掛的輓聯很多，都是一些名人寫的，如胡適、郁達夫、周作人、楊杏佛、梅蘭芳、黃廬隱、章士釗、葉恭綽等等。

現在只記其親人寫的：

志摩之父徐申如：

考史詩所載，沉湘捉月，文人橫死，各有傷心，你本超然，豈其邂逅罡風，亦遭慘劫；

自襁褓以來，求學從師，夫婦操持，最憐獨子，母今逝矣，忍受淒涼老父，重賦招魂。

志摩的新婚愛妻陸小曼：

　　無限前途成噩夢，五載歡娛，匆匆永訣，天道復奚論，
欲死未能因母老；

　　萬般苦恨向誰言？一身愁病，渺渺離魂，人間應不久，
遺文編就慰君心。

　　連被遺棄的原配夫人張幼儀，也不忘舊誼送了輓聯：

　　　　　萬里快鵬飛，獨憾翳雲迷失路；

　　　　　一朝驚鶴化，我憐弱媳去招魂。

　　按：徐志摩死後，陸小曼長期居住上海，曾得到陳毅市長的關
照，生活安定，於 1965 年病逝，時年六十三歲。

657 沈從文研究中國古代服裝

　　著名的湖南土家族小說家沈從文，為甚麼 1950 年以後沒有甚麼
大作為？四十多年中只寫了一本《中國古代服裝研究》？這確實是
一個謎。現在沈先生已經作古。據最近傳媒披露：50 年代，沈氏原
以為中國行將進入一個嶄新時代，毫無疑義，所以留在北京照舊寫
小說，照舊當教授。但不久，北京大學卻貼出壁報，全文轉抄了據
說是郭沫若在香港發表的《斥反動文人》，指斥沈從文：一直作為反
動文人活動著。這使沈氏懵了，只好改行，在無可奈何中研究起中
國古代的服裝。為甚麼郭沫若要寫這樣的文章？這又是一個謎。最
有諷刺意味的是，當《中國古代服裝研究》出版時候，為之作序的
不是別人，正是郭沫若。沈從文去世前不久，曾對汪曾祺、林斤瀾
說：我對這世界，沒有甚麼可說的。

　　在那不很正常的年代，難以說清、難以猜出的事情太多了。

658 君王的本質

歷代君王，大概沒有一個真的能夠聞過則喜，可以共患難同安樂的。因爲天下唯我獨尊，總是疑神疑鬼會被別人奪去江山。所以儘量設法搜羅小報告，並鼓勵臣民議論國事，以此考察臣民的忠誠度。但忠臣常愚，儒士常迂，多把藏在心底最尖銳、真實、不滿、痛心疾首的話全部吐露出來。美之名曰："大鳴大放"。於是便抓住其中觸痛逆鱗的地方，加油添醋交付有司拷打迫供，定罪發落。朱元璋就是這樣殺了十幾萬臣民的。朱元璋後來連宰相也不能相容，乾脆取消宰相制度，設六部內閣，自己兼任宰相職務。他和學富五車的翰林學士解縉可謂知己，他曾對解縉說："朕與你義同君臣，恩猶父子，你對朕有所諫言，應該言無不盡才是。"這位解學士大冒傻氣，上書十萬言，把朱元璋的濫殺功臣，小人趨媚，賢者遠避，貪者得計，廉者受刑等等劣跡，全部端出。朱元璋大怒，罷了這聰明一世，糊塗一時的解縉的官，保留下一顆頭顱還算好運氣。直到朱棣奪了姪子的皇位遷都北京，才又重用解縉，讓他主編《永樂大典》。但終因參加了以後的宮廷鬥爭，還是被酷刑凍死在雪地裡。"侍君如侍虎"，自古皆然，到了廿世紀的民主時代，其餘緒還是不絕如縷，可嘆！

659 台灣張佛千又為新鳳霞製聯

前記台灣楹聯家張佛千爲蕭乾、巴金兩人製作嵌名聯，以後在北京又爲新鳳霞製作一聯：

"鳳" 舞鶯歌 "新" 奏；
"霞" 蒸雲蔚同飛。

660 一副 "官箴"

今天的吏治，確也很多使人失望，似乎嚴刑峻法也起不了作用了。朱鎔基曾提到現存西安碑林中有一塊 "官箴" 刻石，頗有意思，明白如話。假如我們上下互相倡廉從公，則政通人和可期矣。錄之如下：

> 吏不畏吾嚴，而畏吾廉；民不服吾能，而服吾公；
> 公則民不敢慢，廉則吏不敢欺；公生明，廉生威。

661 巧聯妙對

對聯是我們中國文化瑰寶之一，妙趣橫生，流傳久遠。相傳有文臣武將行船爭道，難以解決，武將乃出上聯：

> 兩舟併行，櫓速（魯肅）不如帆快（樊噲）；

這是借用東西漢兩位歷史人物，暗喻文不如武，而且實情實景，實在不太好對，也難得占上風。適值岸上有鼓樂聲，觸動文臣靈感，對出下聯：

> 八音齊奏，笛清（狄青）哪比蕭和（蕭何）。

這樣一來，文臣的船自然得勝先行了。

662 崔崎的親情

1998 年電視主持人楊瀾，赴美國採訪了當年獲得諾貝爾化學獎、美籍華人崔崎。崔崎談到自己出生於河南省農村，父母親都是文盲。但是他的母親很有遠見，省吃儉用把12歲的崔崎送出農村讀書，造成他和父母的永別。談到這裡，楊瀾問崔崎：你12歲那年，如果你不外出讀書，結果將會如何？楊瀾估計：他一定會答：我永遠成不了名，也許現在還在農村種地。誰知他大出意外地答道："假如那時我不出來，三年困難時期，我的父母就不會死去"。崔崎當時即流下了眼淚。他把中華民族的傳統美德，在至情至愛的事件中，表現得淋漓盡致，不愧是中國人！

663 李清照的詞

歷代專於情、深於情、又敢大膽表情的人，莫過於宋・女詞家李清照。她和趙明誠深摯的愛情，可謂終生不渝，不知道羨煞了多少古今男女。她夫婦還是志節高尚的愛國主義者。她原是秦檜老婆王氏的表妹，但一直視這奸佞夫婦如糞土，安貧樂道，忍受著流離失所的困苦生活。她在《金石錄》后序中，曾坦率地把和趙明誠在愛情生活中的歡樂雅趣和盤托出。在她《漱玉詞》中更多作品表達夫婦濃烈醇厚的愛戀之情。這在五百年前能夠衝破封建意識的桎梏，釋放出人所忌諱的男女私情，不能不說是一位"人傑"。例如：《一剪梅》：

　　　　紅藕香殘玉簟秋，輕解羅裳，獨上蘭舟。
　　　　雲中誰寄錦書來？雁字回時，月滿西樓，
　　　　花自飄零水自流，一種相思，兩處閒愁。
　　　　此情無計可消除，才下眉頭，卻上心頭。

她以清新脫俗的筆調，大膽抒發對丈夫的思念，特別最後三句，寫得具象、生動而細膩。而《醉花陰》，則更以含蓄蘊藉的筆法，深沉地表達著愛情：

薄霧濃雲愁永晝，瑞瑙鎖金獸。時節又重陽，玉枕紗廚，
半夜涼初透。

東籬把酒黃昏后，有暗香盈袖。莫道不消魂，簾捲西風，
人比黃花瘦。

以黃花比擬人瘦，用瘦來說明長時相思的痛苦，恐怕是千古絕
唱了。趙明誠自宋朝南渡後，不久逝世，李清照已經是飽經風霜的
五十歲的老人了，她受亂世流亡生活的煎熬和失偶之痛，心情日益
凄苦，在《武陵春》一詞中，簡直字字血淚，使人不忍卒讀。與現
代一些愛情詩詞，只有描皮掠影、愛死愛活的浮詞濫調相比，真差
如天壤。當然我不是有意要人們學李清照爲賦新詞而苦思冥想、尋
章摘句。時代不同，今天我們要做的事情太多了。《武陵春》：

風住塵香花已盡，日晚倦梳頭，物是人非事事休，欲語淚先流。
聞道雙溪春尚好，也擬泛輕舟，只愁雙溪舴艋舟，載不動許多愁！

664 "人民公社"的標語

廿世紀 50 年代末的"大躍進"、"人民公社"、"三面紅旗"
等政治運動，至今大家記憶猶新，視爲惡夢。當時許多人明知行不
通，但也無可奈何，非緊跟著鬧不可。我們到處可以看到像這樣的
標語："共產主義是天堂，人民公社是橋梁"；"人有多大膽，地
有多大產"；還有："人民公社萬歲，一天等於廿年"等等對稱的
標語。當時誰也不以爲意，後來才有人發覺這是人們在無可奈何中
發出來的"黑色幽默"，上句"人民公社萬歲"的計時方法，是以
下句"一天等於廿年"爲基數，早已預知人民公社壽年不妙了。然
而有多少人竟在這一政治運動中遭殃？國家的損失又多少？真是說

不清。

665 往事重溫

今年(1999)是中華人民共和國成立五十週年，要說的好事也不少。即如新政府成立之初，人民熱氣騰騰，一邊建國，一邊抗美援朝，全心全意為未來的美好生活而忘我工作。張子善、劉青山因貪污案槍決了，人心大快，誰還敢違法亂紀、貪污腐化？社會上的新鮮事物，層出不窮，使人永生難忘。北京市就在建政那年，把明、清兩朝聚留下來的三十四萬噸垃圾，六十一萬噸糞便清除乾淨，使古建築學家梁思成等文化名人欽佩不已，讚嘆說：唯有共產黨新政府才能做到。這些往事在今天新時期改革開放中，很應該重溫、對照、思量，重整旗鼓，繼往開來！

666 "向袁公世凱敬禮"

今年(1999)是"五・四"運動80週年，各地都熱烈慶祝，當年流傳下來的愛國、進步、科學、民主的精神，依然青春不老受到人民的喚召。當年革故鼎新，開天闢地，使黑暗中國頓時顯露曙光的先驅們，依然青春不老受到人民的尊崇，作為進步旗幟而高揚。但現實生活中卻又有不少使人啼笑皆非、欲哭無淚的笑料，懷疑這八十年來，我們的祖國究竟進步了多少？民智如何？是非觀念又如何等等。據報載：河南省安陽市洹水北岸俗稱"袁墳"，現又美稱"袁林"(大概是仿"孔林")，近來遊人不少，更多在墳地周圍寫些"××到此一遊"等等"群眾創作"。其中最使人吃驚的是：有幾個人署名寫著："謹向袁公世凱敬禮！"敬禮而又尊稱為"袁公"，足見他們對袁世凱敬佩得五體投地，非我們這些凡人所能企及的。我想：假如他們這些人再看到曹汝霖、陸宗輿、章宗祥的遺像，該也五體投地拜爲神明的吧！

667 郭沫若贈詩錢學森

我國火箭、導彈技術之父錢學森，功勛卓著，盡人皆知。當時科學院院長郭沫若，曾以《贈錢學森》詩讚頌：

> 大火無心天外流，望樓幾見月當頭。
> 太平洋上風濤險，西子湖邊數風流。
> 衝破藩籬歸故國，參加規劃獻鴻猷。
> 從茲十二年間事，跨箭相期天際遊。

668 王寶森兼任反貪污組織官員

人世間滑稽可笑的事層出不窮。最近報紙披露：原北京市副市長、大貪污犯王寶森，還有二個兼職：一是北京市反腐敗領導小組副組長，另一是第七屆國際反貪污大會的副主席。他假如晚三、四個月畏罪自殺，那麼他就可以代表我國在世界反貪污論壇上，大聲疾呼如何如何反貪污了。可惜，可惜！

669 陸宗輿曾被開除縣籍

1919年"五·四"運動火燒趙家樓時，遭國人痛罵痛打的賣國賊曹汝霖、章宗祥、陸宗輿——特別是陸宗輿曾被其家鄉浙江省海寧縣的人民群眾決定開除縣籍，並立碑記醜。最使人憤怒的是：他於 1913 年被袁世凱派為駐日大使；1915 年與日本達成祕密交易，替袁世凱接受喪權辱國、亡國滅種的 "廿一條件"，1917 年，以五千萬日元把中國有線電報財產的收益，和吉林、黑龍江兩省的金礦、森林等抵押給日本。海寧人民於三個賣國賊被免職以後的六月十一日，在縣城城隍廟決議，開除陸宗輿縣籍，並仿照杭州岳王墳前秦檜，為陸宗輿豎碑三處，以教育後人。陸宗輿及其親屬，曾百般運動毀除，但人民堅決護碑，不為所動。後該碑經徐世昌下令才被拆除。這也算是中國忠奸鬥爭的一件事跡。

670 天安門的歷史

北京天安門，是今天世界遊客到北京旅遊的必經之地，也是中國的象徵。天安門前的廣場，是全世界最大的廣場，現在正在重修，迎接建國 50 週年大典。據史料記載：天安門城樓始建於明·永樂 18 年(1420)，完全模仿南京承天門，也用同名。到明·天順年間(1457)遭火災被毀。1465 年明·憲宗時重建，由牌坊式改為宮殿式，基本上有現在天安門的規模。1644 年清·順治重修承天門，六年竣工，改名為天安門，沿用至今。但經過多年的失修，建築結構嚴重損壞變形，於 "文化大革命" 期間的 1969 年 12 月間，由毛澤東批示：原樣不動，尺寸不變。除地基未動外，磚瓦木材等等全用新的，祕密重建，各種工人每天多至二千餘人，於 1970 年 4 月竣工，費時僅 112 天，速度之快，質量之高，據說世界無雙。但為甚麼要 "祕密" 重建之謎，至今未解。

671 報紙新聞的標題

　　許多大小報紙的編輯，都很重視新聞的標題創作。常見多以排偶句式組成，既醒目又增文采，起到畫龍點睛、提高欣賞價值的作用。記得抗日戰爭時期，重慶就有報紙出現這樣的標題：

　　　　難民不能求一飽，銀耳參茸大暢銷。

很尖銳地揭露大後方貧富懸殊的不合理現象。還有：

　　　　西風緊，戰袍單，征人身上寒。

為勸募寒衣作宣傳。像這樣的生花妙筆，到現在也經常可以讀到，這是可喜的事。

672 花絮聖手張友鸞

　　有道是"行行出狀元"。前記有"副刊大王"孫伏園，現在又說"花絮聖手"張友鸞。按：張友鸞是抗戰期間重慶《新民報》"三張"之一(另有張恨水、張慧劍)，歷任主筆、經理，但一直喜歡親自編輯社會新聞。我記得當時重慶端陽節，雖是抗戰艱苦時期，但還是從俗掛艾懸蒲，龍舟競賽，南山跑馬，或在家悠閒娛樂，喝酒賦詩，讀書看報等等。張友鸞把這些花絮小新聞，闢為專欄，在專欄右上角編上標題：

　　　　"江上彩船鑼鼓響，懸蒲掛艾過端陽"

　　左下角又用子題：

　　　　"跑馬上南山，閉門打麻將"

　　經過這樣的編排標題，把全重慶市端陽節的動態都浮現出來，形成妙趣橫生的社會新聞和山城節日的風情畫，這是很需要一點才情才能夠編寫出來的。

673 無限上綱的冤案

"文化大革命"十年期間，無限上綱的冤案數不勝數，也無奇不有。1968 年秋一個早晨，文學評論家侯金鏡在庭院裏掃落葉，忽然瞥見一眼林彪副統帥的標準像，喃喃自語地說了一句："這傢伙真像個小丑。"後來這話給別人揭露，便被劃爲"現行反革命罪"，其結果可知。像這樣對大人物的尊容妄加臧否而獲罪嚴懲的案例很多。我記得我在內蒙古改造時，一位"同犯"在野外拾得一根美麗的野雞尾羽帶回，無意中插在領袖像上面的壁隙，被人發現認爲污辱領袖"輕於鴻毛"，大鬥特鬥，任你怎樣解說也無濟於事，結果加刑若干年，真是欲加之罪，又何患無詞！

674 "四"字原是吉祥字

現在我們對文字的封建迷信，還很盛行。例如：喜用"八"字(與"發"字諧音)，厭惡"四"字(與"死"字諧音)。其實，古時對"四"字還是作爲吉祥字用的。例如：《四書》(論語、大學、中庸、孟子)；"四君子"(孟嘗、平原、春申、信陵)；"四大美人"(西施、昭君、貂嬋、楊玉環)；元曲有四大名門：關漢卿、鄭光祖、白樸、馬志遠；小說有四大名著：紅樓夢、三國演義、西遊記、水滸傳；傳說有四大神話：天仙配、牛郎織女、白蛇傳、梁祝；文房有四寶：墨、硯、紙、筆；文人有四事：琴、棋、書、畫；天地有四方：東、西、南、北；一年有四季：春、夏、秋、冬；歲寒有四友：梅、蘭、菊、竹………。

675 氣壯山河筆有神

張大千的胞兄張善孖（1882—1940）善畫虎，自稱“虎癡”。1937年抗日軍興，他們兄弟離開旅居已久的蘇州，歷盡艱難遷入內地，（他們是四川內江人）以畫筆畫出忠憤之氣，激勵將士奮勇殺敵。最出色的是他花了四個月心血，創作了一幅氣吞山河的《怒吼吧，中國》，畫上有廿八隻猛虎（象徵中國的廿八個省），齊向衰敗落日咆哮怒吼，（落日象徵日本）真夠威武雄壯，生氣勃勃，還題了四句詩：

大王雄風，一致怒吼；威撼河山，勢吞小丑！

這畫在各地輪番展出，轟動一時。

1938 年善孖兄弟到法國、美國等歐美國家，繼續賣畫和義展，宣傳抗日。1940 年十月，善孖由香港回到重慶，由於長期勞累，回到重慶只有半個月便患病逝世。在各界追悼會上，于右任先生親書輓聯致哀：

名垂宇宙生無忝，氣壯山河筆有神。

而大千卻從此失去了雁行，獨來獨往於異域，壽高至 86 歲。

676 貪官越來越凶

近來報紙上越來越多有關貪官的消息，貪污數目之大，貪官的花銷之慷慨和離奇古怪的內容，真使人悲憤交加，啼笑皆非。舉例一：深圳市寶安區一農村信用社主任鄧寶駒和兩個下屬，竟自批自貸 28億元，用假帳抹平，結果：二億多元被貪污，包“二奶”、“三奶”，一擲二千多萬元買別墅、汽車；到香港賭馬一天輸掉三百多萬，共輸掉一億多，亡命蒙古共和國已被抓獲，但最後僅追回五千萬元。
舉例二：山東荷澤地區副專員盧效玉，因賣官受賄被抄出現金23萬
元，另外存摺二本，共94萬元，還有黃金足夠他打一副金手銬；所
受賄贓物高級商品可開一間禮品店。他這位仁兄辦正事不力，記憶
力卻勝似電腦。他在錄口供時，能將五年來二百多次受賄每一次的
人物、時間、地點、情節、數目等等，說得一清二楚，對証不差。
他賣的官都是縣鄉級，絕大多數都是用公款，如農民的提留款、中
原油田補償款、青苗款等等進貢給他的。

　　以上兩例已可見中國現在的碩鼠之可惡和可恨了。

677 張元濟曾勸蔣介石與大陸和好

　　商務印書館元老、中國近代出版業的奠基人、上海文史館館長張
元濟(1867—1959)，曾於1957年，得到毛澤東同意，寫信給台灣的蔣
介石，情詞懇切，以同鄉之誼勸告蔣介石與大陸和好，極有歷史價
值，抄錄如下：

　　盧山把晤，快領教言，光陰迅速，忽忽已廿餘年矣。此廿餘年中，
公所施為受國人之嬉笑怒罵者，可謂無所不至。然弟終不願以常人
待公。今者據有台澎，指揮四方，此固足以自豪；然而弟竊有更進
於此者，今願為公言之。公浙人也，弟亦浙中之一老民。千百年來，
浙江有一不可磨滅之人物，伊何人歟？則錢武肅。是錢之事跡，度
公亦必耳熟能詳。當北宋之世，武肅據有全浙八都，軍威著於一時，
能默察形勢，首先效順，而炎宋統治之局，因以底定。當今之世，
足以繼錢武肅而起者，捨公而外無第二人，竊對公有厚望焉。

　　上信簡短扼要陳述利害，曾在海峽電台廣播，產生很大影響。但
當時台灣形勢較好，蔣氏堅持其所謂“漢賊不兩立”的態勢與個人

尊嚴，否則此後公私歷史都會改寫。

678 今人壽命勝前人

去年(1998)二月，老作家王奇送書給蕭乾老先生審閱，內有寫到人的壽命：孫中山59歲，黃興42歲，蔡鍔34歲，曾國藩61歲，袁世凱57歲，黎元洪64歲，康有爲69歲，魯迅55歲，嚴復67歲……說的是以上名人壽短都有原因。今逢盛世，情況則大大不同了。在病院留醫的蕭乾老先生審閱該書後，欣然提筆答覆王奇一短信：

大作已拜讀，佩甚。你列的年齡表，很富啟發，我也當老當益壯，謝謝！

今年是世界老人年，願天下老人都有所啓發。

679 李四光的得名

我國著名地質學家李四光，原名李仲揆，1902年十四歲時，從家鄉湖北省黃岡縣到武昌應試，報考高等小學堂。填表時，他誤將年齡"十四"填進了姓名欄內，發覺後只好把"十"改作"李"，但又感到"李四"欠雅，抬頭見大廳懸"光被四表"匾額，立即又在"四"字下加一"光"字，從此便一直用這"李四光"名字而流芳千古了。

680 促成抗戰的廬山會議

自1926年到1937年的十二年間，蔣介石以廬山爲"夏都"，共在山上召開過十一次會議。前十次議的都是"攘外必先安內",只有最後一次是議共同抗日的。1937 年七月十六日這最後一次會議,是由各黨派首腦,各大學校長和其他社會名流共 158 人舉行的,直到七月廿一日才結束。大家各抒己見,力促國共合作,團結禦侮,共赴國難,並就軍事、政治、經濟、財政和教育等等問題分組討論。整個會議期間,胡適博士發言最多,有人寫詩嘲諷:

> 溽暑匡廬盛會開,八方名士溯江來。
>
> 吾家博士真堪道,慷慨陳詞又一回。

當時胡適也戲答一首白話詩:

> 哪有貓兒不叫春?哪有蟬兒不鳴夏?
>
> 哪有蛤蟆不夜叫?哪有先生不說話?

在那嚴肅、認真、激烈、憤慨的會議場合,大家還有這樣的閑情逸致、平和心緒,可謂難得。在他們居住的"仙岩飯店"還貼有一聯,是廣東才子梁寒操寫的:

> 一時枯榮視天下,此山不語看中原。

這是集清·愛國詩人龔自珍和黃晦聞名句而成的,意在敦促蔣介石丟掉和平解決盧溝橋事變的幻想,下定決心抗戰。總的說來,這次會議雖未如原計畫有始有終,但對促成全民抗日,取得最後勝利,是有其一定的歷史作用的。

681 姚雪垠的文債

《李自成》這部小說,大概可算是中國空前的長篇,遺憾的是作者姚雪垠,寫了幾十年還沒有完成最後的第五卷,卻於今年(1999)病逝,享年 89 歲。記得他曾於 1980 年六月來廣州主持"中國當代文學學會"第一屆會議(他任會長),他對廣州印象極佳,會後曾寫一詩

贈友人，很能表達這位八十老翁的思想感情。但他留下的那筆文債，
由誰來完成？詩曰：

> 盛會羊城鳴未已，忽來順德賞清暉。
> 回廊水榭晴蔭合，小院高樓夜夢稀。
> 文債猶多詩興減，年華已老壯思飛。
> 曾經花徑同留影，地北天南意不違。

682 李伯元小傳

晚清有兩部著名譴責小說：吳敬梓的《儒林外史》和李伯元(寶
嘉)的《官場現形記》。據魯迅評定兩書，以後者為佳。

李伯元(1867—1906)江蘇武進人，幼年喪父，多賴堂伯父李翼青
培養，中了秀才。後因李翼青痛恨當時腐敗官場，辭官居鄉，為當
朝視為異端，以致株連李伯元，未再上進，在上海入《指南報》當
編輯。後自辦《遊戲報》、《世界繁華報》等，得到李翼青提供資料
素材，寫出《官場現形記》，在報上發表，風行一時。上至尚書、御
史、欽差大臣，下至州官知縣皂隸所犯的貪污腐敗、崇洋媚外、逢
迎拍馬、欺上壓下、吸毒嫖娼、徇私枉法等等，無不翔實或用真名
或用假名，暴露於光天化日之下，使讀者讚賞，視為"包青天"；
同時也受到官府嫉恨，攝政王載灃和兩江總督端方，曾嚴令追查迫
害，但李伯元不為所動，堅持寫作出版。曾寫詩言志：

> 往日醒塵夢，你今更抖擻；慷慨告天下，仍作不平鳴。

於是社會上許多名人也為他撐腰，發表詩文聲援。如柳亞子：

> 強項不低首，力作掃妖氛。

遠在日本留學的鑒湖女俠秋瑾，也曾發表過詩句：

刺破畫皮促民醒，元群不愧軒轅孫。

李伯元可謂才華洋溢，愛國心強的戰士，他還寫了其他許多小說、詩歌、散文。例如：《庚子國變彈詞》、《文明小史》、《活地獄》、《愛國歌》等等。不幸的是他的工作過於勞累，於 1906 年猝然病逝，只有三十九歲。章太炎題他的墓銘：

> 一代愛國才子，千秋流芳人間。

683 譚嗣同的絕命詩

1898 年八月，光緒維新失敗，譚嗣同等"六君子"遇害。譚在獄中壁間曾題過一首絕命詩：

> 望門投止思張儉，忍死須臾待杜根；
>
> 我自橫刀向天笑，去留肝膽兩崑崙。

前兩句的張儉、杜根兩人都是漢朝受宦官外戚迫害的忠義之士，譚嗣同藉此喻己。第三句正氣磅礴，常為人引用。第四句的"兩崑崙"，不太好解，歷來眾說紛紜，最少有八種說法，被說的人計有康有為、梁啟超、唐才常、譚嗣同、王五、胡七、胡理臣、羅升等。他們愛國的行為都像崑崙山之崇高偉大。但據現仍健在的譚嗣同孫婿賈亦斌從各方面論證，認為"兩崑崙"係指康有為、梁啟超兩人，比較符合歷史事實和詩意。

684 勸世的奇聯妙對

歷代流傳著勸世的奇聯妙對不少，大概都是針對當時的風俗人情而作的。現在的婚姻介紹所有一聯：

> 白玉猶有瑕，求人十全十美哪裡遇？

　　　　　　青春豈無限？擇偶千挑萬揀幾時休？

又有婦女會的一聯：

　女常可愛，媳常可憎，勸天下婆母，要拿三分愛女之心而愛媳；
　妻每為順，親每為逆，願世上人子，應將一點順妻之意以順親。

還有城市小區的牌坊回文聯：

　　　　　　　　我愛鄰居鄰愛我；
　　　　　　　　魚傍水活水傍魚。

　　以上這些勸世對聯，雖有點俗氣，但道理分明，明白暢曉，也
頗風趣，容易使人接受。

685 郭沫若遊順德清暉園詩

　　1962年郭沫若遊覽廣東順德縣大良鎮的清暉園，曾口占一首七
律：

　　　　　　　彈指經過廿五年，人來重到鳳凰園；
　　　　　　　薔薇鬱鬱紅似火，芒果森森碧入天。
　　　　　　　千頃魚塘千頃蔗，萬家桑土萬家弦；
　　　　　　　緣何黃竹仍垂淚，為喜乾坤已轉旋。

　　這首七律寫的確是當時珠江三角洲的順德縣在十多年來的農
桑發展狀況。假如今天郭老尚在人間，重遊舊地，當更有為氣勢磅
礴、繁華興旺的工商業景象的大作發表。

686 胡適的勸善歌

　　胡適曾寫過一首白話的《勸善歌》：

少花幾個錢/多賣兩畝田/千萬買部好字典/它跟你到天邊/只要你常常請教它/包管你可以少丟幾次臉！

據當代作家魏荒弩回憶：他小時受這歌影響很大，養成了勤查字典的習慣，一直堅持凡是拿不準的字，必先查字典而後才放心，他自認一生學習和使用中外文字，靠的不是高等學府和專家教授，而是字典和詞書。現在語言文字很混亂，錯別字很多，胡適這首《勸善歌》，還有它的現實意義。

687 黃苗子不忘故國

老藝術家黃苗子、郁風夫婦移居澳大利亞二十多年了，經常把作品刊登在祖國的報刊上，也經常回來探親訪友，籌開展覽會，他不忘故國之情異於常人，曾填了一闋《客中自嘲一金縷曲》詞：

好個書呆子，笑平生摸爬滾打，在漩渦裡。八十五年真白活，剩下幾堆破紙。也不怪張三李四，不怪天官慳賜福，更不該錯怪先皇帝。怪只怪，耽文藝。蝴蝶夢中家萬里，總不甘考拉(Koala，無尾熊的音譯)袋鼠，陪它一世。烏鵲南飛曹孟德，咱倆去嚐滋味。曾幾見豪門別墅，問舍求田心力歇，嘆長安居真也不易，缺則缺，人民幣。

從他短短的填詞裡，可見黃老不光念念不忘故國，更流露一生的坎坷遭遇和不平之氣。

688 毛澤東應對

毛澤東所作詩詞聞名天下，當然對與詩詞孿生的楹聯也很拿手。據說他少年時到安化拜見勸學所所長夏默安，二訪不見，第三次臨門時，夏有意試才，出一聯請對：

> 綠楊之上鳥聲聲，春到也？春去也？

毛澤東略思片刻對道：

> 青草池中蛙句句，為公乎？為私乎？

不僅對得工整嚴謹，而且頗含深意，夏先生聽後又驚又喜，待以上賓之禮。

689 廣州北園的門聯

去年夏間，我到廣州小北路拜訪魏麟基老廳長，無意中看見魯迅、郭沫若曾去飲茶的老茶樓“北園”，門前掛著一副木楹聯，很是典雅工整，深為讚嘆，聯曰：

> 極目樓臺光廓北，幾番觴詠集名園。

我一問才知道是出自當代詩人蘆荻的手筆。他只用了十四字，即點出了“北園”的地理位置，又表達了對它讚賞之情，還概括地寫出作者多次和親友在此飲茶賦詩的樂事。這自然給這老字號茶樓增加了文化色彩，為招徠顧客和對港澳人士的吸引大有作用。但今年再去小北路訪老廳長，這副木製的楹聯不見了，彷彿“北園”的味道也變了。莫非因為蘆荻最近病逝而拆掉了？本來名人、名聯、名園相得益彰，正如紹興老酒那樣，愈陳愈醇愈珍貴，愈使人喜愛品味，何必物要與人兩亡？從這事可以體會到一般的商人以世俗的勢利眼看待文化，以致大煞風景，可嘆！

690 丁文江貶竹

梅、蘭、菊、竹從來就受我們視爲“君子”，蘇東坡曾有“不可一日居無竹”的詩句，可見在人文精神上占有重要位置。但也有文人唱反調的。丁文江(1887－1936)曾任國民政府中央研究院總幹事，著名地質學家，在一片對竹褒揚聲中寫道：

> 竹是僞君子，外堅中卻空；成群能蔽日，獨立不禁風；

> 根細善鑽穴，腰柔慣鞠躬；文人多愛此，聲氣悉相同。

丁文江是文人，他的部屬朋友也多是文人，是不是對所有文人都這樣看待？抑是遊戲之作？

691 老舍與胡絜青約法三章

老舍與胡絜青的愛情始終不渝，盡人皆知。1930年老舍到濟南齊魯大學教書，快放寒假時，曾給胡絜青一封長信，詳細介紹了自己的身世，並說：妳給我的第一印象，像一位日本少女，咱們連吃三頓飯，妳都不愛吭聲，很像悶咀葫蘆。接著又說：我們都是滿族人，生話習慣一樣。妳很好學，我對外國名著、外國地理、歷史、文學史也很了解，有共同語言，能生活在一塊。隨即便提出“約法三章”，其一，要能受苦，能吃窩窩頭，如果天天想坐汽車，就別找我；其二，要能刻苦，學一門專長；其三，不許吵架，夫妻和睦過日子。老舍還說：我沒有歐洲人的習慣，出去時夫人在前面走，我在後面跟著打傘，我不幹。如果心裡有氣，回家就打太太，我也不幹。我想建立一個互相友愛和睦的家庭。……此後老舍每天一封信給胡絜青，連續寫了一百多封。

692 台灣作家柏楊談男人

　　台灣作家柏楊，著作等身，大陸翻版很多，在一篇文章談到男人醜態，真是入木三分，使男人讀者無地自容：

　　前天中國小姐候選人在台北賓館亮相，真是佳麗如雲，美女紛集，看得我口乾舌渴。老妻見狀，照我尊頭上就是一記，方如夢初醒。但我發現四週的那些男人⋯⋯有年高德劭的男人焉，有經常訓話的男人焉，有經常寫文章代聖人立言的男人焉，有大學中學及小學堂的校長教師焉，一個個眼如銅鈴，涎水下垂，偶爾被人推了一把，猛的將涎水吸回，絲絲有聲。可謂原形全現的盛典，美的吸引力可忽視乎哉。

693 三句不離本行

　　人們在談話中，常常三句不離本行。說本行話特別傳神有趣，別有風味。在許多教師撰寫的婚嫁楹聯中，就有不少妙趣橫生的佳作。例如一對數學教師，在婚姻道路上走得很艱難坎坷，同行便送了一聯：

　　　　愛情如幾何曲線，幸福似小數循環。

又一聯含蘊豐富，讀之感慨不已：

　　　　恩愛天長，加減乘除難數盡；

　　　　好合地久，點線面體豈包完？

　　有一位數學老師和一位物理老師結婚，兩個教研組同仁合贈賀聯：

　　　　大圓、小圓、同心圓，心心相印；

　　　　陰電、陽電、異性電，處處交流。

又有一位英語老師和一位音樂老師結婚，同事送賀聯用英文字母與音樂符號巧製，洋為中用，情趣盎然：

ABCDEFG；

1234567。

還有一位歷史老師和一位音樂老師結婚，同事贈賀聯：

室內容古今中外；

琴上飛 1356。

又某校一對生物老師結百年之好，校長贈賀聯：

昔慕連理紅花並蒂；

今效駕鴦彩蝶雙飛。

橫額："瓜熟蒂落"。教導主任贈賀聯：

兩雙巧手，描龍繡鳳比翼鳥；

一片丹心，育李培桃連理枝。

同事也贈賀聯：

恩愛如植物，萌芽生長，開花結果；

婚戀貴同心，精誠和睦，播種育苗。

這些都是三句不離本行的婚嫁賀聯，頗有趣味。

694 趙樹理看病

已故著名作家趙樹理，在"文化大革命"時期被抓進"牛棚"改造，第一次有病去醫院看病，在病歷表上填上自己的名字，醫生一看驚問："你是趙樹理？"趙點點頭。醫生疑而不信再問："你真是趙樹理？"趙答："現在還有人敢冒充趙樹理而自找麻煩嗎？"醫生默然。

695 金岳霖贈聯梁思成林徽音

林徽因(音)與詩人徐志摩曾有一段友情，後與梁啓超之子、古建築學家梁思成結婚。邏輯學家金岳霖老先生以梁、林姓氏撰一鶴頂格聯相送：

梁上君子，林下美人。

這聯深得梁思成讚賞，並說：我就是要做"梁上君子"，不然，怎麼能打開建築學研究的新路？

696 梁實秋的幽默

梁實秋的小說、散文和戲劇諸多著作中，很多幽默語言和故事。他說：富有幽默感的人，一定具有豐厚的修養。梁實秋先生一次去飯店，白米飯久等也不上來，飢腸轆轆的梁先生耐著性子幽了服務小姐一默："怎麼白米飯還不上來？是不是稻子還沒有收割？"服務小姐也來了雅興，笑答："還沒有插秧呢。"舉座在歡樂微笑中，米飯端上來了。幽默往往可把乖情悖理的事情變成理智，減少或消除矛盾。

697 鍾敬文的妙語

機智幽默的語言，往往充盈著濃濃的文化味。已近百歲的民俗學家、教授鍾敬文(廣東海豐人)，一次赴友人宴，當佳肴美饌擺滿宴桌後，牙齒掉光了的他對大家說：你們先吃吧，我是 "無恥之徒"

(齒與恥諧音)，這樣便對付了尷尬場面。一會兒為鍾老先生另做熱湯麵上來了，鍾老先生依然用妙語解窘：「我是怕硬欺軟的，你們別學我啊！」

698 大學士的高行

清·大學士、禮部尙書張英的家人在故鄉桐城修建府邸，與鄰居方家因地界發生爭執，告到官府。在北京的張英聽到，不倚仗權勢支持家人，立即寫下一首詩寄回家中，詩云：

> 千里修書只為牆，讓他三尺又何妨？
> 長城萬里今猶在，不見當年秦始皇。

這詩寄到家中後，其家人立即退出三尺土地，方家一見，頓覺慚愧，馬上也讓出三尺，兩家之間便有了一條六尺的大巷。

今天，那些倚勢凌人的官員是不是應該在這史事中，得到啓示和教育？

699 匠心獨運的隱字聯

前記有章太炎嘲諷康有為的隱字聯：「國之將亡必有，老而不死是為」，都出自《四書》句。現在再記兩副類似的隱字聯：

清·乾隆年間，天津太守牛捻文之子娶妻，紀曉嵐書贈一聯：

> 繡閣團樂同望月，香閨靜好對彈琴。

上聯暗藉「牛郎織女」的故事，下聯隱嵌成語「對牛彈琴」。此聯妙在賀牛氏婚慶，聯語內容均涉牛而字面偏偏無牛，可謂無牛勝有牛。

還有一副產生在五十年代的香港，著名影星莫愁，因情自殺，詩人易君左贈送輓聯：

與爾同銷萬古；問君能有幾多。

此聯上聯摘自李白《將酒進》，下聯節自南唐後主李煜的《虞美人》詞。作者將上下聯中的"愁"字同時隱去，意在悼愁(莫愁)而不言愁。可謂匠心獨運，意味深長。

700 東山少爺與西關小姐

二、三十年代，廣州市東山區多是軍政要人的別墅，其子弟人稱之爲"東山少爺"，與富商巨賈的"關西小姐"相對稱。其間確也不少互相愛慕談情說愛的少爺、小姐，使人神往或者吃醋。有人戲作一聯警告：

莫嫌子弟牛頭褲，最怕兒孫燕尾鞋。

以俚語"牛頭褲"、"燕尾鞋"入聯，也頗工巧。

701 客家山歌

東、韓江一帶客家勞動人民很喜歡對唱山歌，口才之捷，就是文人雅士也大大佩服。每逢良辰佳節都舉行山歌對唱比賽。現在廣州市越秀山、白雲山每逢月白風清、夜涼如水的夏秋，也可以聽到這一味嘹亮清脆、含情脈脈的即興山歌：

大地回春樹發芽，漫山遍野靚山花。

阿妹更比山花靚，莫怪阿哥打牙花。

假如有客家妹聽了受到感動，她就毫不客氣以快速的、適當的山歌回答你而糾纏下去了。

702 文章未必憎命達

今年是德國大文豪歌德(1749—1832)誕生 250 週年，全世界都紀念他。中國的杜甫有一句詩"**文章憎命達，鬼魅望人過**"。有人會聯想，歌德也應是命途乖舛的人吧。其實不然，歌德一生順境，人們所想有的他都有，沒有受過什麼磨難，但他卻仍然成為世界級的偉大詩人、小說家、戲劇家、文藝理論家。他那部《少年維特之煩惱》，傾倒了青年幾百年。當代作家劉心武對此有所感悟：提出我們應該為作家或為所有具備才能的人，營造出令其能順利釋放其全部天才的外部條件，再不要專彈"**文章憎命達**"、"**詩窮而後工**"之類的老調了。

703 孫傳芳之死

前記有孫傳芳打牌趣事一則。他這人於 20 年代已經發跡，成為閩、浙、蘇、贛、皖等五省聯帥，與吳佩孚同是當時最大的軍閥，於 1926~1927 年間為國民革命軍打倒。晚年寓居天津，誦經理佛，皈依三寶，於 1935 年在居士林為一女子施劍翹刺殺。該女子的父親於十年前被孫傳芳害死，這椿為父報仇義舉，傳揚全國。

在軍閥割據的年代，都以奪取權力地盤為目的，互相欺詐狡騙，視治下的人民為草芥，任意荼毒，以致四處發出"**寧為太平狗，不作亂世人**"的哀嘆。但時代是進步的，社會是發展的，進步的勢力總會打倒腐朽勢力，誰也無法逆轉。我們這些老人，已有深深的體會了。

704 封建主義還沒有掃除

我們常說：我們還是初級社會主義社會。意思大概是尚存有封建主義資本主義的東西。君不見以前以為土改完成，封建主義就完了，也就是說反封建的任務已經完成。其實現在到處可看到家長制、一言堂、人身依附、官官相護、用人唯親、權錢交換、暗箱操作、害怕民主、仇視輿論、到處修墳、電腦算命、三妻四妾……這些東西是不是封建主義？我們的任重而道遠呢！

705 周作人 "壽終正寢"

"五·四" 運動後的 1920 年，毛澤東曾因求學拜訪過一次周作人。到了抗戰時期的 1942 年延安文藝座談會，他又曾對周氏兄弟分別評論。他說： "魯迅是文化革命的主將，不但是偉大的文學家，而且是偉大的思想家和革命家"。 "魯迅的骨頭是最硬的，他沒有絲毫的奴顏媚骨，這是殖民地、半殖民地人民最可貴的性格"。……而對已作了漢奸的周作人，毛澤東卻這樣說： "為著剝削者、壓迫者的文藝是有的，這文藝是為帝國主義者而產生的，周作人、張資平這些人就是這樣的，這叫做漢奸文藝"。七年後，新政府成立，周作人因病假釋出獄，生活困難，寫了一封六千多字的信給周恩來，轉給毛澤東，毛閱後批示： "文化漢奸嘛，又沒有殺人放火。現在懂古希臘文的人不多了，養起來做翻譯工作，以後出版"。這項任務交給陽翰笙執行，使周作人得於 1967 年在家中 "壽終正寢"。

706 郁達夫的婚姻

"五·四"後的自主婚姻,鬧得文化界沸沸揚揚,可以說是"愛憎參半,苦樂並存",其中比較著名的除徐志摩外,還有郁達夫(1896—1945)。郁於 1920 年七月,與孫荃結婚,是由父母包辦的,終於分散。1927 年一月,郁在朋友家中邂逅王映霞,一見鍾情,認為天上的女神,於 1928 年四月結婚。雖然他們是自由戀愛結合的,但終於不歡而散,彼此在上海等地報刊互相攻擊、控訴、辯解,是當時文學藝術界最大最轟動的婚姻案件。以後郁到南洋,1943 年九月與何麗有結婚。何是文盲,是一位賢妻良母型的女人,缺乏共同語言,難以相處,又告分離。更不幸的是 1945 年九月十七日抗日勝利後,郁在印尼蘇門答臘遭日本憲兵慘殺,至今冤沉海底!

707 最早的留學生容閎

容閎(1828—1912)廣東中山人,是中國最早的留學生。1854 年,他畢業於美國耶魯大學,目睹清朝末年祖國腐敗積弱,決心救國,日夜思索研究,走著艱苦的道路,卻得不到朝野的理解而"懷才不遇"。他曾到過太平天國的天京去見洪仁玕,建言建國七事,涉及近代國家現代化的各項。但當時正在激烈戰爭中,無暇顧及建設,終於他去。後來曾對清政府洋務運動獻計獻策,通過江蘇巡撫丁日昌,建議合資建設長江航運公司,並曾面見曾國藩,受其派往美國購買機器、設計開發鐵路、培養實業人才等等。這些事情都無法順利進行,直到以後才參加 1898 年的戊戌變法,不久又遭失敗,受到通緝,逃亡美國,支持孫中山的革命。但這時他已八十高齡了。一代能人,就這樣結束人生,既是容閎的悲哀,也是中國的悲哀!

708 黎錦熙聯輓準女婿

已故北京師範大學教授黎錦熙，於 1935 年五月送一聯輓 "新月社" 青年詩人方瑋德：

> 皖學舊名家，如此才華堪接武；
>
> 朱繩剛系足，可憐藥石已無靈。

按：方瑋德的前輩都是清末桐城派名士，當代的方令孺就是他的姑母，雜文家舒蕪老先生也是同宗。他畢業於中央大學外文系，善寫詩，年青有為，文名大噪，這是上聯的意思。下聯是說他於 1932 年與黎錦熙教授的女兒黎憲初相識，酬唱很多，感情日增。但不久因職業問題，他離開北京，相約互相通信，只一年多已達二百多封，於 1934 年回北京訂婚，忽患重病，黎憲初守護一百多天，終因不治逝世，年僅 27 歲。豈但憲初腸斷，連準泰山黎教授也痛悼難耐了。

709 和尚的思凡詩

中國是儒釋同參、詩僧眾多的國度，遺傳下來佛門子弟正兒八經的佳作不少。現在也抄兩首 "歪門邪道" 的 "思凡詩" 如下：

> 一、春叫貓兒貓叫春，聽它越叫越精神；
>
> 　　小僧也有貓兒意，不敢人前叫一聲。
>
> 二、當年不肯戴儒冠，強把身心付戒壇；
>
> 　　雪夜孤眠全體冷，霜晨削髮滿頭寒；
>
> 　　綺筵美酒知無份，紅粉佳人不許看；
>
> 　　此去定為悵惘鬼，西天無路黑漫漫。

詩雖不工，卻出自心聲，合乎“詩以言志”之旨。

710 杜秋娘的《金縷衣》

清·孫洙編選的《唐詩三百首》，最後一首是杜秋娘的《金縷衣》：

勸君莫惜金縷衣，勸君惜取少年時；
有花堪折直須折，莫待無花空折枝。

這詩一向被人解釋爲青年時期應該及時行樂，莫待白頭後悔。其實細細品味詩意，深含愛惜時光，奮發進取，抓住機會，創造幸福的進步思想，不可單純從後兩句中的“花”字著想。

711 “南黃北齊”

黃賓虹(1865－1955)安徽省歙縣人，是現代與齊白石(1863－1957)齊名的中國畫家，有人稱爲“南黃北齊”，認爲他們的畫各有特色，賓虹以繁勝，白石以簡勝。賓虹的畫用加法，一加再加，加到不可再加爲止；白石的畫用減法，一減再減，減到不能再減爲止。我們所見賓虹山水的濃墨重彩，白石花草的隨筆寫意，類多如此。

712 錢鍾書的妙喻

錢鍾書(1910－1998)的《管錐編》是用文言寫的，但也不深奧，這是他感事傷時，借古諷今的代表作。在他的著作中有一則很幽默的妙喻：

西洋趕驢子的人，每逢驢子不肯走，鞭子沒有用，就把一串胡蘿蔔掛在驢子眼睛之前、唇吻之上。這笨驢子以爲走前一步，胡蘿蔔就能到嘴，以是一步一步地繼續向前，嘴愈要咬，腳愈會趕，不知不覺中走了一站。那時候它是否能夠吃到這串胡蘿蔔，得看驢夫的高興。一切機關裡，上司駕馭下屬，全用這種技巧。

713 李敖咒罵電視

前記台灣作家余光中曾咒罵過電話擾人，時常使人猝不及防，手足無措。同是台灣作家李敖，卻連電視也咒罵起來了，他認爲電視的毛病不在內容的好壞，而在它陪你養成一個不能主動生活的壞習慣，它把你有限的精神和時間給搶走，還割得雞零狗碎，使你無法過著奮發有爲的生活。

714 言志抒情的書齋聯

書齋聯和齋名是孿生兄弟，同是文人雅士言志抒情的裁體，有的寫得很好，耐人尋味。現在抄錄幾副如下：

百尺高梧，撐得起一輪明月；
數椽矮屋，鎖不住五更書聲。（鄭板橋）

何物動人，二月杏花八月桂；
有誰催我，三更燈火五更雞。（彭元瑞）

書似青山常亂疊，
燈如紅豆最相思。（紀曉嵐）

以上都是清‧乾隆年間名人，都寫出了對書齋的愛戀和讀書的樂趣，簡直到了忘乎所以的境界。

715 曹聚仁的生平

我在年青時讀魯迅的雜文集《僞自由書》，已知道曹聚仁(1900─1972)是一位愛國進步的人物，以後讀了曹的更多文章以後，才了解了他的生平。他是浙江浦江(蘭溪)人，廿出頭從中等師範出身，便把章太炎講國學的演說辭筆記得很好出版。以後他在文壇、報壇、學界都作出了成績，除了當大學教授以外，還主編了幾種刊物，風行全國。抗日時期，他更以無限熱情到前線採訪，寫出了許多好通訊，對抗日宣傳起了很好的作用。1950 年他赴香港，依然在文化戰線上工作，平時樂於助人，朋友滿天下，曾奔走大陸、港、台間，希望能爲國共兩黨第三次合作做些工作。他一生寫了八十多本書，約四千萬字，最後在澳門病逝，寂然無聞。澳門於 1999 年十二月廿日回歸祖國，他地下有知，也將爲祖國的強大而高興吧。

716 孫犁的近況

前些年我們時常可在《羊城晚報‧花地》上讀到著名老作家孫犁(蕓齋)的美文，近來卻不見了。據說他已年老多病，而且經過這些年的折騰，許多世事使他痛苦懊惱。從他寫的一首詩，可窺一二：

不自修飾不自哀，不信人間有蓬萊；

冷暖陰晴隨日過，此生只待化塵埃。

這首詩寫得何等閑適淡漠悲涼，不像是他寫的。又據說：1992年他曾寫信給賈平凹，不點名提起有某名家文章中有一句"未必不會不長出青枝綠葉"，他認為一篇千字文，竟有幾處如此的不講求修辭，還能說是美文？因這件事惹惱了那位名家翻了臉，遭到連續三年的無休止的攻擊……。我說：孫犁老先生也太認真了，在中國文壇上文人相輕，互相謾罵的事還少見嗎？

717 抵得上五個師的錢學森

被譽為"中國航天之父"、"火箭之王"的錢學森先生，於1934 年從上海交通大學畢業，報考了清華大學公費留學美國，1939年獲航空、數學博士學位。1949 年新中國成立後，他和夫人、音樂教授蔣英毅然決定回國工作，卻受到美國政府留難，被監視折騰了五年。直到 1955 年，才由周恩來總理從外交途徑，把他們夫婦弄回祖國。當時美國一位將軍說：錢學森的能量，在軍事上抵得上五個師。錢回國後，由他建議建立國防防空工業和研究導彈火箭的機構，使中國成功地被認為是擁有"兩彈一星"的核大國。美國那位將軍看待錢學森實在也太小了。

718 文壇伯樂葉聖陶

前記有葉聖陶(紹鈞)提攜劉紹棠事一則。其實 20 年代許多老作家也受到葉先生的慧眼識珠，加以提攜的。如茅盾(1896－1981)處女作《蝕》三部曲；巴金(1904－　　　)第一部小說《滅亡》；丁玲的第一篇小說《夢珂》以及後來的《莎菲女士的日記》；戴望舒的處女詩作《雨巷》……。都是由葉老先生修改潤色選入其所主編的《小說月報》發表，而使他們順利走上文學道路，成名成家。這樣的伯樂在當時幾個年代是很多的，但到了50年代末文壇風雲突變，你虞我詐的窩裡鬥，弄得顛顛倒倒，人人自危，誰也不想去冒險"爲人做嫁衣裳"，自找麻煩了。

719　知青趣話

最近與一位六、七十年代下鄉接受農民再教育的回城青年閑談，談及當時的許多趣事，使人忍悛不禁，聊記數則如下：

有一次幹部傳達節育文件，要求生兩胎的要放環，讀到這"環"字上便停頓了，結果竟讀成了"生兩胎的要放杯"，在場的人哄笑著說："生三胎的要放碗"。

當時時興背誦毛語錄，彼此互答，某次某隊長背"槍桿子裡面出政權"，竟忘記了"政權"，經人盡力提醒，還是說出"槍桿子裡面出子彈"。

有一個時期毛主席說：一頭豬就是一個小型化工廠，要農民大養其豬。隊長和許多村民都不懂文言文，問下鄉青年："其豬"是甚麼豬？青年答道：就是從土耳其國家引進的優良種豬。

720　季羨林的煩惱

最近逝世的大學者錢鍾書(1910－1998)，一生集中精力閉門謝客，深居簡出，勤於事業。他決絕無情地對自已定下四條原則：第一，不見不三不四的人；第二，不說不痛不癢的話；第三，不吃不明不白的飯；第四，不用不乾不淨的錢。他實行了自已的原則，給後人留下了豐富的精神糧食，永遠受人敬愛。

同是大學者、主編大書《傳世藏書》(123巨冊，約三億字)，年近九十的季羨林老先生，大概沒有錢先生的"絕情"，以致近來感到煩惱，作文披露說：自已成了重點採訪對象，天天成批人等待來訪。一逢到節日或慶典，更像中藥中的甘草，不能缺少。還有記者必定要我作道具照像，大呼"笑一笑"，在無奈中也只好勉強一笑……。看來做名人也確屬不易，我奉勸季老先生何不也學學漫畫家廖冰兄，在門口貼上字條："勿多搜括我餘日！"看看有效否？

721 張學良輓蔣介石

蔣介石和張學良的關係，大家都很明白，但爲甚麼蔣把張囚禁始終不放，卻難理解。張自已當然也難免耿耿於懷。直到蔣死後，張送輓聯：

> 關懷之殷，情同手足；
> 政見之爭，宛若仇人。

這時人們才從中得到感悟，原來歷代奸雄所爲，莫不如此虛僞假裝，損人利己。

722 廖沫沙看"文化大革命"

"文化大革命"的噩夢已過去三、四十年，人人都在總結經驗，有的言不及義，文過飾非；有的藏在心裡，不願多談；有的想談又心有餘悸等等。總之，思痛多，思過少；詛咒多，反省少，認爲不過是一本粗糙的歷史教科書。"三家村"之一的廖沫沙，對此是這樣說的：我的罪過最多不過是多寫了幾篇雜文，寫得不好，或許還有小差錯。而那些"幫們"，卻越批越離奇，給我戴上大而高的帽子，高衝雲霄，戴上一頂，被風吹落一頂，總套不上我這個小小的腦袋；等到他們動手扭胳膊，迫使我低頭彎腰撅屁股的時時，我就更覺得，這哪裡是甚麼"文化大革命"，簡直是在開玩笑。

723 張群的長壽祕訣

張群(1889—1990)在國民黨中是一個不倒翁，他八面玲瓏，對主人猶如婢女百般順從。他曾說："多做多錯，不做不錯"，希望自己像唐・郭子儀那樣"功蓋天下主不疑，位極人臣眾不妒"。他晚年在台灣專心研究養生，得出長壽祕訣："大笑一次，年輕一天；大怒一次，短壽一年"。他實行"起得早、睡得早；七分飽、常跑跑、多笑笑、莫煩惱；天天忙、永不老"。但像他這樣任憑世人評說，高官我自為之的老好人，天天又還有甚麼可忙的呢？

724 歌德的幽默

二、三十年代，翻譯小說《少年維特之煩惱》，風行全國，為許多青年男女傾倒。至今書中那首"青年男女哪個不善鍾情"的情詩，還是記憶猶新。這本小說的作者，就是德國的歌德(1749—1832)。他這人才學淵博，也很幽默。有一次，他收到一封超重的欠資信，拆開一看，一層層白紙包著，最裡面有張小紙條寫著"久未通信，我身體很好，你呢？摯友 N"。過了幾天，他這位 N 朋友也收到一個小郵包，因超重付了不少欠資。打開郵包一看，原來是一塊石頭，有一張附信寫道："獲悉貴體安康，我心裡一塊石頭終於落地，不信你看。歌德。"

725 常見的語病

近來報刊時常出現病句,例如:"除夕之夜"、"除夕夜"、"慶祝國慶"等等。"除夕"即農曆,人們守歲的時間,"夜"即晚上。"除夕之夜"或"除夕夜",不就是"大年卅晚上的晚上"嗎?"慶祝國慶"同樣犯了這樣的毛病,"國慶"即國家建立節日的慶祝活動,也就是舉國慶祝國家建立節日的活動,"慶祝國慶"不就等於是:"慶祝國家慶祝活動"嗎?這些多餘的重複,我們應該及時糾正才好。

726 清官趙抃

近來很多官癮很大、貪婪無度的"人民公僕"在媒體上曝光,使人浩嘆,也想起了宋朝趙抃的難能可貴。當趙抃放到四川當"省主席"時,騎著一匹瘦驢,帶著一僕、一琴、一鶴,無聲無息地進了城,全城文武百官去迎接,都見不到蹤影,原來他已坐在街上的茶館裡飲茶。他任職期間,清廉愛民,口碑載道。到了退職回鄉以後,許多鄉親想去看看這位闊人,誰知還是一個尋常人。他寫了一首詩記事:

腰佩黃金(印)已退藏,個中消息也尋常;

世人欲識高齋老,只是柯村趙四郎。

727 鄭板橋的賀壽詩

　　前記明朝解縉一首"逆輓"的賀壽詩，現在再記清朝"揚州八怪"中的鄭板橋，也有類似的一幕；在一個雨天，板橋的朋友陶某做生日，請他赴宴題詩，他從容寫道：

　　　　奈何奈何又奈何，奈何今日雨滂沱；

　　滿座主賓看見許多"奈何"，面面相覷，認爲不是賀壽的吉祥語。忽然他詞鋒一轉又寫了二句：

　　　　滂沱雨祝陶公壽，壽比滂沱雨更多。

眾皆歡笑，拍案叫絕。

728　陸游的一首詩

　　"知足不辱，知止不殆"，是老子教人知足常樂的話。我看真正樂天知命的人世上不多，而到臨終時又能說一聲"無悔無憾"的人更少。且讀南宋大詩詞家陸游的一首詩，便可以看出他也不是那麼豁達超脫看待人生的成敗和生死的：

　　　　早歲哪知世事艱，中原北望氣如山；
　　　　樓船夜雪瓜州渡，鐵馬秋風大散關；
　　　　塞上長城空自許，鏡中衰鬢已先斑；
　　　　出師一表真名氣，千載誰與伯仲間。

729　顏回早死的原因

　　孔老夫子對他的學生顏回很賞識，曾以最高檔的讚語讚他："賢哉回也！一簞食、一瓢飲，在陋巷，人不堪其憂，回也不改其樂，賢哉回也"。但這位好學生活到三十二歲便死了，有人戲說是他生活過於刻苦、營養不良而早死的。所以今日許多幹部，從這段

歷史取得教訓，一反而注重營養的補充，藉機利用公款大吃大喝，
據說全國每年在這方面要花去幾百億元，云云。

730 防止拿公款大吃大喝的一法

　　據報載：美國有一座小城有這樣的規定：市長上任時要稱體
重，卸任時也要稱，如果卸任時體重遠大於上任時，那人們就認爲
此人非庸即貪。這樣的判斷雖然有失偏頗，但也不無道理。我看假
如中國也實行這條規定，相信拿公款大吃大喝的，也許會根絕或者
少些。

731 何滿子、王朔批評金庸

　　近來中國興起了"瓊瑤熱"和"金庸熱"，1999 年八月《中國
青年報》刊發一篇何滿子的雜文：《爲舊文化續命的言情小說與武俠
小說》，指出"五·四"以後這類爲舊文化舊意識續命的鴛鴦蝴蝶
派、武俠小說之類，一直在與新文學對抗，視社會思潮的狀況而起
起伏伏，至 90 年代末的今天，竟由自命爲新派的批評家來大唱讚歌，
真可謂咄咄怪事。接著，十一月王朔又在該報發表長文，要點是：
這些年來四大天王歌唱、成龍電影、瓊瑤電視劇和金庸小說，可說
四大俗；初讀金庸是一次很糟糕的體驗，情節重複，行文囉唆，永
遠是見面就打架，一句話能說清楚的偏不說清楚；而且誰也幹不掉
誰，一到要出人命的時候，就從天上掉下一個擋橫兒的，全部人物
都有一些胡亂的深仇大恨，整個故事就靠這個推動著。金庸很不高
明，虛構了一群中國人的形象，在某種程度上代替了中國人的真實

形象，給了世界一個很大的誤會……云云。一個作家、一本書的好壞，雖說見仁見智不相同，但真理只有一個，會經過辯論澄清的。我們等著瞧吧。

732 馬寅初的《新人口論》

著名學者馬寅初(1881－1992)，因為《新人口論》竟受到康生之流批評折磨，並撤了北京大學的職務。但他抱著"真理在胸筆在手，無私無畏即自由"的態度，依然高吟"大江東流去，永遠不回頭，往事如煙雲，奮力寫新書。"可以說是真正不怕冷水澆，不怕油鍋炸，不怕撤職，不怕坐牢，更不怕死的中國好樣的知識分子。結果他親眼看到自己的理論變成基本國策付諸實施，活到 101 歲。但在他被批判以後的二十年中，中國人口竟增加了三億，這對以後的節制生育的推行和現代化建設的影響該是多麼大？歷史是最公正最無情的審判者，任何權勢和暴戾，在它的面前都是脆弱的、蒼白的，任何公理與正義，都會經過它的折射而顯現其光芒！

733 孔子在美國

據美國歸客談：紐約唐人街有一間孔子大廈，前面矗立著一座孔子銅像，下面有石碑，刻著中英文的《禮運》大同篇："大道之行也，天下為公……"中外人士都流連銅像之下讀著這篇大文章。也許孔子是美國人熟悉的名人之一，很崇敬孔子的名言。多年前台灣教授梁實秋遊西雅圖，看見一間雜貨店後院車場牆壁上寫著英文標語："孔子曰：凡非本店顧客，請勿在此停車！"這真夠幽默，使人莞爾。

734 城隍廟對聯

安徽省定遠縣城隍廟有一副對聯：

> 淚酸血鹹，悔不該手辣口甜，只道世間無苦海；
> 金黃銀白，但見了眼紅心黑，哪知頭上有青天。

用酸鹹辣甜苦五味對黃白紅黑青五色，可謂精巧之至；而且還寓意勸人不可殘暴貪婪，與一般俗不可耐、祈福求財的神廟對聯大不相同。

735 袁枚的高帽子

清朝袁枚，二、三十歲便文名滿天下，當他出來做某縣知事時，向老師、乾隆時的名臣尹文端辭行請訓。老師問他年紀輕輕去做縣知事，有甚麼準備？他說：甚麼都沒有，只準備了一百頂高帽子。老師說：年輕人怎麼搞這一套？他答：社會上的人都喜戴，有誰像老師這樣不要戴的？老師聽了也無話可說了。袁枚出來，同學問和老師談得如何？他說：高帽子已送一頂給老師了。

以上雖是才子袁枚的故事，但這現象今天更普遍，巧言令色的人總是通行天下。

736 陳寅恪出怪題

1933 年，陳寅恪教授為清華大學招生擬題，其中語文科有一小題目，以“孫行者”求對。當時多數學生都認為是怪題，無法應對，有一考生對以"胡適之"得到滿分。後來社會上還有人對以"王獻之"(晉代王羲之之子),"祖沖之"(南北朝天文學家、數學家),"韓退之"(愈、唐宋八大家之一),以及現代人"袁牧之"、"謝覺哉"等等。這許多應對都不錯,看來還是"祖沖之"為佳,因為相對的"祖"與"孫"、"行"與"沖"、"者"與"之"詞性相同,各方面都很合規格。

737 才女遺聯

清末廣東嘉應州(今梅州市)才女葉碧華與翰林李載熙之子李舫蓉結為夫妻,兩人感情深篤,時相唱和。但葉氏患不治之症早逝,留下一幼子;她在臨終時給丈夫和幼子留下一聯:

妾別良人去矣,大丈夫何患無妻?倘他年重對婚姻,

莫向生妻說死婦;

兒隨嚴父哀哉,小孩子終當有母,待異日再承慈訓,

須知繼母即親娘。

這聯寫得通情達理,立意高遠,情詞並茂。一是安慰丈夫來日再娶妻室;二是告誡幼子待繼母一如親娘,字字扣人心弦,對今天某些喪偶續婚的人及其子女很有啓迪作用。

738 紐約還有林則徐銅像

前記美國紐約有孔夫子的銅像,很受人崇敬。1997年香港回歸祖國時,紐約又矗立了一座林則徐銅像。銅像下也有碑文,題目是:"世界禁毒先驅林則徐",下面歷述林公的行狀;作為一位封疆大臣兩廣總督,決心嚴禁毒品,在虎門銷毀鴉片,以致統兵抵抗英國

侵略軍，其顯赫功業，彪炳青史；更可爲今天受毒品泛濫而困擾的西方國家起著教育、激勵作用。碑文中還認爲林公是清朝放眼世界的第一人。當時澳門就是他偵知外事、購進新聞紙、翻譯圖書的來源。再過十天，澳門又要收回來了，歷史的發展、中國的富強正如江河奔騰，"青山遮不住，只是東流去！"

739 不見當年秦始皇

唐明皇時候，安祿山作亂，郭子儀力挽狂瀾，把將垮的唐室江山打回來，得到明皇的重賞和寵愛，在歷史上富貴榮華少有出其右者。但世事時時變化，不多久，上賜的汾陽王府堂前燕，竟飛到尋常百姓家去了。同是唐代詩人趙嘏、張籍有詩詠嘆：

門前不改舊山河，破虜曾經馬伏波；

今日獨經歌舞地，古槐疏影夕陽多。

汾陽舊宅今為寺，猶有當年歌舞樓；

四十年來車馬散，古槐深巷暮蟬愁。

上面這兩首詩，詩句簡單平常，但意義深遠，發人深思警惕。這與清初桐城張廷玉的詩句 "長城萬里今猶在，不見當年秦始皇" 如出一轍。

740 李任仁誤悼胡愈之

抗戰時期桂林雲集文化名人，廣西當局成立 "廣西建設研究會" 以羅致這些人才，由李任仁兼主其事。當時羅致了著名國際問題專家胡愈之負責該會文化部，以發展桂林的文化出版事業。他們

兩人私交甚厚。1940 年冬胡愈之離桂經香港轉新加坡,另謀開展抗
日工作。不久,日寇攻陷湘桂鐵路,雙方音訊斷絕,李聞胡病逝於
加爾各答,乃寫詩悼之:

> 胡天不弔喪斯人,但願傳聞耗非真;
>
> 黑白正須明眼辨,是非留待後人甄。
>
> 桂林文運多君造,星島民權賴力伸;
>
> 一別雲山隔五載,流風海外自成春。

直到 1949 年八月,李、胡才同在全國政協第一次代表大會中見
了面,言及上述傳聞和寫詩往事,不禁感慨系之,相視而笑。

741 李鴻章的"名言"

以"天下最容易的事是做官"這句臭名昭著"名言"而聞名
官場的李鴻章(1823—1901),不論天下發生了甚麼內憂外患,他都以
"天下太平"作掩蓋,瞞上欺下,報喜不報憂。清朝官場腐敗至此,
焉得不垮?即如他任直隸總督時,曾發生鼠疫,以致田園荒蕪,人
畜死亡無數,他對皇上還是奏稱:"聖上護佑,太平無事"。他還
說:"連官都不會做的人,是最沒有用的人"。妙哉,李鴻章!

742 《七子之歌─澳門》傳唱全國

在澳門、香港、台灣、廣州灣(湛江)、威海衛等沿海港口相繼
被外國列強強佔或租借後,聞一多(1899—1946)曾在 20 年代初很悲憤
寫下七首系列詩歌,總稱爲《七子之歌》。爲首的《澳門》在七十多
年後的今天,成了大街小巷、男女老幼傳唱的歌詞(中山市人李海鷹
作曲),迸發出收回澳門真摯、濃厚的歡慶情感。聞一多先生在天之

靈也大可安慰了。歌詞如下：

妳可知 Macau 不是我真名？／我離開妳太久了，母親／但是他們掠去的是我肉體／妳依然保管我內心的靈魂／三百年來，夢寐不忘的生母啊／請叫兒的乳名，叫我一聲澳門／母親啊母親，我要回來／母親啊母親，我要回來……。

（按：聞一多的《七子之歌—九龍》已見前記 318 則）。

743 胡長清的貪慾

據報載：最近因為貪污受賄罪被抓下馬的江西省副省長胡長清，連年廣為南昌和其他縣市的大酒店、大商場、汽車站、夜總會等署名書寫 "金字招牌"，現在成為罪犯，這些 "金字招牌" 也隨之被鏟除，民間流傳著這樣兩首順口溜記其當年盛事：

東也湖，西也湖，洪城（南昌）上下古月胡；

南長清，北長清，大街小巷胡長清。

男廁所、女廁所，男女廁所；

東寫字、西寫字，東西寫字。

經調查得知，有人曾勸胡長清少些出風頭。他說：我不是以高級幹部去為人題字，而是以一個書法家身份去 "為人民服務"。他每一次為人題寫，可收到三千元到六千元，次數有一千以上，這算是頗豐富的合理報酬。但他貪得無厭，拼命以權謀私，受賄索賄，毫無忌憚，終致自取滅亡。怎麼竟有這樣的 "副省長" ？

744 貪官的心得

據中國青年報報道："升官不發財，請我都不來；當官不收錢，退了沒本錢。"這是當官三年收受紅包上百萬元的原福建省政和縣縣委書記丁仰寧，昨晚在電視上道出的"為官心得"。他還表白說："嚐到權力的甜頭之後，收紅包就沒有控制了。"他承認："收錢後，對這些人的印象加深了，在幹部任用提拔上自然就會照顧，大家都得到好處。"這些算是貪官的老實話，可圈可點。但還像人話嗎？

745 胡適用廣州話寫詩

胡適是倡導新文化運動健將之一。他在實踐中寫了許多白話詩文行世。1935 年元旦，他到香港接受香港大學授予的法學博士學位，一共在省港和廣西講學一個月左右，對省港方言極感興趣。當他憑弔黃花岡七十二烈士墓後，居然寫了一首廣州方言詩：

> 黃花岡上自由神，手植火把照乜人？
> 咪話火花唔夠亮，俾渠嚇倒大將軍。

此詩通俗易懂，琅琅上口，十足廣州味，實現了他對新文學必須言之有物，有思想有感情，不摹仿古人，務去陳腔濫調，不作無病呻吟，不避俗字俚語的主張。

746 關山月痛悼秦牧

1992 年著名散文作家秦牧猝然病逝，嶺南派畫家關山月作詩痛悼：

> 翰墨知交數十年，慶逢盛世晚晴天；
> 耕耘疾寫豐收筆，拾貝高揚勵志鞭；

道德文章光史冊，言行實踐繼先賢；
生來未負炎黃業，天妒由之好醉眠。
註："拾貝"指秦牧名著《藝海拾貝》。

747 美國移交巴拿馬運河

1999 年 12 月 14 日美國正式向巴拿馬移交佔領 85 年的巴拿馬運河，撤出駐軍，標誌著巴拿馬運河掀開歷史新頁。它是人類共同智慧的結晶，當年開鑿勞工來自全世界包括中國五十多個國家，其間因疾病和勞累過度而死亡的有七萬多人。運河全長八十一公里，平均每公尺便有一個勞工屍骨，於 1914 年正式由美國管轄使用。這次移交儀式由美國前總統卡特和巴拿馬總統莫斯科索以及西班牙國王、拉丁美洲的六位國家領導人參加。卡特說："運河是你們的了。"莫斯科索說："為世界航運服務，巴拿馬人民為收回運河以及沿岸主權，曾經不斷地抗爭，釀成無數悲劇，現在悲劇落幕了，正像廿世紀全世界許多弱小民族的覺醒，相繼建立自己的國家一樣使人高興。但悲劇中的某些強權角色，是否甘心退出舞台，我們還要拭目以待。"

748 澳門回歸祖國

在廿世紀即將結束，難逢的千禧年和廿一世紀來臨之際，西方巴拿馬從美國手中收回了巴拿馬運河，東方的中國也於 1999 年 12 月 20 日收回了澳門。澳門因為自身的價值和當時中國的愚昧糊塗，於 1553 年(明‧嘉靖 32 年)，葡萄牙人藉口晒水浸貨物而暫時借住，一借就是許多年，大做其生意，成為歐、亞、美三洲海上樞紐，從而蠶食附近的中國領海領土。1573 年又轉以租金 500 銀兩暫用，但主權還受中國管轄。到了二百多年後的 1840 年中英鴉片戰爭，中國失敗割地賠款後，葡萄牙人把握時機拒納租金，並擴大地界。一直到 1887 年中葡條約竟承認葡人管治澳門的現狀，但仍然確定主權屬於中國。1974 年葡萄牙革命，新政府成立；1976 年葡國新憲法承認澳門是葡國管轄下的中國領土，1979 年中葡建交，1987 年四月雙方簽署聯合聲明，澳門將於 1999 年 12 月 20 日歸還中國，成為特別行政區。現在我們已經接收過來了，全國歡騰，不下於 1997 年七月一日收回香港時的熱烈。廿世紀初，中國政府割地賠款，屈辱求全；廿世紀末，卻能收回港澳，洗雪國恥，怎能忘記許多仁人志士的豐功偉績？

749 睜開眼睛看世界的林則徐

　　林則徐身後名聲是榮耀的，不說敢於嚴禁鴉片和英人作戰而使人敬仰，就是睜開眼睛看世界，也夠令人拜服。他於 1839 年奉任欽差大臣來廣東禁煙，即到澳門摸索洋人的底牌，在他遺下的日記中，有很多記其事並牢記心中，以後還收集澳門報紙和傳聞，由高級參謀魏源編成《海國圖志》，並把重要情報上奏朝廷，這些行動，不說對中國以後洋務派起了很大的作用，就是對以後日本明治維新也受益不少。所以說：澳門在幾個世紀以來，既是中西方貿易往來的中心，又是中西文化交流的紐帶。

750 歌德與中國

　　我在青年時期曾讀到郭沫若譯的德國文豪歌德名著《少年維特之煩惱》，心嚮往之。誰知歌德也曾受到中國文學的影響。他曾閱讀不少有關中國的書籍，如《馬可勃羅遊記》，《趙氏孤兒》譯本等等。1781年他還根據《趙氏孤兒》和《今古奇觀》改編成劇本，在德國各地上演，轟動一時。以後中國許多典籍流傳到歐洲，爲漢學奠基，被譽爲天賜西方啓蒙運動的厚禮。

751 歐陽修的 "三上"

　　北宋文學家歐陽修，一生著作豐富而且精練。他曾說："余生平所作文章多在'三上'，即馬上、枕上、廁上也。"很爲後人稱道。記得廿世紀廿年代文學家衣萍，就有《枕上隨筆》一書。其實，歐陽修這'三上'未必值得提倡，'三上'皆不是正常作文思維的時刻，很不利於身體健康。

752 胡林翼輓林則徐聯

　　輓聯之作，須語意親切、情文並茂，若以詞藻典故爲工，則似有失弔者本意。記得清人胡林翼輓林則徐聯：

　　　　千秋青史存公道，四海蒼生哭此人。

　　上聯讚死者生前的爲人行事，下聯則道出國人對死者的極大悲哀。又記得同是清人曾國藩輓乳母聯：

　　　　一飯尚銘恩，況保抱提攜，只少懷胎十月；

　　　　千金難報德，論人情物理，也當泣血三年。

曾國藩生平功過，自有定評。即此一聯倒也寫得文情並茂，傳誦不衰。聯中以韓信少時遇漂母而飽餐一頓的故事作比較，說明自己應該像對親生之母一樣對乳母守孝三年。

753 馮玉祥為副官主婚

1940 年 12 月 5 日，馮玉祥(1882—1948)為他的副官馮紀法和由他介紹的對象重慶中央醫院護士劉玉蘭主持婚禮，證婚人是鹿鍾麟，賀客盈門：如薛篤弼、余心清、李達、老舍、趙望雲……席上馮玉祥以主婚人的身份首先致賀詞：

"自由結合是世界上最文明的行為，希望你們以後要相敬相愛，互敬如賓，把文明的行為始終保持如一。你們的結合當然是一件喜事，但切切不可忘了我們國家的苦事、愁事、悲事，不要忘了我們民族的大敵，不要忘了為國雪恥。"

馮先生的愛國之心，在婚禮中也盡情表露出來。

754 沈灃莉告先祖林則徐

1997 年七月一日香港回歸，林則徐的五世孫凌青(原名林墨卿)曾有詩記其事(見前記)。1999 年 12 月 20 日澳門收回，林則徐第六代外孫女沈灃莉也有一首七絕記其事：

澳門鴉片自英來，先祖敢查匡世才；
恥雪中華收港澳，還珠家祭笑顏開。

755 蘇東坡的《生兒詩》

蘇東坡喜添貴子，卻寫了一首立意與眾不同的諷刺詩：

> 人家生子望聰明，我被聰明誤一生；
>
> 但願我兒愚且魯，無災無難到公卿。

後來明朝楊宗伯也寫了一首生兒詩，與東坡詩相反：

> 東坡但願生兒蠢，只為聰明自占多；
>
> 愧我生平愚且鈍，生兒聰明賽東坡。

以上兩首詩立意相反，角度不同。蘇詩是對所謂"聰明"的激憤和對聰明遭忌的不滿；而楊詩則直抒聰明本是好事，希望生兒聰明勝過東坡。

756 李立三名字的由來

名字不過是每個人的標誌，實在沒有其他甚麼意義，但有些人的名字卻取得很隨便、偶然。李隆郅於 1924 年與鄧中夏同在上海進行工人運動，有一天鄧對李說："你這個李隆郅名字既難寫又難認，不利於工人熟悉你，改一改吧。"李說："可以。但叫甚麼好？"當時兩人前面有三個人站著談話，鄧便建議叫三立吧。李說三立不好聽，叫我立三如何？就這樣，立三的名字叫開了，經過 1925 年的"五卅"運動，李立三居然成為全國聞名的工人運動領導人。

757 名人起的兒女名字

名人為兒女起名字也是很隨便的，很少用偏僻字。魯迅與許廣平的孩子於 1929 年 9 月 27 日在上海出生，起名為"海嬰"，意思是上海生的嬰兒，叫起來很悅耳，字也通俗易懂，而且很少雷同。周海嬰就一直用這個名字。老舍有三女一子，長女在濟南出生，起名舒濟；二女起名舒雨；兒子起名舒乙，乙字只有一筆；小女起名舒立。巴金有一兒一女，女兒叫李小林，是紀念巴金二哥李堯林的；兒子叫李小棠，是從巴金自己原名李堯棠取來的。後來二個兒子都是作家、編輯。冰心與吳文藻生有一男一女，兒子叫吳平，女兒叫吳青。以上名人為兒女起的名字，都很好寫好認好記，沒有按生辰八字、陰陽五行、充滿封建迷信的色彩，很值得我們學習。

758 人們都要有希望

有人說：希望之為虛妄，正與失望相同，這是對現實不幸生活的憤懣。其實希望是催促人們向前進取的最大動力，也是生命存在最大的激發素，只要活著，就要有希望。相對的說：只要抱有希望，生命便不會枯竭。希望並不要多大目標，它可以縮小到平常生活中的小期待、小盼望、小快樂、小理想、小滿足。總之，希望不論大小，只要值得我們去期待、去計畫、去設想、去完成實現，都是美好的，都會在進行中得到快樂，感到生命的豐盈多彩，飽含意義。

759 李鴻章又出洋相

自認很會做官的李鴻章，當年作為欽差大臣出使美國。一天，他宴請當地官員，在西餐廳照例說些自認得體的歡迎詞和官場套話："承蒙光臨，不勝榮幸，只是粗饌，無甚可口佳肴，不成敬意，萬望包涵……"翌日當地報紙譯出原話刊在報上，惹得西餐廳大光其火，認為李鴻章有損餐廳名譽，要求說明"粗"在哪裡和"無甚可

口佳肴"的實例,否則必須賠償名譽和經濟損失。李鴻章弄巧反拙,
洋相出盡,只好很不情願地道歉,並給若干名譽損失費。

760 吳祖光為詩人題詞

廿世紀四十年代,詩人馬凡陀(袁水拍)曾出版發行《馬凡陀的
山歌》,扉頁上有漫畫家丁聰為他畫的漫畫像,旁邊還有戲劇家吳祖
光手書題詞,通俗暢曉,琅琅上口,婦孺喜讀,詩曰:

> 小丁畫了個凡陀馬,不由我就驚喜交加;
> 提起了此馬來頭大,在蜀水巴山會過他;
> 一詩成好似黑風帕,將鬼怪妖魔一把抓;
> 這書出一紙應無價,詩人筆開遍自由花。

761 張大千與梅蘭芳的交情

著名國畫家張大千與著名京劇表演藝術家梅蘭芳交情很深。他
們當初見面時,張大千說:"你是君子,我是小人。"梅聞之大惑
不解,問他為何自稱"小人"?張笑曰:"你是君子動口,擅長演
戲。我是小人動手,只會畫畫。"兩人相對大笑,亦幽默中人也。

762 胡秋原詠澳門回歸

1999年12月20日澳門回歸祖國,舉國歡騰,現居台灣的著名
報人胡秋原(《中華雜誌》主辦人)有詩誌感:

> 憶昔曾遊澳督家,詩文器具明朝花;

於今繼港回中國，兼復地靈與物華。

當時湖北省文史館原館長吳丈蜀以詩相和：

昔時澳督已無家，回首當年事未賒；

正似胡公錦繡句，兼復地靈與物華。

763 張之洞做官的態度和體味

清末封疆大臣、湖廣、兩廣總督張之洞，十二歲成秀才，十五歲中舉人，廿六歲成探花，卅歲入仕途，任浙江省鄉試副考官，可謂一帆風順，官運亨通，但在上述官職任滿後，他給妹妹亞芬的信中，仍然附詩訴苦：

人言為官樂，哪知為官苦；

我年三十四，白髮已可數。

看來張之洞對做官的態度和體味，顯然和李鴻章截然不同。

764 打油詩的鼻祖

據說打油詩的開山鼻祖是一位姓張的人，他的《雪景》詩，只用了廿個極白極俗的字，便把雪景寫絕了，成為千古絕唱，"張打油"之名也寫入中國文學史上。原詩如下：

江上一籠統，井上一窟窿；

黃狗身上白，白狗身上腫。

其後歷代寫打油詩的很多，儘管內容主旨不同，總之凡不雅緻者，都以打油詩視之。最近我讀到一首諷刺眼前官風的打油詩：

嘴裡沒有味，開個現場會；

家裡伙食差，下鄉去檢查。

還有一首是步張打油原韻的：

> 好個孔方兄，撈多背不動；
>
> 戶頭在國外，誰見身上腫。

765 再記辜鴻銘

清末民初的"怪人"辜鴻銘，軼事多多，再記一二如下：

辜鴻銘留學歐洲各國，英語極好，當他回國出任五國銀行翻譯時，對方讓他提出要薪金多少，他老先生真是夠膽，一開口就是六千元白銀天價(當時六元白銀，便可養活五口之家)，人問為何竟敢開這樣的天價？他說："銀行家是在天晴時硬把雨傘給你，而在下雨時收回的人，對待這些人，還客氣個啥？"

又：1900年八國聯軍燒了北京城，劫去無數珍寶後，還索要賠款七億兩白銀，辜鴻銘聽了氣憤痛罵八國聯軍，並找聯軍統帥瓦德西，斥其為強盜行為，結果賠款減至五億兩了事。

766 胡適的"八不主義"

胡適在1919年的"五·四"運動中，功勞至偉，不可抹煞。他在《文學改良芻議》的"八不主義"至今我還記得，很有現實意義：

一曰，須言之有物；二曰，不摹仿古人；三曰，須講求文法；四曰，不作無病呻吟；五曰，務去濫調陳腔；六曰，不用典；七曰，不講對仗；八曰，不避俗字俗語。

767 《中華世紀壇賦》

　　新千年新世紀之交，北京建了一座宏偉巍峨的“中華世紀壇”，由江澤民題名，巴蜀才子魏明倫作賦，賦文刻在壇上。這篇賦文思緒開闊，聯想豐富是其長處，但文詞欠華美，氣勢欠磅礴，而且多有牽強之處，實在難與這一代表國家民族標誌相適應。我很同意山東一位退休講師徐揚華所指出的有關內容、結構和文法修辭等等缺點，認爲這樣的關乎萬古流芳的大文章，應該由熟讀古代詩文的季羨林老先生等名家執筆，或者由傳媒向海內外徵求，以最佳者入選，刻於壇上，以體現中華民族的光輝歷史和萬古長青的胸懷氣魄，激勵來者。附魏明倫《中華世紀壇賦》原文：

中華世紀壇賦：

　　朗朗乾坤，堂堂中華。高齡百萬歲，繁衍百億人。鐵肩挑五岳，巨手開三峽。腰環萬里長城，腳跨九曲黃河。高擎文明聖火，穿越世紀風雲。火熊熊薪傳百代，光燦燦彪炳千秋。

　　浩瀚青史，概括於壇內；輝煌文化，濃縮於眼前。徐行三百米平坦甬道，遙想百萬年坎坷長途。論英雄不計成敗，數風流可鑒興亡。浪淘何物？功歸誰家？文化乃長青樹，科學乃聚寶盆。創造人間福祉，推動歷史車輪。

　　駛至近代，國難當頭。百年憂患，敵愾同仇。聚散沙成鐵塔，變弱者為健兒。東方巨人如睡獅驚醒，民族魂魄化火鳳涅槃。挽狂瀾於既倒，建廣廈於廢墟。傳國運蒸蒸日上，升國旗冉冉凌空。

　　登壇瞭望，乾旋坤定。天行健，地包容。前可見古人，後可見來者。對比幽州台，倍增使命感。哀兵必勝，中華必興。日月為我祖國作證，風霆為我民族壯行。踏星斗飛過世紀之交，駕神舟立於強國之林。（魏明倫）

768 新千年的頭年

我們形容帶頭起主導作用的人和事物，叫做"龍頭"。新千年的頭年，恰是龍年。這個龍頭之年，全新而極富創意，大有作為，難怪中華民族無一例外地興趣勃勃在歡度、祝福，到處貼著龍的春聯，張揚龍馬精神：

春光飴蕩；國步龍騰。

萬方春浩蕩；四海龍飛騰。

駿馬奮蹄邊地遠；蒼龍昂首碧天高。

龍年龍裔看龍舞龍飛天上；春節春風送春到春滿人間。

第四聯每比十一字，嵌進四個龍字四個春字，重複用字平添了龍氣和春意。

769 明星的笑話

據報載：台灣某當紅女歌星，有一次聽到《滿江紅》，興奮地問："這是誰作的歌詞？真棒！"人家答以是岳飛作的，她聽了後說："現在岳飛在哪裡，請他給我度身寫首歌好不好？"真沒有想到有這樣無知的所謂"星"，可悲！但據說她以後還受到美國哈佛大學授予一項大獎——"傑出華人獎"，更可悲！

又報載：一檔很有名的綜藝節目，某明星主持手執麥克風，很有風度地向一嘉賓提問："你知道'明月幾時有，把酒問青天'的作者是誰嗎？"嘉賓答："蘇東坡"。明星主持馬上糾正："錯了，正確的答案應該是'蘇軾'"。

以上兩則笑話，大概可以說明該明星的文化素質很低，平時很少讀書看報，缺乏常識。假如再這樣下去，我看明星的招牌會掉價的，"追星族"再怎麼傻冒，也不會買你的賬。

770 李敖獲2000年諾貝爾文學獎提名

今年(2000)以《北京法源寺》歷史小說被提名爲諾貝爾文學獎候選人的台灣作家李敖(1935年生)，平生桀傲不馴，很有清·宋湘的氣質。你說他"東鳥西飛，滿地鳳凰難下足；"他卻對以"南龍北躍，一江魚鱉盡低頭。"最近有記者訪問他：你向來以憤世嫉俗著稱，在得到諾貝爾文學獎以前，敢不敢罵諾貝爾獎？他答：我的胸懷是救世的，卻往往出自憤世罵世，這是我才氣性格使然。我當然敢罵諾貝爾獎，經常不公正：托爾斯泰沒有當選是遺憾，毫無資格的賽珍珠當選是錯選，這倒算了，最讓我氣不過是把和平獎頒給羅斯福，而且文學獎評委會歷來不給中國文學家，這是有偏見的。記者又問：你看中諾貝爾文學獎，是否也同時看中一百萬美元的獎項？他答：我申請諾貝爾文學獎，絕不是爲了這筆錢，我是想出點惡氣。我的座車很豪華，這說明我有錢，別人休想收買我。我也不靠寫書賺錢，我討厭窮酸潦倒，我早就脫離了"一錢難倒英雄漢"的窘境。

771 劉半農打油嘲考生

"五·四"健將劉半農(1891－1934)喜作打油詩，當他任北京大學教授參加招生閱卷時，看見一個考生把"昌明文化"誤寫爲"倡明文化"，大不以爲然，隨即考證"倡"即"娼"，寫了一首打油詩嘲諷考生是不是指"文化由娼妓而明"？曹聚仁(1900－1972)知道這事後，卻心平氣和對待，正如魯迅(1881—1936)一樣不主張讓青年再回到慎小謹微、咬文嚼字的死胡同裡去，把聰明才智耗盡；寧肯魯莽粗糙一些，也不要成為古風翩翩，國學負擔沉重的舊式文人。

772 沈尹默虛心接受批評

我們知道陳獨秀(1879—1942)是中共創始人之一，又是"五·四"運動的健將，但他對中國傳統文化卻不是一切都要打倒。一次他在杭州遇見沈尹默，首先就批評這位青年的書法："昨天我看見你寫的一首詩很好，字則寫得不妙。"沈對這句評語，刻骨銘心，永記不忘。以後他雖然也寫詩，但主要精力卻投入在書法上，終身不懈，成為中國現代大書法家。沈尹默虛心接受批評、從善如流的精神，堪稱楷模。

773 敢鬥嚴嵩的忠臣

明史：海瑞十奏嚴嵩劣行盡人皆知，其實明·嘉靖年間敢與嚴嵩作鬥爭的忠臣義士何止海瑞一人。其中以兵部員外郎繼盛劾嚴嵩十大罪並五奸，終為嚴嵩所害最為慘烈。繼盛被害時年僅四十，當時曾書自況詩一首：

> 飲酒讀書四十年，烏紗頭上是青天；
> 男兒欲到凌煙閣，第一功名不愛錢。

此詩很值得今之為官者細細品味。

774 孫犁的名言

　　當代作家孫犁，出身於革命隊伍，戰鬥在華北平原，沒有高深的學歷，樸素平實，不趕時髦，品德高，功力深，晚年寫的散文或短篇小說，很受讀者歡迎。他在《作家的文化》一文中說過這樣的話：大家都知道，作家，一般來說，既不是從大學裡培養，也不是產生於教授群體之中。這裡所謂的文化，與一個作家的形成關係不大。他還說了一句更老實的話：一個作家有高中以上的文化程度，就算夠用的了。歷史上的事實正是這樣，學者和作家走的不是一條路，誰也代替不了誰。今天高考失落而又有志於文學事業的青年，實在不必傷心、氣餒。

775 恢復高考的笑話

　　1977 年，千軍萬馬從“文化大革命”、“讀書無用論”擠向“高考獨木橋”，都希望考上大學，得到比較好的出路。因為多年“停課鬧革命”，有些考生的知識，確實貧乏得出於意外，答題離奇古怪，笑話百出，甚至交了白卷。有一份白卷還寫道：

　　東西南北路迢迢，八仙下凡帶把刀；

　　一男一婦兩邊坐，竹子長得比天高。

　　看卷的老師們丈二和尚摸不著頭腦，把上述的四句猜來猜去，莫衷一是，有人提議這考生倒有幾分詩才，給他打上十幾分算數。後來一位老師琢磨了老半天，才悟出這是一個字謎，謎底是“十分好笑”，不知是考生的自嘲？抑或是感嘆時勢弄人？還有一份白卷上面卻寫了一首打油詩，很有黑色幽默的味道，無奈地宣告“白卷英雄”時代的荒謬和終結。詩曰：

　　小子本無才，老子逼上台；

試卷交上去，鴨蛋滾滾來。

776 老舍的"辭王啟"

現在的商品，吹牛之風盛行。甚麼天王、地王、連日常調味的生抽(豉油)也稱王。我因此而想起 1930 年，老舍從英國留學回來，當時有一個文藝團體"笑社"，派人去想請他做"笑王"，以資號召。未遇，留下書信。翌日便接到老舍的"辭王啓"：

真是不敢當。依中國邏輯：王必有妃，王必有府，王必有八人大轎。而我無妃無府無轎，其"不王"也明矣。

善寫相聲和幽默文章的老舍，真是出口成笑料。

777 哲學的奧妙

有人勸心情極其痛苦的失戀者說："你不要傷心，而應該感到幸福，不幸者是對方，因為你失去的是一位不愛你的人，而對方失去的卻是一位愛他的人！"這位失戀者，眼睛轉了幾轉想想，依舊垂頭喪氣，說："我還是覺得自己是不幸者，而對方才是幸福的，因為我失去的是一位可愛的人，而對方失去的只是一位自己不愛的人。"究竟哪種說法對呢？道理是兩面的，怎麼說，要看你站在哪個方面。哲學的奧妙就在此。

778 張奚若敢說真話

在很多年前"造神"運動中，唯唯諾諾、隨風倒的人固多，而敢於說老實話、存心諍諫的人也不少。《張奚若文集》有這樣記載：
當 1957 年中共要求黨外人士幫助整風時，毛澤東向張奚若徵詢意
見，張奚若竟敢用"好大喜功，急功近利，鄙視既往，迷信將來"
十六字概括自己的意見，還語重心長地說："虛心一點，事情還是
能辦好的。"此外，早在 1956 年張奚若就曾對個人崇拜加以批評：
"喊萬歲，這是人類文明的墮落。"

　　按：張奚若(1889—1973)辛亥革命老人，曾任清華大學政治系主
任。

779 田家英的三句話

　　曾任毛澤東秘書的田家英，也是一個耿介獨行的硬漢。他在
1958 年廬山會議時，曾對人說：有朝一日如果我離開中南海，要向
毛主席說三句話："一是能治天下，不能治左右；二是不要百年以
後有人議論；三是聽不得批評，別人很難進言。"他還和幾個要好
的 "秀才"談論：毛主席應該 "隱身免留千載笑"，退到二線去寫
回憶錄。這些話在當時是很少人敢說的，可謂 "忠臣"。可惜這 "忠
臣"在 "文化大革命"初期便被人逼害自殺了。

780 季羨林愛惜時間的 "邊角廢料"

　　所有事業成功的人，都愛惜時間。當代著名學者季羨林在自傳
中曾談及 "時間就是生命"，要利用 "邊角廢料"，還對平日參加
會議加以嘲弄。他說：
　　…現在我既然沒有完整的時間，就挖空心思利用時間的 "邊角
廢料"。在會前、會後、甚至在會中構思或動筆寫文章。有不少會

空話、廢話居多，傳遞的信息量不大，態度欠端、話風不正、哼哼哈哈、不知所云，又佐之以"這個"、"那個"……在這時候我往往用一個或半個耳朵去聽，把精力集中到腦海裡，構思、寫文章。當然，在飛機上、火車上、汽車上、甚至自行車上，特別在步行的時候，我腦海裡更思考不停。這就是我說的利用時間的"邊角廢料"。積之已久，養成"惡習"，只要在會場一坐，一聞會味，心花怒放，閃爍不停；此時文思如萬斛泉湧，在鼓掌聲中，一篇短文即可寫成，還耽誤不了鼓掌。倘多日不開會，則腦海活動，似將停止，"江郎"彷彿"才盡"，此時我反而期望開會了。這真叫沒有法子………

781 毛澤東與齊白石的交情

1949 年春，毛澤東進入北京，便想到老朋友齊白石(1863－1957)，托人四處尋找，並邀他以無黨派人士參加全國政治協商會議。開國大典前夕，齊白石為毛澤東精心鐫刻朱、白兩方壽石名章。1950年夏，毛澤東派秘書田家英專程看望齊白石，並接到中南海家宴，促膝談心，並告知已由政務院聘為全國文史館館員。十月，齊白石在藏畫中精選《芭蕉圖》、《鷹》和一副對聯托人送給毛澤東，聯云："海為龍世界，雲是鶴家鄉"；以後還經常送畫，毛澤東收到後都親筆答謝，並上交國庫收藏，只有一塊石硯留下自用以作紀念，現放在韶山紀念館中展覽。從以上事實，可以體會到這兩位政治家、藝術家融洽、相敬的深切情誼實在難得。

782 《鋼鐵是怎樣煉成的》的名言

近來播放《鋼鐵是怎樣煉成的》電視連續劇，社會上又掀起了"保爾熱"，認爲原著《鋼鐵是怎樣煉成的》是蘇聯奧斯特洛夫斯基的成功之作，而且把書中主人翁保爾‧柯察金的一段名言當作座右銘或"人生教科書"：

"人最寶貴是生命。生命屬於人只有一次。一個人的生命應該這樣度過：當他回首往事的時候，不因虛度年華而悔恨，也不爲碌碌無爲而羞恥；這樣，在臨終的時候，他就可以說：我的整個生命和全部精力，都已經獻給世界上最壯麗的事業——爲人類的解放而奮鬥。"

以上幾句名言，從文學角度看，更是精煉、美滿，聲調鏗鏘，步步深進，合乎邏輯的好文章，一開頭便把生命提昇到最寶貴的地位，然後闡明生命應該怎樣度過。這可與匈牙利斐多非的名詩相媲美：

> 生命誠可貴，愛情價更高；
> 若爲自由故，兩者皆可拋！

783 人生舞台

偶然讀到一首新詩題爲"人生舞台"，頗有同感：

> 纖手一指，
> 世上已越千年。

> 數不完帝王將相改朝換代，
> 道不盡庶民百姓離合悲歡。

台下人望台上人粉墨登場唱主角，
台上人看台下人悠閒觀戲好逍遙。

卻只是小舞台演盡大人生，
紛紛攘攘好一齣人間正道是滄桑。

784 富而思進

新世紀開始後，我們圍繞"開發中西部"話題大講"致富思源，富而思進"。說到底，"致富思源"的源就是鄧小平的理論和改革開放的方針政策、廣大人民(幹群)的勤勞與智慧。"富而思進"就是要富而不驕，富而不惰，富而不腐，富而愛國，富而崇德，富而樂助，富而思學。而最關鍵的是"不腐"，不腐則能上下一心共同前進，達到富國強民，風氣良好，正氣張揚……

785 園林建築權威陳從周

今年(2000)二月，我國園林建築權威陳從周與世長辭，終年 82歲。他擅長詩文書畫，師從著名古建築學者梁思成(梁啓超哲嗣)，又是世界建築大師貝聿銘的表弟。現在北京古色古香又具現代氣息的香山飯店，就是他們兩老表合作的。1956 年陳從周著有"蘇州園林"一書。1958 年即受到無情的批判，他只好低頭認罪，夾著尾巴做人，但他始終認為中國園林充滿詩情畫意，落花流水皆成文章，怡情養性，對人品氣質大有好處。先後還著有《說園》、《揚州園林》、《中國風俗》、《徐志摩年譜》等書，並為許多圖書作序。

786 史可法墓聯

史可法是在明末爲國犧牲的，揚州有一座他的衣冠塚，刻有一聯很使人感慨：

　　殉社稷，只江北孤城，剩水殘山，當留得風中勁草；

　　葬衣冠，有淮南抔土，冰心鐵骨，好伴取嶺上梅花。

　　按：洪承疇、吳三桂、孔有德、李成棟等先後降清，史可法卻能臨危受命，誓死保衛國土，怎不使人崇敬，視同勁草梅花？

787 刺貪民諺

中國的老百姓，安分守己，對官府的貪污一向不敢過問，只是憤怒在心，恨之入骨。前幾年原北京副市長王寶森，因貪污被發覺自殺身亡，而各地貪污依舊，就流傳民諺：

　　一個王寶森倒下去，千個王寶森站起來。

今年(2000)三月八日，處決了原江西省副省長胡長清大貪污犯，又有一首順口溜流傳：

　　團結你我他，都來拿國家；

　　你拿他也拿，為啥我不拿？

　　不拿受孤立，拿了也白拿；

　　逮著算倒霉，不拿是傻瓜。

788 夏鼐的打油詩

"文化大革命"時期，許多不讀書不看報的張鐵生之流掌大權，某文化機關某總編大員也如此這般。有一次，該大員參加宴會，與中國社科院副院長夏鼐先生同坐，見桌上名單隨打招呼："夏鼎同志"，夏先生當時不便解釋，後來作了一首打油詩調侃：

> 夏鼎同志你可好？夏鼐聽了嚇一跳；
>
> 偷我頭上一個乃，還來同我打交道。

789 讀書可以治病

聚精會神讀書，可以增加知識，抑制老化。古人云："書，猶藥也，可以治病。"清代戲曲家、養生家李漁(笠翁)更說得好："余無他癖，惟好讀書，憂藉以消，怒藉以釋，牢騷不平之氣藉以止除。"總之，讀書可以使人精神集中，雜念盡消，心平氣和，情緒安穩，樂得健康長壽。

790 懷秦始皇詩

讀時人余湛邦《登長城懷秦始皇》詩七絕兩首，頗感公正，歷久難忘：

> 秦皇自古稱一帝，萬里長城世所稀；
>
> 郡縣創新統宇內，九州六合一盤棋。
>
> 書同文字軌同輪，大略宏圖誰與倫？
>
> 焚簡坑儒雖失策，鴻材寸朽亦足珍。

791 結婚證書上祝願語言

大陸五十年來，結婚證書上的祝頌語言，幾經變化，深銘著時代的烙印，給史家以參考資料：

50 年代：婚姻自由，男女平等。

60 年代：我們都是來自五湖四海，

為一個共同的革命目標，走到一起來了。

70 年代：團結友愛，共同進步。

80 年代：計畫生育，勤儉節約。

90 年代：永結同心，白頭偕老。

792 雅與俗的辯證

一部中國文學史，就是一部由“俗”到“雅”，雅極而俗，雅俗交融，雅俗共存的歷史。譬如今天被視為雅的元曲，原來是寫給引車賣漿者之流看的；被稱為四大經典名著《三國演義》、《水滸傳》、《西遊記》、《紅樓夢》在成書時，也被稱為俗文學，給粗通文字的人看的。藝術能達到雅的程度，才算完美，但完美了卻要漸漸枯萎衰落。譬如盛唐的詩歌，發展到律詩，便難再進一步而讓位於粗糙的長短句——詞。同樣，詞到了宋代，又讓位於更隨便的散句——元曲以及更口語化的明劇。這種變化，就是老子《道德經》揭示的“物壯則老”、“物極必反”的道理。任何事物有生就有死，有開始就有結束，有發展就有終止。一種藝術流派從俗到雅，終將失去鮮活的生機，退出主流而成為文物，被保存在博物館裡，任何人都無須為此而惆悵哀嘆。

793 不同的讀書境界

隨著年齡的加大和讀書的增多，感覺讀書的境界是大不相同的。古人說："少年讀書如隙中窺月；中年讀書如庭前望月；老年讀書如台上玩月。"其中一個"窺"字，可以看出少年讀書的神祕感和朦朧感；一個"望"字，說明中年讀書已視野寬闊，漸入佳境；一個"玩"字，形容老年讀書的閑適老成，隨心所欲，出神入化。

794 書香與銅臭

宋·沈括(1031—1095)《夢溪筆談》："古人藏書避蛀用蕓草，蕓，香草也。"這樣不僅可以防蛀蟲咬蛀，還在書中留下一股幽香。所謂"書香"便由此而出。以後加以引申，形容讀書人和讀書門第為"書香氣"、"書香之家"。當然，讀書人和讀書門第少不了書，但又不是都像陸文通那樣"處則充棟宇，出則汗牛馬"才使人尊敬，人們所尊敬的是有書香氣的人，所謂"腹有詩書氣自華"是也。飽讀詩書的人，除了一些傻冒、敗類之外，大抵都具有超塵出俗的氣質，而且洞明世情，通達事理，待人接物都能識大體懂禮儀，合乎時代潮流。"書香"是一個美詞，而"銅臭"卻是貶詞，出自《後漢書》：漢代崔烈，位列九卿，名重一時，但仍不滿足，還以五百萬錢買得司徒一職，享受三公之尊。一日，崔烈問兒子崔鈞："我做了三公，外人有何評論？"崔鈞據實答道："人們都嫌你有銅臭味。"後人便以"銅臭"一詞譏諷用錢買官者和鄙俗無知的富人。現在雖然不是二千年前的漢代，但據報載，還存在"烏紗公司"，很有賣官買官的人物，這真是"可嘆也夫"了。

795 延平王祠聯

自古以來，台灣是中國的領土，南明永曆十五年(1661)鄭成功從荷蘭殖民者手中收復了台灣，封爲延平王，後歸大清版圖。但至清代，鄭成功卻被視爲海盜，直到清末，倭寇窺伺台灣，才建行省以沈葆楨巡撫其地，在台南建立"延平王祠"並撰聯紀念，以表揚民族英雄。其中唐景崧一聯：

由秀才封王，柱撐半壁舊山河，替天下讀書人別開生面；
驅外夷出境，開闢千秋新世界，願中國有志者再造雄風。
不知道對中國歷史裝糊塗的台獨份子，曾讀過此聯否？

796 成克傑上場演義

官至中共全國人大副委員長的成克傑，前幾年任廣西壯族自治區主席期間，竟違法亂紀，貪污受賄三千多萬元，經曝光進行調查法辦，隨即槍斃，當時有人擬嵌名聯相送：

成在天乎，上場演義，慢說克己能復禮；
敗由人也，拍案驚奇，慣看傑作是貪贓。

797 輓胡適聯

胡適(1891—1962)在台灣病逝時，各界送的輓聯很多，其中有二聯頗堪玩味：

講學問力主"拿出證據來"，傷哉哲人其萎；
評政治最恨"牽著鼻子走"，高矣先生之風。

> 大膽假設，小心求證，紅樓文學嘆胡適；
>
> 涉外有名，懼內無據，申江韻事笑徐來。

798 馮玉祥譏諷孫殿英

1930 年蔣、馮、閻中原大戰後，馮玉祥避居山西晉城縣，驚動全國盜掘東陵慈禧、裕陵乾隆陵墓的軍長孫殿英部也移防晉城縣。馮對孫盜掘行徑，很是不滿，當時地方商紳舉行歡迎孫部大會，馮以名人身份也受邀參加。他向群眾朗聲說道："大家知道今天歡迎的是甚麼人嗎？"停了一會兒說："是扒墓賊"。群眾聽了愕然。接著說："1924 年，宣統小皇帝還養尊處優在北京紫禁城裡，我對袁世凱民國初年所訂的《民國優待清室條件》很是反感，一發火便把宣統趕出皇宮，我自以為革命很徹底，可是比起孫軍長來，卻差得太遠了，他連滿清的祖墳也扒掉，最夠得上革命最徹底。"這番講話引得台上台下一片哄笑，孫殿英卻被諷刺得垂頭喪氣，無可奈何。

799 李烈鈞等輓孫中山聯

孫中山先生於 1925 年三月十二日病逝北平，中外哀悼，在千萬輓聯中，有李烈鈞一聯言簡情深：

> 旭日麗中天，數千古英雄，孰堪匹敵；
>
> 大星沉朔野，率三湘子弟，共哭元戎。

還有北京大學台灣學生會的輓聯更引人注意：

> 三百萬台灣剛醒同胞，微先生何人領導？

四十年祖國未竟事業，捨我輩其誰分擔？

當時台灣還在日寇鐵蹄之下，許多有識的台灣子弟，紛紛來大陸求學，以期學成報效祖國。上聯對孫先生未能領導台灣人民抗擊日寇，光復失地表示遺憾；下聯道出青年學子秉承遺志，完成未竟事業的堅強決心：“天下興亡，匹夫有責，金甌無缺，寶島回歸，捨我其誰？”真是金石之言，擲地有聲。不知道今天只承認自己是華人，不是中國人，對歷史裝糊塗的所謂政治家們，讀過這副輓聯否？

800 清·和珅的下場

從最近法辦的大貪污犯江西省副省長胡長清、全國人大副委員長成克傑的案子，我想到了清·乾隆年間大貪污犯和珅。和珅位居宰輔，他貪污的財產，相當於乾隆朝十餘年的國庫收入，真是“富可敵國”。當時有一闋小曲形容他貪污的酷：

奪泥燕口，削鐵針尖，刮金佛面細搜術，無中覓有。鵪鶉嗉裡尋碗豆，鷺鷥腿上劈精肉，蚊子肚內刳脂油，虧老先生下手。

因為和珅投主所好，手段高超，乾隆帝又年老昏庸，竟能橫行無礙，雖然忠義聰明如劉墉(羅鍋)、紀曉嵐、尹北圖等看在眼裡，恨在心裡，也無可奈何。唯有一位朱石君(乾隆 12 年進士、曾代理山西巡撫)深謀遠慮，千方百計，得到乾隆的同意，派為太子永琰(嘉慶)上書房教師，把永琰教育成辨忠奸明是非、愛國憂民、摒奢尚儉的君王，於 1799 年 2 月(嘉慶四年)乾隆崩逝後，才把和珅掀倒，抄家賜死，“南柯鄉裡夢未覺，白練偏向樑上懸”。這就是所謂“乾隆盛世”產生的“和珅跌倒，嘉慶吃飽”的荒唐歷史醜劇。和珅一生貪婪無厭，結果家產一場空，不能“壽終正寢”，固然罪有應得，大快人心，而朱石君堅決剪除大奸的決心和行動，更使後人欽敬。

801 明‧徐渭的一生

明‧徐渭(文長、青藤 1521─1593)的一生是極端不幸的。他本出身於官宦之家，但剛出世便成了孤兒，母親又是姜侍，不久也被趕出家門。年 25 喪妻，功名無著，只好授徒過著清貧生活。39 歲他再婚，不久離異，再娶張氏，曾參加八次鄉試而落第。從此對仕途心灰意冷，卻又怕受人株連，竟幾次自殺不死，正像他自己說的 "九死輒九生，絲斷復絲續"。他的精神狀態到了癲狂的地步，失手把妻張氏打死，坐了六年牢。這時他已 53 歲了，再過十年的疾病不吃谷類的生活，最後兩個兒子不常在身邊，養了一條狗共度餘年，直到 73 歲抱憤而死。他這樣曲折坎坷的艱苦人生，卻成了一位人格高尚、不隨流合污的偉大藝術家，他遺留的詩文書畫和高風亮節，受到後人崇拜。著名散文家公安派首領袁宏道譽為 "一掃近代蕪穢之習"，影響了幾代人。清‧鄭板橋曾刻 "青藤門下走狗" 一印，鈐在書畫上表達對他的敬仰。現代齊白石也說："恨不生三百年前，為其磨墨理紙；即使不納，於門外餓而不去，也是一件快事"。

802 賀夏衍 85 歲生日詩畫

已故作家夏衍(沈端先 1900─1995)愛貓，當他 85 歲生日時，漫畫家華君武畫一貓抱著戴眼睛的瘦小老人的漫畫 "祝嘏"，眾人一看便知道這瘦小老人是夏衍，另一漫畫家(又是書法家)黃苗子(廣東中山人)在畫上題詩云：

一個老頭八十五，創作生涯五十五；

帛然群紙（稿紙而非銀紙）萬事足，卻道無貓終身苦；

你愛貓來貓愛你，貓道主義也可以；

不拘黑白拿耗子，人生樂事貓懷裡。

803 皺紋是光榮的標誌

我們這一批廿世紀初出生的人都老了，已做了祖父祖母，受盡風雨，歷盡艱辛，變成一個滿臉皺紋，耳聾目眩，沒牙沒齒的醜物，很使人沮喪。但細想起來，這又是按照自然規律，理應如此的滄桑印痕，不能算醜而應視之為美。只要我們正直善良活過來了，對國家社會已盡了應盡的責任，便無所愧疚，這生理上的現象應該看作是光榮的標誌。我們看冰心老人(1900—1999)的肖像，頓生敬愛親切之情，便是這個道理。

804 英雄種種

古往今來很多英雄人物使人懷念、敬仰、歌頌，是因為他為國家民族乃至全人類，做了不可磨滅的貢獻。他摒棄了自私利己的念頭，承擔起犧牲的痛苦，追求著更多人的幸福。但也有強權製造的"英雄"，騙局得來的"英雄"，還有林彪式自我爆炸的"英雄"，"四人幫"妄圖改寫歷史的"英雄"等等。這些"英雄"，經過歷史的沖洗和考驗，終於油漆剝落，露出原形，終成為千古罪人。真正的英雄人物是歷久彌香的，不會斷絕而繼續發展的，這就是以前英雄人物留下來的英雄精神、品質、道德、人性等等所形成的英雄主義，在後人行為上的作用。應該說：縱使是"個人英雄主義"，在某種意義上說，也不是壞事，總比懦夫主義好一點。

805 魯迅的原配夫人朱安

許多人只知道魯迅(1881－1936)的夫人是許廣平(1898－1968)，而不知道還有一位原配夫人朱安(1878－1947)。這是在 1906 年魯迅 25 歲時自日本歸國，奉母之命與 28 歲的朱安結合的。但這婚姻是不幸的，魯迅曾說過："這是母親送給我的禮物，我只能好好供養她，愛情是我所不知道的。"朱安也曾對人說過："老太太(魯迅的母親)嫌我沒有兒子，大先生(魯迅)終年不跟我講話，怎麼會有兒子呢？"他們在北京同住到 1926 年八月，魯迅和許廣平南下廈門、廣州，從此便與朱安結束了名存實亡的婚姻關係了。朱安留在北京，默默地負擔起照顧婆母周老太太的義務。到了 1943 年周老太太病逝，四年後朱安也相繼病逝，終年 69 歲，結束了她孤寂悲苦的人生。封建包辦婚姻，傷害了許多男女的靈魂，受害者都是無辜的，都有難言的痛苦。現在歷史恢復了朱安的"夫人"名份，但永遠也恢復不了她沒有情愛的人生。魯迅生前痛詆吃人的舊禮教舊社會，是有來由的。

806 老舍得而復失諾貝爾文學獎

諾貝爾文學獎，是一個政治性很強的獎賞，似乎我們一向對此滿不在乎。今(2000)年聽說有人提出台灣的李敖和大陸的巴金、王蒙為中國方面的候選人。在過去，中國作家魯迅、巴金、冰心、艾青等人也曾被提名為候選人，但都沒有打進前五名，唯有老舍(1899－1966)以《貓城記》一書被提名投票選進前五名，並摘下了第一名的桂冠。但是諾貝爾獎從來不給死去的人，當時評委們找不到老舍的下落，於是委託瑞典駐中國大使館代查，偏偏在那特殊的"文化大革命"時期，萬馬齊喑，誰也不知道誰的消息，甚至一家人也不明白彼此的生死，何況誰也不敢和外國人打交道？經過許多周折，評委會才證實老舍早已投湖自盡了。於是老舍當之無愧的諾貝爾文學獎被取消，再投票表決退給了日本作家川端康成。

807 老舍之死

最近出版的《老舍之死採訪實錄》載：1966 年 8 月 23 日老舍(舒舍予)和其他十多位文化名人在北京國子監被批鬥毒打後，回到文化局又受到更嚴厲的批鬥。但由於缺乏材料，場面漸漸冷落，忽然站出一位女作家高聲吼叫："我揭發，老舍解放前把《駱駝祥子》的版權賣給了美國。"這一個重磅炸彈，激起了紅衛兵劈頭蓋腦的拳打腳踢，以致滿身是血，就這樣一代人所敬仰的文星竟受不了而自投太平湖死了。這位揭發的人就是大名鼎鼎的草明。時至今日，草明應該說會有所悔恨的，但傅光明採寫她的時候，她非但無意歉疚和懺悔，而且還振振有詞輕飄飄地說："那是在'文革'初期，誰知道後來擴大到那樣？誰知道他後來受不了？自殺的很多，不過他有名氣，大家就很重視……"試看草明是怎樣的"作家"？實在可恨可悲！老舍之死慘痛的記憶，我們是不能忘記的！

808 陳獨秀與《新青年》

今年是"五‧四"運動 81 週年，人們又記起了當時許多愛國志士。其中少不了陳獨秀先生。陳獨秀(1879—1942)安徽省安慶人，於 1915 年自日本回國在上海主編《新青年》(初名《青年雜誌》)。毛澤東曾對美國記者斯諾說過："《新青年》是有名的新文化運動的雜誌，由陳獨秀主編，當我在師範學校做學生的時候，我就開始讀這本雜誌。我特別愛好胡適、陳獨秀的文章，他們代替了梁啓超和康有爲，一時成了我的模範。"他又回憶說："有很長一段時間，每天除上課閱報以外，看書，看《新青年》；談話，談《新青年》；思考，看《新青年》上所提的問題。"可見陳獨秀對傳播新文化，呼喚科學與民主，在中國現代史上留下不可磨滅的一頁。《新青年》的問世像平地一聲雷，驚醒了中國沉悶的大地，喚起了中國一代青年。

按：《新青年》社曾於 1921 年四月被迫由上海遷到廣州昌興街26—28 號，即今新大新百貨公司西側的一條小街內。

809 城隍廟的對聯

報載：近年官場貪污盛行，有些貪官暗地裡也去求神拜佛保佑劣行不露，消災納福，但寺廟裡分明貼著不少言簡意賅、誨人警世的對聯，究竟貪官的求神拜佛能否有效，很成問題。山西省三原縣的城隍廟就貼有幾副：

> 德元不修，吾以汝爲孔矣；
> 過而不改，子亦來見我乎。

> 暗室虧心，未入門已知來意；
> 自家作孽，欲免罪不在燒香。

舉念有神知，善惡正邪能立判；

照人如鏡朗，吉凶禍福總無私。

善報、惡報、遲報、速報，自然有報；

天知、地知、汝知、我知，何為無知。

汝的計算非凡，得一步進一步，誰知滿盤都是錯；

我卻糊塗不過，有幾件記幾件，從來結賬總無差。

810 郭沫若的祖籍在福建汀州

讀郭沫若(1892—1978)傳記，知道他的祖籍在福建汀州，大概也是在清・乾隆時期搬遷到四川開墾的客家人，現在樂山市沙灣鎮還有“福建會館”作為移民會聚之所。郭幼時好讀詩書，聰明睿智，十多歲即能寫出如下清新可讀的田園詩：

閑釣茶溪水，臨風誦我詩；

釣竿含了去，不識是何魚？

早起臨軒滿望愁，小園寒雀聲啁啾；

無端一夜風和雪，忍使峨嵋白了頭。

閑居無所事，散步宅前田；

屋角炊煙起，山腰濃霧眠。

牧童橫竹笛，村媼賣花鈿；

野鳥相呼急，雙雙浴水邊。

後來郭到日本留學，有一天到小店去購物，老板頗通漢學，向郭請求應對，郭應允後即指著架上的酒出上聯：

三星白蘭地；

郭連想都沒有去想即對曰：

五月黃梅天。

811 盧山會議上的梁寒操和張伯苓

　　原國民黨中央委員梁寒操，廣東高要人，有廣東才子美譽。盧溝橋事變時的"盧山會議"，他和許多各黨各派知名人士聚集牯嶺。他很懷疑蔣介石沒有抗日決心，激憤地把清朝愛國詩人龔自珍、黃晦聞名句集成一聯，貼於寓所大門，以昭示所有人士共同促進蔣介石早日丟掉和平解決盧溝橋事變的幻想，下定決心抗日；聯曰：

一葉枯榮視天下，
此山不語看中原。

　　當時天津南開大學校長張伯苓，也是主戰派中的一員，他在會上說："各黨各派都在，大敵當前，不能等待，只有打！望各黨各派團結一致，共同對敵作戰，我們都來簽字……"接著"八‧一三"淞滬抗日開始，時任空軍飛行員的張伯苓四子張錫祜，激於義憤，架機炸日寇戰艦"出雲號"，在空戰中壯烈犧牲，時年僅22歲。張伯苓聞知後，鎮定自若，電告三子張錫祚："老四殉國，深以未立大功爲憾，求仁得仁，夫復慟爲？"

812 文化味十足的對聯

　　北京大學的"北大書屋"有副對聯：

文亦醉人何必酒，

書能香我不須花。

清華大學的清華園朱自清住過的房子門上，也有一副對聯：

檻外山光歷春夏秋冬，萬千變化都非凡境；

窗中雲彩任東西南北，去來淡蕩洵是仙居。

813 張季鸞剪影

張季鸞(1888—1941)陝西榆林人，長期主持《大公報》，一生淡泊名利，以文章報國，所寫新聞評論無僻典無奧義，以理服以情勝，感人深而影響遠，馳騁報壇，名播中外。但他很謙虛，常說：報紙文章生命極短，所以他的文章不留底稿不剪存，生前未出過文集，還常開玩笑說："我的文章明天就可以拿去包花生米。"他清貧自處，于右任稱他："恬淡文人，窮光記者，嘔出肝膽。"但卻又慷慨豪爽，許多友人得過他的幫助；對國家社會抗日救亡和教育文化更多捐獻。于右任在他 50 壽辰時，曾獻詩祝壽：

榆林張季子，五十更風流；

日日忙人事，時時念國仇。

不幸的是他竟於 1941 年九月六日病逝於重慶。國共兩黨領導人都對他作了很高的評價，毛澤東、蔣介石還發出唁電和輓聯，國民政府並頒了褒揚令，這在當時是一個創紀錄的大事。也是民國史上為老報人舉行追悼活動最隆重的一次。

814 冼玉清教授

冼玉清教授(188？—1965)一生獨身，曾在嶺南大學、香港大學、中山大學等校任職，熱愛祖國，著述甚豐，抗日時期，我經常在林語堂主編的《宇宙風》雜誌上讀到她的詩文，是嶺南一位女學人。可惜她生前沒有整理自己的著述，大半散失。據說：她晚年在廣州時，很愛好一張紅木長椅，不忍捨棄，上面刻有唐‧金昌緒的詩：

> 打起黃鶯兒，莫教枝上啼；
>
> 啼時驚妾夢，不得到遼西。

這詩是不是她對紅木長椅情有獨鍾的原因？

815 杜魯門母親的價值觀

中國人和美國人的文化、習慣、價值觀等等不同，便產生了彼此對事物的看法也不同。一般說來，似乎中國人對趨炎附勢強烈些。據說：當 20 世紀 50 年代初，美國總統杜魯門當選時，有一位客人去拜訪他的母親，客人笑道：有哈里(杜魯門)這樣的兒子，妳一定感到十分自豪。杜魯門的母親贊同地說：是的。不過我還有一個兒子，也同樣使我感到自豪，他現在正在田裡挖土豆。可以肯定，假如在中國，那個挖土豆的兒子，一定會被忽略了。

816 曹聚仁的一本輯編

最近發現曹聚仁(1900—1972)編的《真正老牌幽默文選》一書，署名吳坤仁編選。這本書於 1933 年三月廿五日由上海群眾圖書公司出版，內有莊子、魯迅、郭沫若、老舍、章士釗、周作人等名家作品，精采絕倫。後來成為禁書，流傳很少。據曹聚仁自己說：書面

上印有 "天子重英豪，文章教爾曹；萬般皆下品，唯有讀書高" 神童詩；扉頁還印有一副對聯：

> 投機發財，仍須努力；
>
> 騙人上當，吾黨所宗。

這就是遭禁的主因，好像這十六個字道破了中央政權的心病，而何健(湖南)、陳濟棠(廣東)更是頭痛。曹對這書的編選，無一不以幽默手法出之。他把 Humour 當時的各種譯名：幽默(據說是林語堂創譯)、憂罵、憂懣、油滑、迂繆作爲該書內容的卷名，並在報刊上登出廣告："不懂幽默，做人有甚麼趣味？不懂幽默，社會全無生氣。幽默和'諷刺'、'俏皮'、'滑稽' 是謫親姊妹，它是大姊，它最和氣，莞爾一笑，令人心醉！老牌幽默文選只此一家，並無子孫分店在外，各界愛讀諸君，認明商標，庶不致誤。" 我希望這本書儘早重新出版，藉以紀念這位集文學家、政論家、名記者、社會活動家於一身的名人一百週年誕辰。

817 趙元任輓劉半農

1924 年，同是語言音韻學家趙元任(1893－1982)和劉半農(1891－1934)合作的一首《教我如何不想他》歌曲，一經傳唱便風行全國，迷醉了許多青年男女，產生了許多美麗故事。1934 年作詞者劉半農病逝於北京，趙元任寫一輓聯致哀：

> 十載湊雙簧，無詞今後難成曲；
>
> 數人弱一個，教我如何不想他。

818 名人對壽年的看法

蘇東坡曾寫過一首《養生詩》：

　　無事此靜坐，一日如兩日；養活七十年，便是百四十。

這是說靜坐則神安長壽，實爲養生之道。

　　胡適(1891—1962)生前也談過長壽秘訣：過去有一個喜睡的人寫了一首詩：

　　每日昏昏睡，睡起日已午；人活七十年，我只三十五。

（按：其實這是明淸大戲劇家李笠翁寫的諷刺詩：《睡》）。

　　現在我也有一首詩：

　　不作無益事，一日如三日；人活七十年，我活二百一。

這是說每日無事可作昏睡，只會折壽，不做無益的事，多爲人類社會做好事，卻是真正的延年益壽。

819　雨果的正義

　　1860 年英法聯軍攻入北京，焚燒圓明園三日三夜，把許多稀世之寶搶掠而去。當時法國《悲慘世界》的作者雨果，很感氣憤，曾痛加斥責：侵略軍是兩個強盜，一個叫法國，一個叫英國，政府也當起強盜來。他還希望：有朝一日，把這些搶掠的贓物歸還給中國。這說明雨果是一位比較正直進步的作家，值得歌頌。最近被搶掠去的幾件青銅猴頭、牛頭、虎頭等已回到祖國，但不是如雨果希望的無條件歸還，而是在香港拍賣場以很高代價買回來的。這又說明強盜是從來不講道義的。一個國家富強與尊嚴是緊密相連的，不富強甚麼也談不上。

820 商務印書館與張元濟

1897 年創辦的上海商務印書館,是盡人皆知的中國最大的出版企業,為中國近代文化事業立了大功。其中負責人又是以張元濟 (1867—1959)為最有名。張元濟字菊生,浙江海鹽人,光緒年間進士,授翰林院庶吉士、刑部主事、學部副大臣等京官,思想進步,熱愛國家民族,曾參加 1898 年的維新運動,後到上海投身出版事業。於 1902 年入商務印書館,在他主持下,先後創辦了廿多種期刊,編印了我國第一部新式辭書《辭源》,並為許多圖書的收藏、保存、編印以及圖書館事業,盡瘁終生。1949 年後,毛澤東提名任上海文史館首任館長。當他九十壽誕時,郭沫若賦詩祝賀:

興國禎祥見,老成今道新;百年歷甘苦,七載淨風塵。

文化高潮至,和平普海親;各家鳴鼎盛,翹首壽斯人。

張元濟臨終前二年曾寫了一首《告別親友》詩,感人至深,很有陸游《示兒》詩的韻味:

維新未遂平生志,解放功成又一功;

報國有心奈無命,泉台仍盼好音傳。

821 曹聚仁曾做過和平統一的工作

前記發現曹聚仁一本軼編的書,現在再說他在 1950 年後到香港從事文化事業之餘,曾奔走兩岸和平統一的事。1957 年前後,遠東地區局勢比較平靜,熱愛祖國的文學家、名記者、有廣泛人際關係的曹聚仁曾往大陸觀光考察,並和中共方面接觸;也曾向蔣氏父子轉達大陸情況和中共和平統一祖國的願望。從已發現的有關資料證明:曹聚仁當年確實投入很多精力去推行"邦國大計",但由於種種原因終於失敗了。曹聚仁在有關資料中，曾表示自己是"義無反顧"的"海外哨兵"，因爲是中華民族的子孫，心甘情願爲民族利益盡一個書生之責。並非台北的特使，也非北京的密使。……假如曹聚仁當年這件事能夠成功，那今天的海峽兩岸便不會有惡浪狂濤了。

822 所謂"另類作家"等等

現在的作家已有一定的創作自由。但寫甚麼，怎麼寫，卻有各自的社會道德約束，更何況文學從來就是美學，而不是醜學；是人學而不是獸學。前些年有所謂"先鋒詩人"、"前衛作家"、現在又有所謂"另類作家"、"新新作家"、"美女作家"，典型就是《上海寶貝》作者衛慧和《糖》的作者棉棉。她們肉麻當有趣以暴露隱私嘩眾取寵，自棄尊嚴。這類對社會不負責任的"文學家"，想必也不會很長久的。但願"另類"不要另出人類。幸甚！

823 外交史上第一人

1928年五月一日北伐軍進入山東濟南，日軍藉保護僑民之名，向北伐軍開槍射擊，打死中國軍民數人。三日日軍更大舉進入城區，蔣介石下令不抵抗，並撤出濟南。日軍竟毫無顧忌到處奸淫擄掠，屠殺軍民五千多人。國民政府特派山東交涉員蔡公時與十七名外交人員也在交涉中慘遭殺害，釀成震驚中外的"濟南慘案"，也就是"五·三慘案"。蔡公時是同盟會員，曾跟隨孫中山先生革命，南征北戰多年，與民國元老李烈鈞友好。蔡遇害後，李致輓聯哀悼：

無役不從，革命軍中拚未死；

以身作則，外交史上第一人。

824 淡泊寧靜的趙樸初

趙樸初是當代著名的宗教家、社會活動家，於今(2000)年春病逝，享壽九十多歲。他擅長詩書，一生淡泊寧靜，曾以詩明志：

生固欣然，死亦無憾。花落還開，水流不斷。

我今何有，誰與安息？明月清風，不勞尋覓。

825 黎烈文生平

20世紀30年代，黎烈文自法國留學歸國，即受聘爲上海《申報》副刊《自由談》編輯。他銳意革新，向各名家約稿，經常刊出魯迅、曹聚仁、陳子展等大作，極一時之盛。魯迅那本《僞自由書》雜文集，就是曾在《自由談》發表過的。抗戰期間，黎烈文遷入內地，依舊從事寫作、翻譯、編輯工作。抗戰勝利後，接受歷任要職的陳儀的聘任到福建、台灣，先在報社工作，後到台灣大學文學院外文系任法文教授，廣東籍作家周伯乃曾是他初級法文的學生。於1972年十一月病故，遺屬由故舊幫助生活。當時大陸視他爲“反動文人”，其實他晚年埋頭寫作教書，不求聞達，正如他自詡的“不多取一分不屬於自己的東西”的硬骨頭，不過陰差陽錯竟到了台灣罷了。

826 愛讀書的人，未必是好人

好人愛讀書，愛讀書的人未必是好人。有許多不愛讀書的好人，也有愛讀書才學甚高的壞人。臭名昭著的陰謀家康生，愛讀馬列主義和其他許多書，而且還很有研究，所以他的棍子打人很嫻熟準確，連毛澤東的大秘書田家英也表示欽佩。他的左手書法也不錯，曾手書條幅："左比右好"，這是他做官的訣竅最精煉的表白。他和"四人幫"一樣被人民打倒了，成為不齒於人類的狗屎堆。可見愛讀書的人未必是好人。

827 地質學家李四光

地質學家李四光，是同盟會員，曾追隨孫中山先生革命。他熱愛祖國和科學，新中國成立後，他放棄外國的優厚待遇，毅然回國擔任地質部長，為勘探煤炭、石油及其他礦藏，走遍祖國山山水水，廢寢忘食，櫛風沐雨，結果打破了西方學者的"中國貧油論"，消除了中國人的自卑心。現在東北、西北、中原、沿海到處油井塔架林立，都使人激動，記著李四光的豐功偉績。我記得 1925 年末到 1926 年初，魯迅先生曾兩次撰文指責北京大學校長蔣夢麟，違反校章，庇護李四光兼職京師圖書館副館長，李四光便在《晨報副刊》加以澄清，反訴魯迅捕風捉影，大加譏諷。兩天後，李四光在《晨報副刊》表示自己涵義不足，不應該回敬久仰的魯迅先生，希望以後有機會和魯迅先生見面談心。這說明一個科學大師的胸懷與氣度的寬大。1971 年李四光病逝，享年 82 歲，遺下許多科學著作。其中的隨筆通信集《穿越地平線》一書，文筆生動，充滿著愛祖國愛科學的情懷，使人感動。是的，中國歷史上的科學家，有許多文筆突出的，如製作地動儀的張衡，寫出高難度的《大賦》，地理學家酈道元，寫出流暢美文《水經注》，沈括的《夢溪筆談》，更是神來之筆，千古傳誦！

828 李立三的改名及其他

李立三(1899—1967)是中共早期領導人之一，湖南醴陵人，曾犯過"左"的路線錯誤，但始終對黨忠貞，出生入死。他原名李隆郅，因在上海總工會選舉時，他是候選人，工人認不出寫不出他的名字，有人建議改名，當時窗外路邊站著三個人，遂改名"立三"。他一生在鬥爭中曾傳聞幾次犧牲，開過四次追悼會，最後卻真的死於1967年六月林彪、"四人幫"的迫害，吞下大量安眠藥而自殺。而這最後第四次追悼會，直到1980年三月，林彪、"四人幫"覆沒很久以後才由彭真主持，肯定了他的歷史功績和在"文化大革命"中寧折不彎的品質。至於第一、二次追悼會，分別是1922年萍鄉安源大罷工和上海"五·卅"慘案大罷工後，第三次卻是1927年大革命失敗，"八·一"南昌起義，在福建長汀，周恩來曾送輓聯：

死者瞑目，戰鬥尚多英雄漢；

烈士安息，革命自有後來人。

追悼會還沒有開完，李立三卻生還歸隊了，大家轉悲爲喜，這也算是革命歷史中的軼事。

829 尊師重道的關山月

關山月(1911—2000)廣東陽江人，出身貧苦，師從高劍父，成爲當代嶺南派國畫大師，不獨畫藝人品皆佳，詩文也不錯。劍父曾以

"在山泉水清，出山泉水濁" 贈別，意思是勉勵他進入社會要堅持操守，講求人品正氣，不可沾染塵俗。關對此一直刻骨銘心，身體力行。1982 年曾作詩追述老師的教導，有 "出山泉濁在山清，猶記高師一語情" 句。另外還以《感懷》爲題紀念恩師：

> 風塵七十長堅持，多少甘辛我自知；
> 若論文章興廢事，半憑己力半憑師。

他這種尊師重道、虛懷若谷的美德情操，實在難能可貴，值得今天青年學習。

830 讀書樂

我一向愛讀書，儘管在窮途末路，身陷牢獄也不忘此道。我也一向認爲沒有讀書的人生，是殘缺的人生，是無形中被縮減了的人生。書中有奉勸、慰藉、理解、探索、求知的寬廣天地，在這音像充斥、物慾橫流的時代，假如你感到孤獨寂寞，那麼打開好書，就像打開先哲聖賢的門，春風盎然，香氣撲鼻，老莊的棒喝，李杜的詩情，魯迅的投槍匕首，嗖嗖飛過，好像和大師們超越了時空，作爲好友，一呼即來，從不反目，自得其樂，不足爲外人道。現在我雖然是望九老人，衰老不堪，但能有一間陋室，一壁書架，一點精神，一杯清茶逍遙讀書，便氣爽神清很是滿足了。

831 報人邵飄萍

報人邵飄萍，浙江金華人。1918 年十月在北京創辦《京報》，爲 "五·四" 運動的開展，作出了很大的貢獻。它揭發了曹汝霖、陸宗輿、章宗祥等賣國賊的罪行，受到段祺瑞政府的忌恨，不久被封。至 1920 年，邵飄萍又主持復刊，仍然無情地抨擊軍閥的倒行逆施，卒被逮捕槍殺。二年後，其夫人湯修慧女士再把《京報》復刊，直到 1936 年停刊。這些故實與後來孫伏園主編《京報‧副刊》，發表魯迅《阿 Q 正傳》，同是中國新聞史的輝煌一頁。

832 奇聞共賞

2000 年七月七日《羊城晚報》載：陝西耀縣方巷口村，近日冒出一座高八公尺的墓碑亭，亭頂掛著一頂仿製的巨型博士帽，墳塚裡埋著兩位死者。墓碑上記載著死者的子孫們輝煌的經歷——一家六口人全部是博士，其職位的喧赫更不言而喻了。據其中一位博士張榮亮稱：他是東南大學教授，修建祖墳已得到上級的同意，在亭頂上設置巨型博士帽，是希望藉此激勵村裡的青年立志苦學成才。不料該縣的文化局幹部卻說：墓碑亭違法占用了耕地，碑文內容也很落後，現在雙方發生爭執。論者曰：一家六口人全是博士學位，確實難能可貴，值得昌揚，但在亭頂設置巨型博士帽以炫耀，則未免妙想天開，滑稽可笑了。

833 張學良百歲壽辰

2000 年春，張學良百歲壽辰在檀香山舉行慶祝，全世界華人以各種方式向他祝賀，下面一首七律很可以代表人民對他的生平理解與崇敬：

> 人生百歲多風雨，亂世英雄盡大忠。
> 北省揮師尊少帥，西京舉事建豐功。

幽居國恨衝天外，遠望鄉情入夢中。

願作彩虹飛兩岸，山河萬里共興隆。

834 輓關山月

2000 年 7 月 3 日，著名嶺南畫派大師關山月忽患腦溢血逝世，中外同悲，報刊上刊載了許多詩文、函電、輓聯等以表達對他的畫品、人品和生平功績的崇敬和悼念心情。張漢青詩云：

大師仙去步匆匆，壯麗江山痛失翁。

筆墨長凝思進意，心隨時代賽青松。

辛苦耕耘不計年，"動才有畫"值千金。

江南塞北尋詩境，不忘源泉日日新。

傲雪梅魂傳世珍，壯心不已典型存。

出山不濁清泉水，全賴自恃砥礪心。

平易之風勝酒濃，德高益見自謙恭。

高峰仰首關夫子，清氣長留環宇中。

又張作斌一首長詩：

大師邃然去，聞聲淚滿襟。兩行湧泉淚，難表悲痛心。畫界失天柱，文壇賦招魂。羊城淒雨降，珠水動哀吟。相交數十載，心儀友情深。登臨同懷古，紅樓屢對斟。書畫常相贈，道義敘談勤。早春憶相訪，步健面紅潤。師友相繼逝，哀我賦孤憤。旗撐嶺南派，繼古更拓今。盛名盈海內，美譽滿乾坤。桃李滿天下，接班有新人。

堪賀大會堂一幅巨畫永放異彩，堪慰祖國如此多嬌使公走得安心。

835 金聖歎之死

金聖歎（1602—1661）是清初著名書評家。無心於功名仕途，狂放不羈，生活在群眾之中。他把《離騷》、《莊子》、《史記》、杜詩、《水滸》、《西廂記》定爲世上六才子書。擬一一加以評註。當評話到杜詩時，因蘇州新縣令橫徵暴斂，無惡不作，一些書生到文廟鳴鑼擊鼓，爲民請命，恰逢順治帝駕崩，巡撫設幕府堂哭喪，在文廟的一群書生便往府堂遞交請願書，因此被捉拿 11 人，後來繼續搜捕，金聖歎也在內。金聖歎在獄中，曾致書妻子："殺頭至痛也，籍沒至慘也，而聖歎於無意中得之，不亦異乎？若朝廷有赦令尚可相見，不然死矣。"後清統治者以"糾黨千人，倡亂訐告，上驚先帝之靈，動搖人心"等罪名，對金聖歎等 18 書生同時斬決，財產入官，妻子流放。據考證：蘇州城外尚有金聖歎之墓，黑龍江寧安尚有金姓數家，皆金聖歎的後人云。此案大概是清統治者興起文字獄的開端。一代文才含恨而死，也算樂得千古英名。

836 袁子才其人其事

在中國文學史上有一定地位的清·袁枚（1716—1798，字子才），很會炒作，名聲鼎盛。第一，他辭官歸隱，營造"隨園"，任人遊覽，連乾隆帝也知道。他表示"歸心濃後官箴少，除卻林泉總不思"。其實他不是真正的清高隱士。第二，他提倡性靈，策劃唱和，以迎合當時"八旬天子文明治，正要詩歌潤太平"的形勢，天下相從，被舉爲文壇首領。第三，他編撰詩話，出版文集，廣結人緣。

他的親屬門生女弟子詩固然入選詩話，加以評點；即目不識丁而有金錢相贈者，也粗俗不拘，甚至嚴嵩、阮大鋮閹宦佞臣之句亦登堂入室。據史載：他一死，毀者即起，或謂其最工獻諛權貴，或謂其詩文紀事多失實，或謂其頹放不羈，故彈高調。有門生曾刻私章"隨園門下士"，後又刻"悔作隨園門下士"。甚至有人還詬以"袁子才本無行文人"。可見袁枚並非完人，這是時代的局限，不必苛求。

837 "麻將銘"

唐·劉禹錫寫了一篇精煉的《陋室銘》，膾炙人口，內容多安貧樂道、自得逍遙的"阿Q精神"。後人每多仿其格調寫出一些遊戲文章以自娛。近來國粹麻雀牌又風行起來，或以消遣，或以賭博，有人作"麻將銘"，銘曰：

藝不在精，有錢則靈；人不在多，四位則行。斯是清娛，惟麻將經。斷么獨聽門前清，海底撈月扛上尋歡心。可以健精神，活腦筋；有晝夜之消遣，無男女之區分。四圈見勝負，得意勿忘形。賭鬼云："何厭之有？"

838 瞿秋白視死如歸

瞿秋白（1909—1935）江蘇常州人，是中共早期領導人之一。1935年初，中央紅軍長征後，他因病在福建長汀被俘，受盡磨折與利誘，堅貞不屈，視死如歸。在獄中讀書賦詩一如常人。曾有《卜算子》詠梅詞一闋，末尾一段寫道：

花落知春殘，一任風和雨，信是明年春再來，應有香如故。

這詞蘊含著一個革命者的樂觀主義精神。當行刑時，更從容歌唱，高呼口號，走向劊子手的屠刀。遠處圍觀群眾，無不感動落淚，投以尊敬的眼光。噩耗傳到各地，魯迅先生爲他搜集編印了文集《海上述林》，並說：“我把他的作品出版，是一個紀念，也是一個抗議，一個示威……人給殺掉了，作品是不能給殺掉的，也是殺不掉的！

839 美夢與噩夢

人不可能沒有夢，沒有夢便沒有現實，也會失去未來。人有美夢和噩夢。

念念不忘噩夢，被噩夢所壓倒，沈緬於悲傷與痛苦之中而看不清現實，看不到希望，那是怯懦的人，是不能獲得真正幸福和自由的人。反之，成天期待美夢，偶遇美夢，便以爲這就是一切，沈溺於夢幻之中，既不面向現實，也害怕噩夢不敢邁步，這也是怯懦的人，可憐的庸人。

無論噩夢怎樣多，也無論夢是怎樣美，既不恐懼，也不陶醉，噩夢醒來照樣幹，得到美夢幹得更起勁，勇於探索和追求，愛憎分明，戰鬥不息，這才是能夠獲得真正幸福和自由的人，才是勇敢的人，真正的人。

840 豐子愷填詞

豐子愷先生（1898—1975）遺作《瑣記》裏有一則這樣說：詞牌《菩薩蠻》只宜寫風流旖旎之情，《滿江紅》只宜抒激昂慷慨之感。他還在抗日戰爭的 1944 年間，在重慶塡《金縷曲》一闋，記他當時的實感，很使人感動！

　　七載飄零久，喜巴山客裏中秋全家聚首。去日兒童皆長大，添得嬌兒一口，都會得奉觴進酒。今夜月明人盡望，問團圓骨肉幾家有。天與我，相當厚。

　　故園焦土蹂躪後。幸聯軍痛飲黃龍，快到時候。來日盟機千萬架，掃蕩中原暴寇，便還我河山依舊。漫卷詩書歸去也，問群兒戀此山城否？言未畢，齊搖手。

841 乳房的"革命"

　　記得 20 世紀 20 年代，廣東政府曾下令限三個月內所有女子禁止束胸，以解除身體發育、健康和哺乳的障礙，違者處以 50 元罰金，當時叫做"天乳運動"，收到了很好的效果。時至今日，天乳又嫌不時尚了，社會上掀起了隆胸浪潮，傳媒儘是些"隆胸手術"、"隆胸香皂"、"豐乳藥"、"豐乳霜"等等廣告，似乎乳房是"第二性特徵"，專給人們欣賞的，女人們對豐乳趨之若鶩，花錢費時事小，還因此使正常的乳房感染、結塊、腫脹、發黴、病變，甚至賠了性命。真是要靚不要命了，走向過去束胸的另一極端。有人說：生為女人，一到溫飽時候，花樣便多了。

842 毛澤東閒情逸致談名字

　　1958 年 8 月，毛澤東到天津視察，由天津市長李耕濤陪伴。一天毛問李："田可耕、地可耕，'濤'怎麼耕法？"李只知道自己這名字是父親給的，一時答不出問題。毛笑說："你回去想想，明白以後再告訴我。"李回到家裏查典籍問別人，都得不到答案，最後問博學多才的黃鈺老先生，黃告訴李：試查查唐‧李賀的《楊生青花紫石硯歌》，李一查果有"端州石工巧如神，踏天磨刀割紫雲"句，意思是上硯岩頂開彩紫雲石頭。當晚李又陪毛觀戲，毛問是否找到耕濤的出處？李答：主席，李賀詩有"踏天磨刀割紫雲"之說，既然雲可割，即"濤"想必可耕的吧。並將查詢經過述說了一遍，毛點頭說："耕濤同志知之為知之，不知為不知，不恥下問；黃老先生學富五車，用在應急，一個可讚，一個當學，好、好、好。"

843 危難之秋的兩類人

南明福王朱由崧，昏暗荒淫，加上權奸馬士英和阮大鋮把持朝政，以致欲偏安而不可能，敗軍節節南潰，最後一位兵部尚書、大學士史可法受命於危難之際，死守揚州（江都），終因大勢已去，於順治二年（1645）城陷被俘，大罵而死。後人以其衣冠葬于城外梅花嶺上。從此史氏的民族精神燭照天下，點燃了後人的胸中正氣。墓前有一楹聯：

數點梅花亡國淚，二分明月故臣心。

紅梅如血淚，明月是冰心，堪稱佳作。是的，每當我們國家民族處於危難之秋，總會出現兩類人：一類人有邦國而無自身，愛惜聲名，體恤時艱，壯懷激烈，視死如歸；另一類人則重私利而輕大義，色厲內荏，寡廉鮮恥，只求一時的富貴權欲，置千秋唾罵於不顧。歷史昭然，值得深思。

844 難得的嵌字地名聯

報載一副嵌字地名聯：

> 兩湖兩廣，甘蒙北京，三海雲新遼寧貴；
> 雙山雙河，天臺西藏，四江川陝福吉安。

這聯嵌入地名多，所嵌地名方圓大，僅用三十個字便涵蓋了中國二十八省和三個直轄市（尚未含重慶）。聯內的詞性對仗除數詞和方位詞相對外，名詞的"海"與"江"，"雲"與"川"，均屬"工對"。上、下聯的七言斷句的三字尾，分別作爲形容詞，從三個層面描寫，一掃名詞羅列的平板，爲全聯增添活潑生機，是難得的佳作。

845 現在是溝通的時代

外交界人士時常說：如果沒有妥協，就沒有商談；如果真有絕對不能更改的事，就沒有所謂外交。現在是溝通的時代，通過溝通，敵人可以變成朋友；有出入的解釋，可以變成"各自表述"；有爭執的土地，可以"共同治理"；被割讓的疆域，可以"物歸原主"。所以說：兩國的爭端，不應該用打仗解決；夫妻離婚，不必破口大罵；今天生意談不攏，明天還可能合作；議會裏水火不相容，還可以達成"共同綱領"。只要我們有誠心、耐心和愛心，能退讓給足對方面子，而且知道這世界不全屬於我，也不以爲自己全是對的，從而求同存異，利益共用，團結共榮。那麼這世界必能更和諧，這社會必能更進步。我們生長在離亂的戰爭年代，很希望能有和平、進步、共同發展的社會。

846 "唯有讀書高"

中國有"萬般皆下品，唯有讀書高"的說法。它雖然不知受過多少批判，但讀書人總比不讀書的人勝一籌。我們觀察世情，再講究的服裝，也無法掩蓋某人知識的貧乏；再清寒的讀書人，也無法擋住言談中透出的書香。知識與氣質是要通過自己的努力讀書，才能獲得的。清寒而不寒酸，小康而不俗氣，關鍵全在當事人的書卷氣還是市儈氣。也就是是否重視讀書，是否熱衷知識，是否追求精神富有。一個善良的讀書人，縱使擁有足夠的財富，也不會使人產生銅臭的反感；縱使擁有很大的政治權力，也不會使人視之為官僚；縱使擁有驚人的學術成就，也不會使人覺得他自負。

847 "人之將死，其言也善"

"人之將死，其言也善"這句話，大概是不錯的。近年來許多大貪官的懺悔，很多值得玩味：原海南省東方市市委書記戚火貴，任職六年，貪污了一千三百多萬元，在他接到死刑判決書時悽楚地哀求："我有二個老人，一個小孩，請求給我一條活路。"又原廣西壯族自治區副主席徐炳松，在他貪污六十七萬元事發後，天真地說："我受賄這麼多錢，官是不能當了，希望能給我幾十畝試驗田，我用高科技種田，為國家做點貢獻。"又原廣東東莞市打私辦主任王兆才，貪污百萬被判無期徒刑時說："我願意做反面教員，到省內外進行現身說法，戴罪立功。"還有原惠州市公安局長洪永林臨刑前卻後悔自己一生有機會有條件而"沒有住過賓館的總統套房，沒有喝過路易十三。"這種人應該屬於至死不悟，死有餘辜的一類。

848 孔子編選《詩經》

孔子在中國的歷史中，何止三起三落。在他那個時代，各諸侯國都有許多詩歌流傳和引用。孔子有鑒及此，乃編選三百零五篇常用的詩歌行世，即今天看到的《詩經》，大概像"文革"時期人手一冊的"紅寶書"。但孔子對當時使用《詩經》的結果不很滿意，說："誦詩三百，授之以政，不達；使之四方，不能專對；雖多，亦奚以爲？"意思是說；把《詩經》讀得滾瓜爛熟，讓他去從政，卻弄得一塌糊塗；派他出使外國，又不能獨立談判應對，詩讀得再多，又有甚麼用？可見孔子是反對死讀書，而提倡學以致用的。所以現在又有人稱他爲教育家、思想家——這和以前稱他爲"至聖先師"的意思差不多。

849 大貪官的"聰明"

古往今來大貪官不是笨伯，而是很會作秀的聰明人。當今原江西省副省長胡長清，他貪得無厭，受賄成性，卻在家裏客廳上挂著"淡泊明志，寧靜致遠"的手書對聯，好像很有諸葛亮的遺風。當他被判處以極刑後，又口口聲聲對人說："對不起江西人民"。"錢是身外物，不義之財害死人"。好像由衷懺悔，深明大義的人物。當他臨上刑場，更還有好心情對法官說："我可以入史冊了，我是建國以來，被判死刑最高級的幹部。"好像永久擺不掉副省級的架勢，希望留名並得到別人的憐憫和同情。遺憾的是：他聰明一世，糊塗一時，留下的卻是臭名。

按：胡長清處決後，又有更高級——全國人大副委員長成克傑大貪官被處決。

850 文學可以殺人也可以救人

傳說：朱元璋在一次大戰後來到一間寺廟，和尚問其姓名，因恐暴露身份，即拿紙筆在壁間題詩一首：

> 殺退江南百萬兵，腰間寶劍血猶腥。
>
> 山僧並不知分曉，嘮嘮叨叨問姓名。

過了許多年，朱元璋打平天下，即位南京，忽然想起了這事，特派欽差去索尋。誰知早已被和尚刷掉了，記不起是首甚麼詩。但是假如交不出詩，那一廟的和尚就難保性命，正在急得團團轉的時候，有個寄寓廟中的書生出來解救，叫和尚拿來紙筆題詩一首：

> 御筆題詩不敢留，留時恐惹鬼神愁。
>
> 僧將法水輕輕洗，尚有龍光射斗牛。

將詩送交欽差帶回南京，朱元璋看了，龍心大悅，一廟和尚由此平安無事。

851 男作家的女性筆名

"五·四"前後，有許多男作家喜歡以女性名字作為筆名，郭沫若就曾用"安娥"（後來成為他日本夫人的名字），茅盾（沈雁冰）也曾用"四珍"、"冬芬"等等。還有不少在筆名下面加上"女士"的，例如茅盾用的"馮虛女士"，劉半農用的"范奴冬女士"，趙景琛用的"霞明女士"、"愛絲女士"，連老詩人柳亞子也曾以"松陵女士"筆名發表詩作。男作家用女性名字為筆名，各有其原因。有的想引人注意；有的想借此提倡女權和地位，不一而足。總之是當時文壇一種風氣，在文學史上應該記上一筆。

852 馮友蘭送文藻冰心結婚對聯

謝冰心與吳文藻結婚時，馮友蘭曾送一對聯道賀，聯名並及冰心著作，讀之真是蕩氣迴腸：

> 文藻傳春水，冰心歸玉壺。

853 題冰心畫像

1985 年，作家高莽題謝冰心的畫像詩，現在已成爲悼詞了：

> 二十世紀的風風雨雨，
> 百萬字的歷血路程，
> 撇下一片純真的愛，
> 摘下一串晶瑩的星。
> 小讀者，大讀者，老讀者——
> 在你的手繭上看見了沒有揉皺的心靈。

854 補記女狀元傅善祥

前記中國歷史上唯一女狀元傅善祥一則，尙多漏記，現在補上：當時殿試的門外貼有一聯：

> 太平世界男女同權應科舉；
> 天國春秋軍民協力斬頑妖。

這種打破千多年女子不能應試的做法，大快民心，足見洪秀全的男女平權思想。傅善祥字鸞史，淸·道光十二年（1832）生於金陵。1853 年天京建立，即應試成爲女狀元，初在楊秀淸（東王）麾下掌管政事文書，她辦事幹練認真，為人正直誠懇，深得東王賞識。到了 1856 年天京內訌東王歿，轉到天王府供職。1864 年七月十九日天京被清軍攻陷後，下落不明。

855 "中國是有辦法的"

近來社會上有許多使人側目的事發生，貪污腐化，酒色財氣等等屢禁不止，屢打不滅。有人大歎：舊的道德置棄，新的倫理尚未建立，惶惶然似乎不可救藥。其實，中國人歷來富於創造奮鬥的天性，永遠不墜追求美好生活的壯志，多的是起於草莽的英雄，不甘壓迫的豪傑，憂國憂民的志士和拋頭顱灑熱血的英烈……我們只要認識這一點，加上對今天黑暗面的警惕和對症下藥，便會對國家民族的未來興旺發達，產生堅定不移的信心！正如某名人說的："中國是有辦法的"

856 一首古民歌

中國的文學上有許多反話，往往愈見其對醜惡諷刺的力度。古時有一首民歌——《慷慨歌》，很能說透貪官污吏的本質，在今天讀來還有現實意義。但僅憑這樣的諷刺，把希望寄託在清官道德人品上，卻是不明智的，還須嚴密的法制和社會輿論的監督，才能真正澄清吏治，長治久安。民歌唱道：

貪吏不可為而可為，廉吏可為而不可為。貪吏不可為者，汙且卑；而可為者，子孫乘堅而策肥。廉吏可為者，高且潔；而不可為者，子孫衣單而食缺。君不見楚之令尹孫叔敖，生前思殖無分毫；一朝身沒家淩替，子孫丐棲蓬蒿。勸君勿學孫叔敖！

註：孫叔敖是楚國宰相，載《東周列國志》。

857 中國畫的題句

西洋畫很少題上文字，中國畫卻不然。古往今來，大多在畫上題句以表達思想感情，錦上添花，相得益彰。即是當代的漫畫家華君武、廖冰兄也不例外。清·鄭板橋（1693—1765）畫竹，就多題句，題得妙不可言，例如：

> 衙齋臥聽瀟瀟雨，疑是民間疾苦聲。
>
> 些小吾曹州縣吏，一枝一葉總關情。

這就寫出了鄭板橋"先天下之憂而憂"的心情和抱負。又：現代大師齊白石（1863—1957），曾用幾筆畫成的麻雀立於枝頭的國畫，題句云：

> 家雀家雀，東啄西剝；糧盡倉空，汝曹何著。

這顯然是他對當時舊社會剝削者的尖銳諷刺。

858 伴君如伴虎

"伴君如伴虎"古來如此。在春秋吳越爭霸時期，范蠡忠心耿耿為越王勾踐獻謀劃策，經過多年臥薪嘗膽的生聚教訓，終於擊敗吳王夫差。這時，范蠡鑒於伍子胥的前車，警悟到鳥盡弓藏、兔死狗烹的道理，急流勇退，淡出政壇，"下海"從商，囤積居奇，不久便成為富甲一方的"陶朱公"。這是他保持人生高峰的智慧。以後到了明初，富庶的江南，有一位大富翁沈萬山，卻很想與朝廷聯繫，獲得地位的尊榮，乘朱元璋要修南京城牆的機會，以"為國出力”爲名，一人承擔築城費用四分之一。以後還拿出鉅款勞軍。這樣的拍馬，竟拍出禍來了，朱元璋怒不可遏說：一個小小財主也越俎代庖，是何居心？下詔殺之。後來總算開恩，改爲充軍雲南，沒收家產了事。

859 值得注意的留學問題

報載：這些年來，在中國 100 個從 18 歲到 22 歲的青年學生，只有百分之三升上大學，世界平均水平是百分之十，而美國是百分之六十。又載：中國每年支出的教育經費一千億以上，僅次於經濟建設的經費。而名牌大學每年畢業生出國留學的約占總數百分之十五左右，北京大學清華大學每年就各有三四百名，大半去了美國。

又載：最近有人赴美考察回來寫道：矽谷集中了一大批中國工程師，約占總數四分之一。人們說：美國矽谷（科學城），沒有美國人不足爲奇，沒有中國人的高科技公司，則是罕見的。我們知道中國培養出來的拔尖留學生，是在國家投入巨大教育經費下，在全國最終篩選出來的，再加上千家萬戶的各項投入，可以說：每一個留學生都是用人民幣堆成的，但卻給美國人只用少量獎學金收走，爲他所用了。我們對此，是悲是喜？是失望是高興？

860 富豪林萬里的幽默

香港的億萬富翁林萬里，據說很天真、率直、幽默。他常說最喜歡美女，每天房間要換一個美女才睡得著。真是驚世駭俗，嚇人一跳。再聽下去，才知他的房間，每天要換張大千大師的美女圖，一天一次。他是廣東人，普通話說得不怎麼正確，問他有甚麼喜好？

他說最近迷上了"化石"，因此常去看新品種。眾人聽了不解，"化石"應是古生物，怎麼又有新品種？經人解釋，才知道"化石"是他的廣東普通話"花市"的變音。

861 郭沫若鼓舞落第學生

現在高考放榜，有人歡喜有人愁。記得有一年浙江定海有一女學生，經過三次高考落第，悲觀消極，無法解脫，便在筆記上寫一對聯：

年年失望年年望，處處難尋處處尋。

橫批是"春在哪里"。準備到普陀山自殺。這事有人傳到正好視察該地的郭沫若，郭便把對聯改為：

年年失望年年望，事事難成事事成。

橫批是"春在心中"。托人帶交給那位女學生，使她放棄了自殺的念頭。

862 貪官的八大特點

最近，《檢察日報》載有一篇小文說：貪官有八大特點：一是善於包裝自己。二是好色。三是怕老婆，怕情人，怕小偷。南京某區原人防辦主任吳緒，侵吞公款 20 萬元，還有其他貪污來的百多萬元，放在家裏怕露馬腳，怕賊來偷，整夜不能安睡，便準備了萬把元現金放在當眼的地方，希望小偷來時能滿意而歸，不致將他的老底全部翻開。四是多短命，或被判死刑，或憂抑成病，一命嗚呼，或為保護他人而自殺（如原北京副市長王寶森）。五是迷信。心事不敢對人言，不敢求助別人，爲了防這防那，只好去求神拜佛，算命卜卦，如深圳市原社會保險局長邱其海，一邊違法亂紀，一邊乞求神靈保佑，到了逢廟必燒香，見佛必磕頭的地步。六是大多出身貧苦，官之初性本廉，但當官久了就變質，如哈爾濱原副市長朱勝文，小時候連饅頭也沒有吃過，但到了做上副市長，卻在留醫時一次接受"慰問金"十多萬元。七是小氣，一毛不拔。原廣東汕頭市副市長馬紅妹，家裏買的生活必需品柴米油鹽等等也要開發票拿回去向公家報銷。八是一般都有作爲搖錢樹的嗜好，如胡長清、成克傑嗜好題字，又如河北省陽原縣原縣委書記張新政，酷好搓麻將，人稱"麻將書記"，一幫小人時常奉陪左右，故意輸錢給他，久之這些人都委以重任，成爲"麻將常委"。

863 成克傑的黑色幽默

原廣西壯族自治區主席、全國人大副委員長成克傑的死罪已定，真想不到這樣的大貪污犯竟有這麼多的黑色幽默：第一，他和其他大貪犯一樣好色——包二奶、情婦李平，而且年近花甲身居要職，猶不怕麻煩辛苦，做了雙眼皮的美容手術，真是好美之心，人皆有之。第二，他不顧中央文件規定不准幹部下基層拜年，竟於1995年春節帶著家屬到柳州、玉林、梧州一路拜年領取紅包，還說：我們當領導的難得春節在家和家人團聚，而基層幹部一年辛苦，我們又不能不前來表示慰問，所以我和家屬一起來了，既是家人團聚，又屬慰問基層，內外都團聚，實爲兩全之美。第三，他和原江西省副省長大貪胡長清同樣嗜好題字斂財，有一次他爲一家大酒店題五個大字，得酬金XX元，他在親信面前放風說：這位商家不懂題款的小字也是書法，，第二天酒店便又送來了 X 元紅包。第四，有一次他在電視臺講話：廣西還有 700 萬人未脫貧，我這個當主席的怎能睡得好呀？言猶在耳，他大貪的劣跡便曝光了……成克傑的幽默還有很多，使人聽了震驚，笑不起來。爲甚麼這麼大的貪官，卻能躲藏那麼長久？爲甚麼他能創造從大貪到自治區主席、全國人大副委員長的奇跡？爲甚麼……實在值得我們深思！

864 郁達夫為 "光餅" 題詩

福州有一種麥餅，圓形，大小如茶盅蓋。烤成黃色，中間有孔，名 "東征餅"，相傳是明·戚繼光到福建剿滅倭寇時發明的。餅中串以繩索，讓士兵繫在頸上作爲乾糧。福州一帶老百姓感激戚繼光保衛閩疆，爲民除害，便以他的名字稱這種餅爲 "光餅"，作爲紀念。1936 年，郁達夫（1896—1945）到福州，看見這餅很奇怪，問明原委後，深爲感慨，便買了許多用繩子串上，像當年戚家軍那樣繫在頸上，獨自跑到福州于山戚公祠憑吊，並寫詩題壁：

> 舉世盡聞不抵抗，輸他少保姓名揚。
>
> 四百年來陵谷變，而今麥餅尚稱光。

按：第二年 1937 年即爆發全面抗日戰爭。

865 補記聶紺弩軼聞

前記有關聶紺弩（1908—1987）軼聞多則，現在再補記一些：我記得抗日戰爭的 1938 年至 1941 年，他曾與夏衍、宋雲彬、秦似、邵荃麟等在桂林主編《野草》雜文期刊，風行全國，對社會壞現象毫不留情揭發。聶氏的雜文被視爲魯迅之後第一人。其次是唐弢。
而新文學家舊體詩寫得好的，除魯迅、郁達夫、田漢、郭沫若外，
聶氏也屬其中之一。在他歷年受政治運動磨折所寫的北大荒和有關
"文革"舊詩詞，更見深刻有新意。"**文章信口雌黃易，思想交心
坦白難**"，這真是名句，他寫得很多這樣的好詩。據夏衍生前說：
聶妻周穎（即常稱周婆）是一位很難得的人，對革命貢獻很大，對
聶氏照顧也很多，從不居功擺架子。

866 直譯的笑話

翻譯界有意譯和直譯的說法，曾鬧過一些笑話。廿世紀廿年代
趙景深先生把英語的天河、銀河（Milky Way）直譯爲"牛奶路"，
雖然意思不能算錯，但與中國習慣說法不同，所以遭到魯迅先生打
油詩的諷刺：

> 可憐織女星，化作馬郎婦。
>
> 烏鵲疑不來，迢迢牛奶路。

867 宮庭中的荒淫無恥

近年來影視劇裏描寫武則天的"男寵"薛懷義和張易之、張昌
宗兄弟，真是風光十足，威風八面。所謂"男寵"即古之"面首"，
這是封建時代宮庭中的產物。《宋書·前廢帝紀》有一則記載：

山陰公主淫恣過度，謂帝曰："妾與陛下，雖男女有殊，俱托
體先帝，陛下六宮萬數，而妾唯駙馬一人，事不均平，一何至此？"
帝乃爲公主置面首三十人。

按：前廢帝即南朝宋世祖劉駿之子劉子業，山陰公主即劉駿之

女劉楚玉。劉楚玉似與兄爭男女平等,實乃爭淫欲平等。中國歷史上竟有如此兄妹,又有如此記載,真是大出意外,想非虛構。

868 柯靈的美文

劇作家柯靈(1909—2000)也善寫散文、雜文,曾任上海《文匯報》、《新民晚報》副刊編輯。"文化大革命"期間,受批判、進牛棚,磨折不少。他的作品在海內外影響很大,他以雜文的形式驅遣憤怒,又以散文的形式抒發鬱結,把雜文的議論和散文的抒情水乳交融,使讀者有廣闊的欣賞空間。可鳥瞰,可平視,可凝眸,可遠眺,可瀏覽。他說:散文領域,時空無限;散文觸角,巨細不捐。高樓燈火,尋常巷陌,滾滾紅塵,奔來腕底。亂花迷眼,群鷗親人,大千世界,盡在懷抱。天之涯、地之角,泰山鴻毛,靈魂深處,神經末梢,無所不在……這些話道出了他對散文的審美觀。

869《成語小詞典》的修訂

"文化大革命"時期,所有認為有封、資、修嫌疑的東西都加以消滅,換上自己所需要的。當時出版一本曾經修訂的《成語小詞典》,就把原有的"真才實學"、"撥亂反正"等成語刪掉,大概是既然"知識越多越反動"成為革命口號,還要"真才實學"幹甚麼?既然提倡"造反有理,越亂越好",還要"撥亂反正"幹甚麼?還有更可笑的,把當時流行的"政治掛帥"、"大鳴大放"、"滅資興無"等等口語,也作為成語列入小詞典中,並加以註解,真是用心良苦。但也只能增加語言文字上的混亂,使人眼花繚亂。

870 掃除 "四人幫" 之後

十年的 "文化大革命"，已使人民陷入水深火熱之中，而 "四人幫" 更瘋狂地進行奪權，排除異己。葉劍英元帥等老將，經過深思熟慮，於 1976 年 10 月 6 日，不費一槍一彈，一舉掃除 "四人幫"，中國人民便進入撥亂反正、改革開放的春天。光陰如駛，忽然已過了 24 周年，猶憶當時全國人民歡欣雀躍，奔相走告的情緒，真也近於瘋狂，到處鞭炮鑼鼓齊鳴，歡聲笑語；許多城市不管是甚麼酒都搶購一空，舉杯慶祝。各種傳媒更以頭條新聞傳播，並有許多花邊消息加以渲染，其中有一則說："金秋十月正是蟹肥菊黃時節"，著名畫家黃永玉痛快淋漓地畫了一幅《捉蟹圖》，送給立下豐功偉績的葉劍英元帥，於是捉蟹、吃蟹成為時尚，而且指明要得到 "三公一母" 的肥蟹，以洩對 "四人幫" 的憤恨之氣。這些已成歷史的滄桑世事，正說明了 "得民心者昌，失民心者亡" 的道理。

871 "忠厚為無用之別名"

每年到了八月間，日本政要名人總有一些喊喊喳喳吵著要參拜 "靖國神社"，或者篡改當年侵略中國的歷史，很傷害中國人民的感情。因為中國人民對日本太好了，二戰以後沒有要求國際法庭給日本制裁，甚至沒有要求賠償。1972 年 9 月 2 日與日本恢復邦交之際，我們還是沒有索賠，當時日本主動提出賠償中國在日本侵華戰爭中的損失，而中方表示：為了中日兩國子孫萬代友好下去，決定不要這份賠償。當時有一位較有良知的日本學者井植薰曾寫過文章說："1894 年發生的清日戰爭，儘管戰爭還不足九個月，但作爲戰勝國的日本，講和時，不僅佔有臺灣、澎湖，還獲得二億兩白銀賠償，相當於當年稅收的四點八倍，靠這筆賠償，日本才得以實施金本位制，擴充軍備，推動產業革命，富國強民，實行大陸政策。假如在發表中日聯合聲明的 1972 年，日本要支付相當於當年稅收的四點八倍的賠款，那麼當在 50 兆日元，這筆帳也許一直要到孫子輩才能還淸……"我們是樂意寬恕的，但不能忘記歷史的慘痛。但願"忠厚是無用的別名"這句成語不會成爲現實。

872 科學與迷信

中國是文明古國，在古代科技歷史上寫過輝煌的篇章：四大發明、冶煉鋼鐵、鑿井術、絲綢、地動儀、麻醉劑、醫術、兵法等等。就在現代也有牛胰島素、超導體、正負電子對撞機、衛星回收技術等等。外國科學家曾說：現代世界賴以建立的基本發明創造，可能有一半以上來自中國。但也毋庸諱言，在中國人的思想文化積澱中，卻又有科學的對立面──迷信，而且還根深蒂固。比如迷信皇帝、聖賢；迷信天圓地方，中國是中心；迷信萬物有靈，有神鬼妖精等等；直到"文革"時期，還大造其神，以語錄當符咒，高呼萬壽無疆。更難以理解的是到了今天的廿一世紀，許多邪教還能大行其道，迷惑許多幹部和黨員，深深危害社會國家，難以肅淸。可見迷信是我們的大敵，永遠要加以反對，不能鬆懈。

873 兩頭不討好的胡適

　　自詡為"自由主義"的胡適（1891—1962），在大陸一向是照著"左"線劃為壞人、敵人而加以批判的。其實他在臺灣也不是人人稱為聖人，據說：1962年他病故時，曾有人送了這樣的挽聯：

　　　孟真死於鬧，今公死於噪，行在縱多才，何堪如此；

　　　共產既罵之，國人又罵之，容身無片土，天乎痛哉！

　　可見胡適是兩頭不討好的人物，做"好人"真也不容易。

　　按：孟真即是"五·四"運動時期學生領袖傅斯年（1896—1950）與胡適有師生關係。

874 魏巍的兩部作品

　　廿世紀50年代初，軍隊作家魏巍出了一本《誰是最可愛的人》，描寫中國人民志願軍各方面的最可愛的人，教育了一代人。最近他又出了一本《誰是最可恨的人》，集中了近一二年報刊上出現的廳局長一級的腐敗案件。我們對這類腐敗份子，雖然已經"司空見慣"，而且比廳局級更高層的省長、全國人大副委員長的貪污案件也不斷出現，但由魏巍這樣的老作家把這些最可恨的人寫出與50年前最可愛的人相對照的書，大概連魏巍先生本人也是出於意外而極富諷刺意味的。我們不是好打落水狗，而是這些最可恨的人並未一網打盡，網外遊弋者還多，而且還會在污泥濁水中孳生新的最可恨的人。過去我們總說"資產階級"糖衣炮彈襲擊革命同志，現在卻是"革命同志"主動找尋糖衣炮彈居多。我們對此不能一恨了之，而要認識之、揭發之、舉報之、鬥爭之，使他們無容身、孳生之地。

875 周瘦鵑因花而死

世界無時不在變化。現在我們的深圳市,已被譽爲 "花園城市" 了,廣州市也趕緊追上,似乎花越多越好。記得 "文化大革命" 時期,連花也遭劫。據說:無產階級是抓革命促生產的。唯有資產階級的老爺小姐才去弄花。張春橋有一次在上海群眾大會上公開點名曾任《申報》副刊編輯的文化名人周瘦鵑,說他在蘇州種花木弄盆景,許多造反派聞風而動,把周氏的花木盆景砸得蕩然無存,迫著這位愛花如命的老人跳井自殺,隨花神而早升天堂。這算是因花而死、以死抵抗邪惡的一位 "臭老九"。

876 老年雜感多

人到老年經過許多人生風雨後,難免產生唐詩中韋蘇州 "窗裏人將老,門前樹已秋"、白樂天 "樹初黃葉日,人欲白頭時"、司空曙 "雨中黃葉樹,燈下白頭人" 的淒淸寥落感慨,但只要不退志,努力奮爭,很可能得到 "病樹前頭萬木春" 的結局,即使難免 "白了少年頭",也很可能 "老樹春深更著花。"

人要老,是自然規律,誰也無法逃避。人到老年伴隨著的是對自己人生賬目的淸理。不了情、未了緣、萬千情結;人欠我、我欠人、人負我、我負人;得與失、成與敗、收入與付出,真是剪不斷、理還亂,無法理淸。只有思想不老,始終奮鬥,儘量把認爲不足的缺陷補救過來。 "走好人生最後的一圈" (蕭乾語),才真正能夠感到無悔無憾。

877 康熙的以德報怨

民族英雄鄭成功，於順治 18 年（1662）趕出荷蘭侵略者，收復臺灣，作為反清復明基地，不幸當年病逝，由其子鄭經、鄭克爽先後接任延平郡王共有 21 年，與清朝對抗。到了康熙登極後，欲謀和平統一臺灣，曾有 1662 年、1666 年、1668 年三次比較突出的和談，但鄭經兄弟拖延。一直等待到十五年後的 1683 年，才決心以戰逼和，鄭克爽終於歸順。康熙寬大為懷，對鄭部加官晉爵，恩准鄭成功遺骨遷葬福建南安故土，並親書輓聯：

　　　四鎮多二心，兩島屯師，敢向東南爭半壁；

　　　諸王無寸土，一隅抗志，方知海外有孤忠。

上聯是說：清軍入關後，明朝各鎮總兵臨危心變，唯有鄭成功因守廈門、金門，又揮師北伐，直搗南京，震動東南。下聯是說：南明諸王相繼覆沒，鄭成功猶反清複明，東征臺灣作為根據。整聯盛讚鄭成功"孤忠"勇毅，可謂英雄惜英雄，以德報怨，十足表現收攬民心、緩和民族矛盾的良苦用心。

878 諸葛亮的《誡子書》

我們讀《三國演義》知道諸葛亮之子諸葛瞻在魏將鄧艾攻取蜀國，逼他投降時，他怒斬來使，誓死抵抗，最終壯烈犧牲，年僅 37 歲；而劉備之子劉禪卻稱臣降魏，受封為"安樂公"，竟至"樂不思蜀"。這兩人的父輩，都是英雄豪傑，但兩人的為人行事卻迥然不同，論者認為這完全是家庭教育和社會地位不同的緣故。諸葛亮有《誡子書》，全文不到百字，簡潔明瞭，樸素情摯，語重心長，感人至深，使諸葛瞻朝警夕惕，得到很好的修養，而劉禪則養尊處優，淫慢險躁，不能勵精。在今天說來，《誡子書》還有其現實意義，抄錄如下：

夫君子之行，靜以養身，儉以養德。非澹泊無以明志，非寧靜無以致遠。夫學須靜也，才須學也，非學無以廣才，非志無以成學，淫慢則不能勵精，險躁則不能治性。年與時馳，意與日去，遂成枯落。多不接世，悲守窮廬，將復何及！

879 胡適的著作捲土重來大陸

人世間的是非功過、真理謬誤，是要經過時間的考驗，才能辨別清楚的。胡適被批判為"帝國主義走狗"至今，已有五六十年，說得無一是處。現在雖然沒有公開對他平反，但 1998 年北京社會科學院文學所的胡明編輯的《胡適精品集》十六冊，又歐陽哲生主編、北京大學出版社出版的《胡適文集》十二冊，以及其他許多有關胡適的著作，紛紛出現，已可以看出胡適在大陸的形象已有了好的轉變。特別是《胡適精品集》的封套印上"現代中國的文化宗師、當今孔子"等字樣，雖然這只能說是書商的廣告用語，但多少還是反映了這一轉變的軌跡。應該說是可喜的現象。

880 楊絳替《圍城》寫插詩

夫婦同是作家，志同道合，互相支援幫助創作，是很使人羨慕的。現代最著名的就有蕭乾（1910—1999）文潔若夫婦、錢鍾書（1910—1998）楊絳夫婦。錢鍾書的名著《圍城》那幾首白話詩，就是楊絳替他寫的。若不是他們自己說穿，讀者完全看不出來。第三章中的一首如下：

　難道我監禁你？還是你霸佔我？你闖進我的心，關上門又扭上鎖。丟了鎖上的鑰匙，是我，也許你自己。從此無法開門，永遠，你關在我心裏。

881 李敖是臺灣最快樂的作家

　前記有臺灣作家李敖和胡茵夢離婚的一則，據報刊報導他是今年諾貝爾文學獎申請人之一，他一向很自信，自詡是文學家、思想家、詩人、歷史學家等等，他曾對人說過："如果又想看書，又想節約時間，只要看我一個人的書就可以了。"真使人瞠目結舌，歎為觀止。有人評論他獨來獨往，言而無忌。想罵誰就罵誰，是一位敢愛敢恨富於個性的現代人，既沒有上司，也沒有朋友，一筆在手，六親不認，是臺灣最快樂的作家。可惜他希望的今年諾貝爾文學獎又吹了。

882 解縉又一次顯露詩才

　明初翰林學士解縉（1369—1415）很得明太祖朱元璋的喜愛和信任，後來主持《永樂大典》，堪稱一代雄才。有一次他和朱元璋一起釣魚，朱元璋老半天還沒有釣上一尾，便又要一試解縉的捷才，叫他作詩解惑，解縉稍加思索吟道：

　　　　數尺絲綸落水中，金鉤拋去永無蹤。

　　　　凡魚不敢朝天子，萬歲君王只釣龍。

　朱元璋聽了，自然又龍顏大悅。解縉不愧是拍馬屁大師。

883 吳大猷的幽默風趣

臺灣前中央研究院長吳大猷（1907—2000）是著名的物理學家，廣東肇慶人。他除了學術上有很大貢獻外，平時待人接物也像老頑童那樣幽默風趣，直率不拘，使人喜歡。他一生清廉，淡泊名利，很討厭別人向他吹牛拍馬。有一次，一個中學教師帶著風水先生去探望他，那教師對他和風水先生左一個大師、右一個大師的稱呼，他聽得很厭煩，便對教師說：你滿口都是大師，這裏卻沒有一個大師，我想你大概走錯了地方，看錯了物件。很使那位教師難堪。又有一次當他八十九歲生日那天，某大官叫人送來花籃要吳大猷簽收，一看上面寫著吳大猶，吳對送花籃的人說：這裏沒有吳大猶。送花籃的說：你不就是吳大猷先生嗎？吳說：不錯，這裏面有吳大猷，但不是花籃上的名字，請改正後再送來。還有，近年來臺灣有"檳榔西施"之稱，吳大猷不解，有位記者解釋說：因爲賣檳榔的小姐美如西施，所以稱爲"檳榔西施"。吳聽了不以爲然，說：在古代西施是個美如天仙的姑娘，而賣檳榔小姐卻大半化妝得妖豔可怕，怎能與西施相比？應該改稱爲"檳榔慈禧"或"檳榔武則天"才對。

884 藍翎談書

愛讀書的人總是愛書的，真是惜書如金，或者比金有過之。作家藍翎曾說：書之於讀書人，有如寶刀、名劍之於武士，得之樂陶陶，失之惜惶惶。又說：書好像是知識份子的"通靈寶玉"，一旦失之，便神不守舍，本性癡迷；若再得之，則魂魄歸竅，歡如雀躍。

885 陳立夫的長壽之道

陳立夫先生的生平人盡皆知。他出生於 1899 年，走過一個世紀的風雲之路。當他百歲壽誕時，曾發表一篇《我怎麼會活到一百歲》長文，談他的長壽之道，概括起來有十二句話：

養身在動，養心在靜。飲食有節，起居有時。物熟始食，水沸始飲。多食疏菜，少食肉類。頭部宜冷，足部宜熱。知足常樂，無求乃安。

886 蘇雪林小史

1999 年上半年，大陸的謝冰心、蕭乾，臺灣的蘇雪林相繼去世，不知道大洋彼岸舊金山的謝冰瑩怎樣？"五·四"時期的作家剩下的不多了。蘇雪林（1897—1999）安徽黃山市人，曾留學法國，是中國當代最長壽的作家。著作已出版的有五十本以上，多為散文，讀之有如舊友重逢，促膝談心的親切感。她對楚辭、唐詩也很有研究，另有專著。她一百零三歲時，還回安徽故鄉探親，登上黃山，完成了她夢魂縈繞的壯舉。她對魯迅、郁達夫曾有過不敬的批評，到臺灣後任成功大學教授，桃李滿天下，更"右"得驚人，只要有人與"左"沾邊，就反對到底。她於 1925 年與自幼訂婚的留美工程師張寶齡結婚，後來她去了臺灣一直獨身，張留在大陸，1960 年病逝於北京。據說：她們夫婦同任武漢大學教授時，一晚同在校園散步，她看見一輪明月掛在天邊，忍不住讚歎：今晚月亮好圓好美啊！張漫然應之：那有什麼，我用圓規畫得比它更圓……從這裏可以看到她們夫婦不合拍的感情，難怪不能白頭偕老了。

887 陶行知詩諷胡適

胡適（1891—1962）和陶行知（1891—1946）都是安徽人，又都是知名的留學美國、杜威的學生。但兩人的教育思想不同，胡適認爲中國的民族性是貪、弱、愚、私、亂，中國的教育應從這五個方面著手；而陶行知則認爲中國貧弱的根源是帝國主義，中國應該進行反帝愛國教育。陶曾以詩諷胡：

> 明於考古，昧於知今。捉著五個小鬼，放走一個大妖精。

　　註："五個小鬼"即胡適所說的貪、弱、愚、私、亂；一個大妖精就是帝國主義。

888 詠太平天國諸王詩

太平天國是中國近代的一場悲劇，雖然有其歷史的局限性和必然性，但總是使人感到許多遺憾。近日讀到時人寫的詠史七絕詩，很有同感，乃記了下來。第一首詠天王洪秀全，第二首詠翼王石達開，第三首詠忠王李秀成：

> 駐驛江寧失運籌，金田初志黯然收；
> 龍飛不跨黃河去，南面如何擁九州。

> 十萬貔貅去不回，金陵內難事堪哀；
> 而今大渡河中水，猶自蒼涼拍岸來。

> 百戰艱難失帝京，風檐絕筆淚如傾；

一從古事今為用，六月飛霜總不平。

889 抗戰時期的國民參政會

抗日戰爭時期的"國民參政會"，是一個團結全國力量，集中全國思慮與識見，以利於國策的決定與推行的民意參議機關。於 1938 年七月六日在漢口召開第一屆第一次會議，參政員共有二百人，包括各黨派和無黨無派各界各階層的代表人士。當時《大公報》的總編輯張季鸞（1888—1941）也是其中之一。他代蔣介石起草《抗戰周年紀念告全國軍民書》，內有"國家至上，民族至上，軍事第一，勝利第一"四個口號，意思是要一切議論和行動，完全以"國家至上，民族至上"為前提，以"軍事第一，勝利第一"為目標。以後"國民參政會"第一屆第三次會議在重慶召開，張季鸞又為蔣介石起草《國民精神總動員綱領》報告，其中在四個口號下又由號稱蔣介石文膽的陳布雷加多"意志集中，力量集中"二個口號。這六個口號得到連毛澤東在內的全國人民首肯。可以說這給抗戰勝利調動了最大的精神和物質力量，我至今記憶猶新。不幸的是張季鸞這位愛國民主人士卻於 1941 年病逝於重慶山城，未及親眼看到抗日的勝利。

890 江青的作秀

江青出身於上海電影界，作秀是她的內行。我至今還記得在她得意時期，無論到哪里，都要大造聲勢對人說："我代表毛主席看你們來了！"據說：其實十有八九是拉大旗做虎皮，藉以抬高自己或者嚇唬人的。直到今天，一想起她這句口頭禪，便彷彿如聞其聲，如見其人，避之則吉。真想不到像她這樣的人竟能呼風喚雨，攪亂天下許多年！

891 錢玄同的功績

當"五‧四"運動時期，胡適、陳獨秀等人發動文化革命，最先回應的是錢玄同（1887—1939），他喊出打倒"桐城謬種，道學妖孽"的口號，震驚一時。第一個使用白話文的也是他。此外，他還提倡改革應用文，去掉書信的繁文褥節、客套款式。還主張用西元紀年，數目字改用阿拉伯字，行文左行橫排……這些符合歷史和人民需要的措施，都是"五‧四"文化革命的內容，至今為我們所享用。當時魯迅受他的影響很大，讚歎他是戰士、前驅、勇士。遺憾的是他以後沒有再繼續前進，漸漸落後，到了抗日戰爭時期，竟默默無聞死在淪陷區裏。但無論如何，他在"五‧四"文化革命的功績，正像劉半農一樣，是很值得我們紀念的。

892 太平天國的成敗

前記有時人詠太平天國諸王的詩。我們一向對太平天國的起義，是視為農民革命運動的。它點燃了人民對清廷腐敗專制的統治和屈辱於列強侵略的怒火，很有一些深得民心的措施，如禁鴉片、禁婦女纏足、婦女可以參加科舉、軍人待遇平均、人人皆兄弟姊妹、交出財物歸入聖庫等等。因此一起義便迅速發展到人馬五十萬，二年多點時間攻入南京，震動全國，更震動清廷。但他們的自私、狹隘、保守、破壞的特性卻很利害，一到南京便與人民群眾脫離，大造王府，儲藏大批財產美女，享樂腐化，不思進取，只派了林鳳翔一班人馬北伐，孤軍直入，怎能不被清軍消滅？特別洪秀全似乎已變成了精神失常的邪教主，疑忌萬端，勾心鬥角，爭權奪利，內訌殺伐，誅殺楊秀清一族就牽連一二萬人。簡直是政治上昏庸無能，剛愎自用；軍事上一竅不通，毫無指揮能力；生活上荒淫無恥，不知民困，組織上用人唯親，妒賢嫉能……這樣還能不在起義後十四年垮臺嗎？太平天國的成敗，真是值得我們好好研究體會！倒不是一句"不能以成敗論英雄"了得。

893 可敬的大學者——于光遠

當代經濟學家、哲學家、社會學家、85歲的于光遠先生，身體還很壯健，胸前掛著三副眼鏡，近視、遠視、專門看網路的都有。近年他寫的東西很廣泛，包括雜文、散文、詩詞等等，而且都很精彩，讀者眾多。最近他自刻閑章："于光遠是文學新人"。他常對人說：我們要提高自己的文化意識，文化是可以傳播開來，傳承下去的人類優秀創造物，又可以積累不斷豐富像財富一樣的東西。我們要珍視和發揮這一財富的功用。我很佩服這位經過"文化大革命"許多磨折，永遠隨時代前進的大學者。

894 林語堂談偶像崇拜

曾寫有自勉聯"兩腳踏中西文化，一心學今古文章"的林語堂（1895—1976），一向風流倜儻，大講性靈，講究"生活的藝術"，長期受到左翼作家的批判，但他始終我行我素，不為所動。在他晚年所著自傳體《信仰之旅》一書，還有這樣的警句："我相信崇拜某些東西的本能，是在每一個人之中……甚至無神社會也是有崇拜

的，如莫斯科、北京……唯一的分別是新的神祇、新的教條、新的
異端及新的祈禱，已代替了那些舊的，這就是近代國家中的偶像崇
拜。"只可惜當時中國聽不到這類逆耳的言論，不幸被言中，導致
了一場史無前例的"文化大革命"的悲劇，使中國倒退了若干年，
遭受到難以估計的損失。

895 坦蕩蕩的邵燕祥

當代詩人、雜文家邵燕祥，人品極佳，同是雜文家舒展曾概而
言之三個字"夠朋友"。他曾把歷次政治運動中寫下的檢討交待和
所謂揭發批判材料彙編出版一本《人生敗筆》，流行一時。他還有一
篇《答〈時代青年〉十問》，當回答"你有甚麼煩惱"時，他說："想
做的事不能做或勞而無功；眼看著冤獄都不能伸張正義；眼看著人
民疾苦和腐敗蔓延而無能為力；只不過說幾句真話，卻又不能發
表。"像上述這樣的作家，怎能不早早被劃為"右派份子"，受到
無窮無盡莫明其妙的折磨？

896 洪仁玕小史

太平天國後期的洪仁玕（1822—1864）是洪秀全的同鄉，也是
屢考不中的知識份子。1851年1月11日洪秀全等在廣西金田村起義
時，他曾試圖追隨，因清軍追查嚴密折回家鄉。後來曾兩次前往香
港，共住了四年多，看見香港英國殖民者施行的一切西洋新政，極
為感動，得到全新的記憶與認知。1859年他第二次離開香港，終於
到達天京。當時已是洪楊內訌之後，洪秀全委以重任---精忠軍師、

幹王、總理朝政。他參照西法銳意改革，推出新政，寫成《資政新篇》期望重鑄洪秀全的天王專政的封建模式，並擬採用天朝田畝制度剷除土地私有，學習資本主義一切措施，如提倡科技教育、建造火車、輪船、鐵路公路、開發礦產、鹽業、郵政、水利、銀行、保險、醫院以及各種福利事業等等。其模式要比洋務派李鴻章等人的還要前進。可惜正如 1860 年中國最早留美學生容閎在天京觀察時所說的：太平天國高層官員中，只有洪仁玕是具有近代化改革和建設思想的人才。加上當時正處在嚴酷的戰爭環境和內部腐化沒落、人心渙散中，搖搖欲墜的太平天國大廈，已不是他一個人獨立支撐得了。果然，1864 年 7 月，天京陷落，洪仁玕帶著幼主南逃，10 月在江西石城被清軍捕獲，旋即在南昌從容就義，年僅 42 歲。一個政治上的巨星，和軍事上的的巨星翼王石達開、忠王李秀成、英王陳玉成等先後殞落，長使後人歎息、欽仰！

897 洪仁玕一首遺詩

1854 年洪仁玕第一次自香港赴天京，中途受阻折回，感慨萬千，賦詩抒懷，很可見他的英雄氣概和詩文功底：

> 船帆如箭鬥狂濤，風力相隨志更豪。
> 海作疆場波作陣，浪翻星月影髻旄。
> 雄驅島嶼飛千里，怒戰貔貅走元鰲。
> 四日凱旋欣奏捷，軍聲十萬尚嘈嘈。

898 "我的朋友胡適之"由來

抗戰時期的 1938 年至 1942 年，胡適曾任中國駐美國大使。他人望之隆，才名之高，只要看他的取得全世界許多有名學府的名譽博士學位 34 個，連同他正式的博士學位共 35 個，便可知道。真像李白稱譽的韓荊州那樣震撼人們的大人物。一次，剛當選美國眾議員的芝加哥大學史密斯教授，應胡大使之宴，爲表示友好，史密斯鄭重地對胡說：今後我若去貴國觀光，第一個要拜訪的就是我的朋友胡適之，請問大使先生，現在胡適博士在中國甚麼地方？以致引起哄堂大笑，原因是史氏久聞其名，卻未謀面，故有此趣話。從此"我的朋友胡適之"這句話便在廿世紀三、四十年代傳開了。林語堂主編的《論語》雜誌，每期首頁的社員戒條便有一條是反對這句話以自炫的。

899 中山陵的設計監理工程師

南京紫金山中山陵墓和陵園，恢宏壯麗，贏得前往瞻仰者的不絕讚許。它的設計和監理工程師就是劉寶鍔。

劉寶鍔（1883—1952）陝西漢中市洋縣人，幼年隨在外做知縣、知府大官的祖父到上海求學，畢業於上海南洋公學（現在的交通大學），參加同盟會，後留學美國。1913 年回國在陝西任教育和鐵道局長等職。後到南京，主持華北各項水利工程，並任南京水利學校的教習、教務長等職，培養了不少水利人才。1926 年受聘爲中山陵園設計監理工程師。從此名聲大噪、設計監理許多大工程。他和中國近代著名科學家李四光、竺可楨、丁文江、翁文灝、李祉儀等同是"中國科學社"成員。

900 沈從文的幽默

1966 年至 1976 年的所謂 "文化大革命" 真不知道有多少人莫明其妙被打翻在地還踏上一隻腳，受盡人間少有的淩辱。有的忍受不了，便像老舍那樣含恨自殺，形成千古奇冤。和老舍同是老作家的沈從文，也被當時他工作的單位歷史博物館的造反派打成 "牛鬼蛇神"。一次，造反派的紅衛兵強逼他去婦女廁所，對此，他只好心裏以 "阿Q精神" 自我安慰對待："這是造反派領導和革命小將對我的信任，雖然我政治上不可靠但道德上可靠……" 這話聽起來很幽默，但無法引起會心的微笑。不難看出沈從文當時的艱難處境和被淩辱的痛苦與無奈，他能夠這樣忍受，畢竟渡過了難關，待到雲開見日、"四人幫" 覆沒後多年才病逝。

901 陳李濟製藥廠

廣州是建立於二千多年前的文化名城，留下的文物古蹟、傳奇掌故很多，無論哪條街道都值得你去流連體味追尋。現在被稱為老字號的 "陳李濟製藥廠" 的來頭，就很應該一記：

且說四百年前的明朝萬曆廿七年（1600）歲末，商人陳體全從南海乘船返廣州，匆忙中把剛收到的貨款遺落在船上，同船的李升佐拾到這筆款，整日在碼頭上守候失主，終於一分不少交回陳體全。陳想厚酬被拒，後知李在廣州經營一間中藥鋪，便提出以遺款半數投資。於是寓意陳李兩人同心濟世的 "陳李濟" 招牌，便在廣州上南門，即今天的北京路 194 號高高掛起，一直生產各種中成藥行銷於世，得到很好的信譽。

902 英國科學史家李約瑟

在中外文化交流史上，有些外國文化名人酷愛中國文化，取了中國名字，並爲中外文化交流作出貢獻。例如義大利著名畫家郎世寧（1688—1766）是清‧康熙年間來到北京工作的宮廷畫家；美國女作家賽珍珠（1892—1973），是以描寫中國農村生活《大地》一書獲得諾貝爾文學獎的等等。還有著名的李約瑟（1900—1995）是英國的科學史家，他立志要把西元三世紀到十三世紀這一千年的中國文化科學成就介紹到全世界。著有《中國科學技術史》輝煌巨著。李約瑟很讚賞中國古代道家對科學文化的貢獻，因而他以中國道家創始人李耳（老子）的姓爲姓，並取字"丹耀"，號"十宿道人"，無不聯繫著道家的精神，可見他對中國文化科技研究和熱愛，是中國人民的朋友。

903 漠視官場的袁克文

袁世凱的二公子袁克文字寒雲（1889—1931），不像他的大哥袁克定那樣官迷心竅，幫助老袁稱帝。他是三姨太朝鮮人金氏所生，聰明睿智，善詩詞書畫戲劇，風流倜儻，豪俠仗義。當章太炎在中南海新華門口痛斥袁世凱陰謀稱帝，路人引爲笑談，致被軟禁在龍泉寺時，袁克文聞訊抱著一床絲綢棉被送給章老先生禦寒，章不語，只是點燃一支香煙不住往嘴裏送，而在這棉被上燒了十多個洞，濃煙四起，把它扔出去，大呼"拿走"。克文同情太炎受難，太炎不受克文憐憫，兩者的品德情操，都爲後人所稱道。1916 年袁世凱死後，克文靠賣字畫爲生，醇酒美人，瀟灑閒散，曹錕、張作霖這些袁世凱故舊，曾伸援手請他去領一份乾薪，他置之不理。1931 年克文病死天津，送葬者五千餘人，各階層人士都有，京、津、滬各地的親朋故舊聞訊而至，扶棺痛哭失聲，更有一百多淡妝素服的女人隊伍相送，可見克文生前爲人之得人心，也可見人們對是非善惡畢竟是心中有數的。

904 美國電視連續劇《猴王》

中國四大古典名著、吳承恩著的《西遊記》，經過許多電影，電視連續劇的改編和譯成外文，風行世界，得到好評。最近美國一家電視臺也以《西遊記》的故事改成電視連續劇，名爲《猴王》，將于明年（2001）播放。據外電報導：此劇仍以孫悟空、豬八戒、沙僧、唐三藏、觀世音等爲主角，但演員都是洋人，而且還把正兒八經的唐三藏進入情網，與觀世音勾勾搭搭，當作現代普通人物的愛情處理。我想：假如這事給好色之徒豬八戒知道了，將有甚麼反響？戲又如何演下去？洋人有些做法，真是妙想天開，使人啼笑皆非。

905 "陳李濟製藥廠" 續聞

前記有廣州陳李濟製藥廠歷史一則，現在再記該廠曾有一位司理李朗如先生。李氏爲同盟會員，曾隨孫中山先生革命，任侍衛隊長。陳炯明叛變時，孫中山蒙難觀音山，李朗如率隊冒死救出至白鵝潭軍艦上，旋即把叛亂平息。因此李氏與宋慶齡、何香凝等交情甚深，常送陳李濟成藥以防治疾病，傳爲佳話。李氏在中共政權成立後曾任廣州市副市長，六十年代初逝世。

906 喬大壯撰聯諷 "國大代表"

民國初年與魯迅同在教育部任僉事的喬大壯，後來也歷任大學教授，是一位熱愛國家，性情剛直耿介的學者。抗戰勝利後，他目睹當時政府腐敗無能，爭權奪利，熱衷內戰，不顧民生，乃針對南京 "國民大會堂" 的建立，撰聯以諷之：

費國民血汗已幾億？

集天下混蛋於一堂。

其憤恨之情溢於言表。但以 "混蛋" 一詞概括所有 "國大代表" 無乃太過？

907 今年的諾貝爾文學獎得主

今年（2000）的諾貝爾文學獎，據報載中國大陸和臺灣申報了巴金、王蒙、李敖等人為候選人。現在已公佈該獎授予法籍華人高行健。高氏 1940 年出生於江西省，1987 年到外國，其他情況不詳。中國作家協會對此向新華社記者發表談話：中國有許多優秀文學作品和作家，但諾貝爾文學獎評委會並不瞭解。看來該獎不是從文學角度評定，實質上已被用作政治目的，失去了權威性……由此我想起了 1968 年所傳老舍原已評定為諾貝爾文學獎得主，因發現早於 1966 年自殺逝世，改授予日本作家這件事，未必是事實。百年來除了幾個外籍華人得過諾貝爾各種獎項外，確實並無一個中國人沾邊，我們不是吃不到葡萄，便說葡萄是酸的，而是應該深刻反思自己的缺失加以補救。否則永遠與諾貝爾獎無緣。

908 歷史上的皇帝

我們學習歷史，大概可以得出這樣的結論：歷代皇帝愈是雄才大略、英明果斷，便愈是狠毒、殘忍、猜疑、陰險、口是心非、口蜜腹劍。秦始皇固無論矣，即如漢高祖劉邦，連他的尊大人的肉，也可以"分一杯羹"；唐太宗李世民，連他的親兄弟李建成、李元吉也照殺不誤；宋太宗趙光義，也有"斧聲燭影"的疑案，親兄趙匡胤多半是他親手幹掉的。父子兄弟之親，為了一襲龍袍尚且下得毒手，何況是外人？至於那占父妾子媳的荒唐淫亂、傷天害理的事，那更屬平常了。所謂外人，就是那些與皇帝打天下坐江山的幫忙幫閑、功臣愛將，因為皇帝心懷猜忌，怕他們算計，搶奪龍位，那只好藉故大殺一場，才感到心安理得。韓信之死，就是因為"功高震主"。明太祖朱元璋殺的功臣愛將更多。至於一些文人，本來對皇帝無甚威脅，最多也不過發點牢騷，說點怪話，但總覺得是雜音，不太順耳，便也把他們收拾乾淨。近人如沒有做成"紅都女皇"的"旗手"，她殺人整人還另有原因，就是怕曝露自己不光彩的東西，影響形象，凡是知她底細的人都非除去不可，假如當年唐訥尚在大陸，我想早已見上帝了。總之，皇帝權威在手，愛怎麼就怎麼，歷史就是記載這些事跡的。

909 流沙河的諧聯

川籍著名詩人流沙河，經過幾十年的"右派"待遇，正如他自己說的"歷盡滄桑身猶在，重過黃梁夢已無"，剩下的是性情諧謔，風趣幽默。有一年，恰逢夏曆癸酉殘冬，轉眼即到甲戌新春，他的鄰人照例請他書寫春聯，他想起酉屬雞，戌屬狗，便很快揮毫寫成：

蛋打雞飛去，骨丟狗跑來。

交給鄰人。這副春聯巧借生肖，詼諧風趣，詞句淺白，琅琅上口，婦孺皆懂，而且平仄穩妥，對仗工整，堪稱妙品。我記得他還寫過一副描寫文學生涯的自嘲聯：

短短長長，寫些湊湊拼拼句；
多多少少，掙點零零碎碎錢。

上聯是自謙寫作詩文是拼湊得來的，下聯是說辛苦得來的稿費，不像時下歌星舞星那樣一登臺就是五六位數字的酬金，真是"喉嚨鬆一鬆，勝過十年工"。用的詞句多是疊詞，同樣淺白易懂，幽默風趣，很有韻味，又飽含辛酸。

910 許地山悼魯迅佚聯

　　魯迅先生（1881—1936）於 1927 年 2 月間，先後到英國統治下的香港青年會作演講二次：《無聲的中國》、《老調子已經唱完》。以後還寫過有關香港的雜文好幾篇，感動了香港的熱血青年。1936 年 10 月 19 日他在上海病逝，香港文化界和全世界同樣震驚哀痛，11 月 1 日由香港大學教授許地山（落花生）在陳君葆協助下，舉行一次香港最早的魯迅追悼會，參加者 30 多人，許地山還寫了一副挽聯：

青眼觀人，白眼觀世，一去塵寰，靈犀頓暗；
熱心做事，冷心做文，長留海宇，鋒刃猶銛。

　　這聯在魯迅紀念文集未有收入，是在陳君葆日記中抄下的，也算是重要的文學史料。

911 陳君葆其人其事

陳君葆（1898—1982）也是香港大學教授、著名學者，曾得到柳亞子（1887—1958）的器重，以蕭何、蘇武、馬融、阮籍等古人比擬。他對魯迅很仰慕敬愛，魯迅逝世後，每年都參加香港文化界舉辦的紀念與學習活動。更值得稱道的是1949年10月19日魯迅逝世13周年他的日記裏記著：「魯迅紀念會今晚在家裏開，到場30多人（按：當時在香港能召集30多人開紀念會，已屬難得），坐滿了一屋子，幾乎沒有隙地。開會時大家先向我書櫃上的魯迅像靜默三分鐘，然後才由我致開會詞，略說紀念的三點意義。跟著張光宇、馬國亮、廖冰兄、陳殘雲他們都分別講過了，馬先生早些回去了，其餘的文友到十一點才散去……」

這也是重要的文學史料，張光宇等都是當代文學藝術界的著名人物，當時適在香港，但對此事竟也全然忘記了。

912 中國與奧運會

2000年九月，27屆奧運會在澳大利亞雪梨舉行，中國健兒共奪取了28塊金牌，居第三位，為中華民族爭了光，我們很應該回首中國與奧運會有關最早的歷史。

1894年國際奧會成立，以後曾邀請當時的清政府派隊參加1896年在希臘雅典舉行的第一屆奧運會，清政府置之不理。1922年中國大學校長王正廷被選為國際奧會委員，1924年中國政府正式與國際奧會建立了聯繫。由於當時內憂外患，政府不重視體育運動和缺少人才，1924年和1928年的第八、九屆奧運會都沒有派人參加，只在第九屆派了一位觀察員前往荷蘭阿姆斯特丹參觀。到了1932年，第十屆奧運會在美國洛杉磯舉行，中國還是不準備參加，後來為了排除僞滿州國，才由王正廷、張伯苓等人四處奔走呼號，終使國際奧會取消僞滿，接納中國，粉碎了日僞的陰謀，由張學良個人出資八千銀元，送大連人短跑選手劉長春及其教練宋君復前往洛杉磯。雖然只有一位選手與四億人口大國不相適應，而且沒有取得獎牌，但從此中國選手開始踏進了國際奧運會的比賽場，使中國體育運動在國際大賽佔有一席地，也算不錯了。其後派了 78 名運動員參加 1936 年第十一屆奧運會，派 53 名運動員參加 1948 年第十四屆奧運會，都是背著"鴨蛋"回來。1949 年新中國成立後，體育事業才蒸蒸日上，有了今天輝煌的成就。

913 廣州為甚麼那麼快失陷？

1938 年 10 月 21 日 14 時，日本三千多機械化部隊侵入廣州，未遇多大抵抗，只在廣花公路的龍眼洞一帶與我軍小有接觸，我的一位族兄魏耀漢，當時任獨九旅特務營中校營長，就是在這次小接觸中英勇為國犧牲的。此前日本攻佔上海費時三個月，隨著以十五萬人馬費時一個月攻佔南京，進行大屠殺。江南是平原地帶，無險可守，利於日本的機械化部隊作戰，而惠陽、淡水一帶卻丘陵起伏，而且有一定的防禦工事，為甚麼日軍於 12 日晨在大亞灣登陸，只用十天時間便進佔廣州？實在大出中外人士意外！當時人們除了用"余漢無謀，莫希無德"的歌謠抒憤外，實在難以找出原因。這事距離現在已有 60 多年，不說也罷。

914 謙虛求進步的冰心

已故的冰心先生是以愛心聞名於世的，讀她的作品，好像有一隻溫暖的手撫摩著心靈的創傷。因為她愛得深愛得無私，往往又感到冷峻、火辣、犀利。這大概就是愛之愈深責之愈切吧。她在晚年寫的許多文章，都是向大家獻上紅心，希望國家富強、社會進步、人民幸福的。90 年代初福州市成立"冰心研究會"，她寫了一封簡短的信給研究會的同人：

研究是一個科學的名詞，科學的態度是嚴肅的、客觀的、細微的、深入的，容不得半點私情。研究者像一位握著尖利的手術刀的生物學家，對於他手底待剖的生物，冷靜沈著地將健全的部分和殘廢的部份，分割了出來，放在解剖桌上，對學生詳細解說，讓他們好好學習。

我將以待剖者的身份，靜待解剖的結果來改正自己。

冰心，1992 年 12 月 22 日陽光滿案之晨。

這樣一位 93 歲高齡的文壇泰斗，竟然寫出這樣謙虛的信，而且此前還對舒乙說："你們要成立研究會，千萬別只說好話，我不願意聽恭維話，我需要進步，需要別人不斷地給我指出缺點、不足。"冰心就是這樣的人，她永遠活在人們心中。

915 中國人民志願軍戰歌

1950 年 10 月，我們的國力還很薄弱，國內還不很安定鞏固的時候，竟派出部隊抗美援朝，源源開赴朝鮮戰場。當時許多人不解，心懷焦慮恐懼。怎麼敢惹世界上的一等強國，而且號稱是聯合國的美國？但經過三年多中朝兩國軍隊的苦戰，結果是勝利了。我記得有一首《人民志願軍戰歌》風行全國，作曲是著名音樂家周巍峙，作詞是"志願軍戰士"，一說是郭沫若。歌詞如下：

雄赳赳，氣昂昂，跨過鴨綠江。保和平，衛祖國，就是保家鄉。中國好兒女，齊心團結緊，抗美援朝，打敗美國野心狼。

這首戰歌曾經獲獎，就在評獎調查中，才發覺歌詞是一位志願軍連指導員麻扶搖作的，原是出征前寫的一首"出征詩"。現在麻扶搖已是副軍級的離休老幹部，住在廣州市。

916 林語堂品評辜鴻銘

辜鴻銘（1859—1928）行事很怪，前已記有幾則。但他倒是中國現代的天才名人。他一生所寫中英文著作，大都嬉笑怒罵皆成文章。在舉國趨新若鶩之時，他揚言尊孔；在民國時期，他偏言尊君，偏留辮子；在崇尚西洋文明之際，他力斥西洋文化之非，推出儒家思想與之抗衡。他和他的福建同鄉嚴複（幾道，1854—1921）、林紓（琴南，自己不懂英文，靠別人口譯自己筆記）、林語堂（1895—1976）都是溝通中西文化的功臣。而嚴複、林紓是大量英譯中的"進口"者，而辜鴻銘、林語堂卻是大量用英文著作向外傳播中國文化的"出口"者。林語堂曾對辜鴻銘作出這樣扼要準確的品評：

辜作洋文講儒道，轟動一世，辜亦一怪傑矣。其曠達自喜，睥睨中外，誠近於狂，然能言顧其行，潦倒以終世，較之奴顏婢膝以事權貴者，不亦有人畜之別乎？

917 再記賽珍珠

美國女作家賽珍珠（1892—1973）獲得1938年的諾貝爾文學獎，得力於她的代表作《大地》（1931）、《兒子們》（1932）、《分家》

（1935）合稱《大地上的房子》三部曲。書中人物原型大都是她在舊中國淮北、蘇南一帶，隨著傳教的父母所熟悉的善良純樸的普通中國人。她自清末到 1935 年返美（未再來中國），除中間一度去美國讀大學外，都是在中國生活的，因此她熱愛中國，和中國許多文化名人如胡適、林語堂等交情深厚。1942 年，周恩來介紹王瑩到美國看她，她全力幫助王瑩完成對美國宣傳抗戰的演出任務。她早在諾貝爾獎授獎會上致答謝詞時就說："……當我看見她（指中國）現在為了反抗威脅她的自由的敵人……更團結一致時，我對她的愛慕，也更達到了頂峰。"當她在逝世前一年，看到尼克森總統訪華，開闢中美復交之路，她很高興，以八十高齡主持電視向美國大眾報導中國的情況。

918 蘇局仙軼事

蘇局仙（1882—1991）上海南匯人，前清秀才，經歷了清朝、民國、日偽統治、國民黨統治和新中國五個歷史時期，始終保持愛國之志和高尚氣節。1949 年月 10 月，他年事已高，便結束了半個世紀的教學生涯，受聘為上海文史研究館員。當時全國各級文史研究館共有八個翰林，一個進士，廿一個秀才， 蘇局仙就是秀才中之一。他善書法，晚年眼力不佳，而登門求書者不絕，乃寫詩貼於門口婉拒：

　　　　當今不少善書家，何必拋金反拾沙。

　　　　老眼昏花妄下筆，秋風黃葉雁行斜。

他還有一首很有童趣的詩耐人尋味：

　　　　小溪昨夜添春水，戴笠漁翁垂釣竿。

　　　　三四魚兒誤上釣，只交廚下佐三餐。

1991 年冬當他 111 歲壽辰前夕因衰老自然逝世，是中國最後一位秀才。

919 中國人口各時期的平均壽命

據報載：廣東省今年人均壽命達到 77 歲，這是我們的社會穩定，物質豐足，生活環境改善、醫療衛生水平提高等等原因使然，很使人高興。但隨之而來的問題也不少，應該及早籌劃對待。有關各個歷史時期中國人口平均壽命如下：

夏代：18 歲；秦代：20 歲；東漢：22 歲；唐代：27 歲；宋代：30 歲；清代：33 歲；民國時期 35 歲；新中國的 1957 年：57 歲；1981 年 68 歲。

920 趙麗容與阮玲玉

最近趙麗容逝世。她雖然只是一位普通的話劇演員，但敬業樂業，全心全意為人民服務，不像某些所謂"明星"花裏花俏見利忘義。1999 年春節晚會，她自知病重，仍掙扎排演節目奉獻全國觀眾。博得熱烈的掌聲。當她火化前，北京市萬千群眾男女老少自發前往殯儀館哀傷痛哭，一直送到火葬場上，大出人意外。由此，我想起了廿世紀三十年代電影演員阮玲玉，她主演過《新女性》、《故都春夢》等電影，為觀眾喜聞樂見。因為當時某些報刊對她的戀愛婚姻，橫加誣衊造謠，使她一時承受不了，竟於 1935 年 3 月 8 日吞食安眠藥自殺身亡，在遺書中寫下"人言可畏"。這事震動全國，上海也有幾萬市民自發前往送喪，文化界許多名人如魯迅、夏丏尊等都以沈痛的心情寫出悼念的詩文，並痛斥當時罪惡的社會。可見人民總是熱愛自己的藝術家的。

921 宋教仁之死

1913 年三月間，孫中山先生的得力助手宋教仁在上海滬寧鐵路火車站，被人暗殺身亡。各界人士爲他舉行隆重的殯葬儀式，在公祭大會上共有三萬餘人。孫中山送的輓聯是：

> 作民權保障，誰非後死者；
> 爲憲法流血，公眞第一人！

另有黃興的輓聯，更見直截了當，淺白易懂，充滿哀悼同志、憤恨敵人的感情，堪稱佳作：

> 前年殺吳祿貞，去年殺張振武，今年又殺宋教仁！
> 你說是應桂馨，他說是洪述祖，我說就是袁世凱！

922 清廉知縣張之才

據史載：宋代陽城知縣張之才，廉謹愛民，常以自己的俸祿救濟貧民。故爲官一任，清貧如故。當其離任時曾作詩自白：

> 一官到此四經春，不愧蒼天不愧民；
> 神道有靈應信我，去時有似到時貧。

這樣的縣官在封建時代雖然不多，但其情操品德足使今天的貪官汗顏，也堪爲今天的掌權者借鑒。

923 蔡鍔贈小鳳仙聯

民國初年愛國將領蔡鍔，文武雙全，上馬殺敵，下馬草檄。他在北京眼見袁世凱陰謀稱帝日亟，便著意韜光養晦，與名妓小鳳仙相愛，作爲掩護。小鳳仙也很理解蔡的處境，表示樂意幫助他脫離虎口，到南方與革命同志從事討袁。結果成功，名垂千古。小鳳仙是江南人，原名鳳雲，到北京後墮入青樓，頗知詩書。據說蔡鍔曾贈她一聯：

　　　不信美人終薄命，古來俠女出風塵。

924 "跑好人生最後一圈"

蕭乾（1910—1999）逝世二年了。他在世界第二次大戰時期，作爲《大公報》記者，在槍林彈雨中，寫了不少戰地消息傳播世界。1949 年他決定回到祖國參加新社會的建設，許多海外親友大爲不解。回國後七年，竟被載上"資產階級右派份子"帽子，剝奪了寫作的權利，精神上受到莫大的打擊和痛苦。到了 22 年後的 1979 年平反，他已 70 歲了，他不計一切又拿起筆創作和翻譯，與老伴文潔若發誓要"跑好人生最後一圈"。他堅持獨立思考，反思歷史，負責任地針砭時弊，和冰心、巴金一樣敢於講真話，堅決不講假話。他曾說："一個用筆桿的人，倘若不能寫出心坎上的話，確實還不如當隻寒蟬好"。特別是他和文潔若像螞蟻啃骨頭那樣共同翻譯喬義斯（James Joyce 1889—1941）巨著《尤利西斯》（Ulysses），使人驚歎拜服。他一生努力做的就是不斷穿越風雨，爲祖國和世界的正義事業，交出滿意的答卷。

"跑好人生最後一圈"道出了所有自強不息老年人的心聲。

925 廣州的陶陶居茶樓

廣州人的飲茶文化很有名，而古香古色的老茶樓陶陶居也很有名，曾留下魯迅和郭沫若的足迹，一直譽滿海內外，長久不衰。它於 1925 年由佛山人譚簡、譚傑南兄弟和他的親戚陳伯綺，趁拆屋建馬路的機會購得"霜華書院"改建開業的。他們有一定的文化，結交許多文人雅士和社會名流，時作雅集，並利用康有為所書"陶陶居"為招牌，大肆宣揚。這三字原是康有為為其愛妾名"陶陶"者的居處而寫的，後來風雲變幻，人事滄桑，譚老闆托人拓得這墨寶加於放大，意即"樂也陶陶"，很適合茶客的閒情逸致。再加上各種方式手段造勢，以及地處西關旺地，便逐步超越"蓮香茶樓"的名聲了。許多達官貴人，富商巨賈，粵劇名伶、相親男女等等都樂意光顧，視為"身份的象徵"。現在這間老字型大小茶樓，還是時常舉行小型書畫展覽或粵曲私夥局演唱以爭取顧客。

926 周恩來與郭沫若

周恩來與郭沫若相知可以上溯到 1926 年北伐時期，同在國民革命軍政治部任職。其後在革命征途上志同道合，郭沫若創作的許多充滿戰鬥性的歷史戲劇，都得到周恩來的讚賞和支援，郭沫若對周恩來的偉大革命胸懷和才幹也十分欽佩。1944 年 11 月，周恩來從延安飛往重慶，與郭沫若、柳亞子等相聚，暢談延安情況，郭沫若曾賦詩以寄情詠懷：

> 頓覺蝸廬海洋寬，松蒼柏翠傲冬寒。
> 詩盟南社珠盤在，瀾挽橫流砥柱看。

　　　秉炬人歸從北地，投簪我欲溺儒冠。

　　　光明今夕天官府，扭罷秧歌醉拍欄。

　　"十年浩劫"時期郭沫若遭到"四人幫"的迫害，周恩來仍在心力交瘁中加以保護。1976 年 1 月 8 日周恩來病逝，郭沫若萬分悲痛，坐著輪椅參加追悼會，並寫詩以表哀思：

　　　革命前驅輔弼才，巨星隱翳五洲哀。

　　　奔騰淚浪滔滔湧，弔唁人濤滾滾來。

　　　盛德在民長不沒，豐功垂世久彌恢。

　　　忠誠與日同輝耀，天不能死地難埋。

927 沈從文與諾貝爾文學獎

　　前記有老舍於 1966 年被提為瑞典諾貝爾文學獎的候選人，即將成功，因他受不了"文化大革命"紅衛兵的污辱打擊，投湖自殺身亡而廢止。其實據一位瑞典學院院士馬悅然最近透露：老舍未曾進入終審名單，究竟如何當待證明。該院士還說：沈從文倒被提名並推選入 1987 年該項文學獎的候選人終審名單，1988 年再度進入當年的終審名單，學院中有強大力量支援他，假如他不離開人世，將在十月間榮獲該獎云云。這些過去了的事情，姑妄聽之也吧。

928 《新聞天地》創辦人卜少夫

　　1945 年創辦《新聞天地》的卜少夫（1909—2000）在香港病逝，享年九十二歲。他在《新聞天地》上張揚的"天地間皆是新聞，新聞中另有天地"標語，我至今記憶猶新。該刊五十五年來由大陸遷香港出版，一紙風行。他一生工作過的單位很多，但總離不開新聞事業，也曾有幾年任臺灣的"立法委員"。閑時他逍遙酒鄉，廣結朋友，有感於人在去世後，親朋才寫文章紀念，沒有意思，希望自己活著時，能夠看到這類文字，故致函親朋寫一些有關他的逸事，集編印成《卜少夫這個人》一書發行，今年他自知衰老不起，把《新聞天地》十月號設計出很有感性而沈靜的告別式，封面上的照片是他自己坐在椅上，兩眼有神，雙唇緊抿，高舉乾瘦的右手作揮手告別狀；刊物內還有他的大作《告別讀者》和《向朋友揮手》兩文。前一文說："人活下去才有種種問題。""想到秦始皇、毛澤東、萬里江山與我何干？"他安慰自己："能就此安然而去，也夠本了。"後一文以"聚散一杯酒，江山萬里心。好友情永在，風雨任飄零。"開篇，以"讓我隨風而去，讓我靜靜悄悄地消失吧。"結尾。看來他對自己的死真想得太周全了。

929 創辦蛇口工業區的袁庚

今年（2000）十一月是深圳特區成立廿周年。這個新興的南方城市，無論精神文明或者物質文明的成就，都使世人矚目，盛讚鄧小平的深遠眼光和開放政策。同時不忘袁庚創辦蛇口工業區這一豐功偉績。袁庚生於寶安（即今深圳）1937年畢業於中央軍校（即黃埔軍校）第四分校特別班，曾參加東江縱隊抗日，也曾受到人所共知的"左禍"。他一生喜愛讀書，博聞強記，寬厚豁達，幽默風趣，現在退居蛇口海邊，頤養天年。他時常回憶往事，感慨不已，對人說：人不如意者常居八九，但別記在心上，才能健康快樂。

930 紅人張妙然 "黃" 了

2000 年十一月十七日《羊城晚報》載：只有高中文化、現年五十七歲的張妙然，于 1991 年任珠海市百貨集團公司副總經理，1993 年升任該公司的黨委書記兼總經理。在這九年中，還兼任過二十七項其他職務，曾得過全國和全省性的四十八項各種最高榮譽和獎勵，是九十年代珠海市的大紅人。最近根據群眾舉報，珠海市檢察院對她進行偵查，已查實她利用各種機會和名義，索取和接受他人鉅額賄賂，並有 "養情夫" 的小道消息，生活奢侈，現已逮捕。她曾多次淚流滿面向檢察幹警懺悔。據分析：她的腐敗墮落，又是典型的 "59 歲現象"，即利用退休前大撈一把，"安度晚年"。她這樣的由 "紅" 到 "黃" 的急劇變化，很值得我們認真思考。

931 袁世凱稱帝醜劇

袁世凱 (1859—1916) 是一個翻手爲雲覆手爲雨、很會作秀的人。1915 年他玩弄的稱帝醜劇，真是有聲有色。十二月間北京的天氣已經很冷，但他的幫閒幫忙的走狗們很熱氣騰騰，以參政院的名義代表全國勸進，寫好一份推戴書上呈，他當即退回並下達申令："……君主立憲，天命不易，惟有豐功盛德者，始足以居之……民國初建，本大總統曾向參政院宣誓，願竭力發揚共和，今若帝制自爲，則是背棄誓言，有失信義……尙望國人另行推戴，自當以原日大總統名義行使職權，維持現狀……" 參政院早有準備，經過討論不消一二十分鐘，便草擬謄寫好第二次推戴書二千六百字，列舉袁氏具有 "經武"、"匡國"、"開化"、"靖難"、"定亂" "交鄰" 六大功德，即編練北洋陸軍、彈壓庚子之變、推行晚清新政、靖伏辛亥國變、平定癸丑之亂、歷年對外交涉等等，吹噓袁氏“盡瘁先朝、無負民國”。這份推戴書呈上，還是被退回，經過兩推兩讓，他才表示承受帝位，再行申令：“天下興亡，匹夫有責，予之愛國，豈在人後？但億兆推戴，責任重大，應如何厚利民生？應如何振興國勢？應如何刷新政治、躋進文明？種種措置，豈予薄德鮮能，所克負荷？乃國民責備愈嚴，期望愈切，竟使予無以自解，並無可諉避……”到了 1916 年元旦，即改民國年號爲“洪憲”，蔡鍔、唐繼堯、李烈鈞在雲南起義討袁，全國各省回應，只有 80 多天，這齣醜劇便行落幕，而他也氣死了。

932 錢學森蔣英伉儷

中國“導彈之父”錢學森（1911—）的父親錢均夫和著名兵學家蔣百里（1882—1938）同年又同留學日本，一學文一學武，感情深厚。錢家只有學森獨苗一株，蔣家卻有“五朵金花”，很想老友過繼一女，百里欣然允諾，把三女蔣英送過錢家，更名爲學英。當時蔣英三歲，學森十一歲，兩小無猜，青梅竹馬。後來學森留學美國學理工，蔣英留學德國學音樂。1946 年抗日勝利後，蔣英回到上海舉行音樂會，引起轟動。學森在美國也成了力學大師馮·卡門的得力助手，共同創立“馮·卡門錢學森公式”，聞名世界。不久學森也回到上海，與分別十二年的蔣英重聚，並結成伉儷。可惜蔣百里已於抗戰初期病逝，未能主持婚禮。婚後不久，他們看不慣當時的社會現象，雙雙去了美國，學森任麻省理工學院教授，卻受到美國特工的監視，直到 1955 年才由周恩來總理設法返回祖國，爲祖國的航太事業創下偉績，受到全國人民的尊敬。1999 年秋，中央音樂學院爲蔣英教授執教 40 周年舉行慶祝，88 歲的錢學森回顧往事，感慨地對朋友說：蔣百里先生不僅是我的岳父，也是我和蔣英的師長和引路人，還戲稱蔣英是錢家的“童養媳”。

933 余光中談成語

臺灣作家余光中對中國的語言很有研究，他說：中文是一種很優美的語言，很強調美學，因爲我們的耳朵要求很高，不好聽的字眼不說，不好聽的話就不能成爲成語。中文的數字“千”是平聲，“百”和“萬”是仄聲。成語中的“千瘡百孔”、“千頭萬緒”、“千秋萬歲”、“千年萬代”、“千嬌百媚”、“千紅萬紫”、“千辛萬苦”、“千言萬語”、“千絲萬縷”、“千真萬確”、“千依百順”……，都有一個美學的原理，平仄與文法都對仗。千方百計很好，而誰會講千計百方？拗口就不能成爲成語。千軍萬馬也很好，誰也不接受你千馬萬軍的說法。因爲千軍萬馬是平平仄仄好聽。“山明水秀”和“紅男綠女”，似乎都不合邏輯，誰看見山明起來了？紅色往往跟女性聯想，“紅粉知己”、“紅顏薄命”、而“紅男綠女”卻把綠接在女性上面，就因平仄的關係，只好如此。

934 魯迅恨貓

人各有愛恨。冰心在世時，很愛她的貓，時常抱著它會客，不厭其煩地撫摸親昵，爲許多訪問記必寫的材料。而魯迅則不然，對貓深惡而痛絕，有時會以棍棒趕打。在他的著作中，多把貓貶得一文不值，《狗‧貓‧鼠》一文中曾概括貓有三項罪責：一、有慢慢折磨弱者的脾氣；二、貓雖與獅虎同族，卻有一副媚骨；三、交配時噪噪亂叫使人心煩而妨礙讀寫和睡眠。這雖屬雜文家另有所指的筆法，但總可見他對貓是沒有好感的。假如他還活在今天，看見飽食終日、養尊處優不捕鼠的寵物懶貓庸貓，又不知如何說法？

935 武則天也是恨貓族

據史載：武則天也是恨貓一族，永徽六年（655）她被唐高宗封為皇后，開始參預朝政，接著便把原皇后王氏和淑妃蕭氏囚禁。當她知道高宗對王蕭兩氏有憐憫之意時，便遣人各痛責百杖，斷去手足，投入酒甕。行刑中蕭氏破口大罵：“阿武妖精，乃至此，願他日生我為貓，阿武為鼠，生生扼其喉。”武則天很忌諱這個咒語有靈，便下詔宮中不准養貓，云云。這是武女皇妒忌、毒辣、兇殘行為的一例，似乎經過一千三百多年後的現實生活中還曾經隱約見過。

936 男扮女裝的因襲勢力

京劇形成幾百年間，因為當時不允許地位低下的婦女登臺演唱，只好以男扮女裝代替，遂因襲成一種獨特的表演藝術。新中國成立後，婦女解放，所有戲曲學校都沒有男旦學員，在舞臺上經過訓練的女旦，排擠了男旦的位置，連正宗的京劇迷也越來越喜歡看女人演女人。認為男性扮演女性畸型，很彆扭，不如女人演女人原汁原味。我記得二十年代梅蘭芳到美國和蘇聯以男扮女裝演《天女散花》、《貴妃醉酒》，博得該國授予名譽博士學位，而且還傾倒了卓別林和斯坦尼斯拉夫斯基藝術大師，魯迅曾為文把這事嘲弄一番。奇怪的是最近梅蘭芳的嫡傳男旦演員梅葆玖卻還堅持說：男旦是傳統的表演藝術，不僅只是對女性的簡單模仿，丟了太可惜。他認爲女旦不能完全替代男旦，因爲女性的體力、嗓音力度，舞臺壽命都不如男性，目前他正在家裏培養十多歲的侄子學演男旦。可見一切因襲勢力，都不是很容易改變或消滅的。我們對"五·四"文化運動的功績可圈可點大加讚揚，是很應該的。

937 胡適一生助人為樂

胡適（1890—1962）因爲所走的道路不同，一向在大陸沒有好名聲。但他在倫理道德上都受到人們的尊敬，例如和糟糠之妻江冬秀感情始終不渝等等。特別是他出身貧苦，很能悲天憫人，憐貧恤苦，對朋友的幫助，非同凡響。當林語堂在外國留學，突然半公費被取銷，生活學習有問題，只好打電報給北京大學當教授的胡適求援。代請學校匯款接濟，待回國任教時在薪俸中扣還。胡適即以學校名義匯出二千元，使林語堂能繼續留學。後來才發現這是胡適的私款。還有對陳之藩等諸多留學生，也同樣盡力設法幫助款項，從不計較還與不還。一次，陳之藩匯回四百元借款，胡適覆一信云：

你不應該這樣急於還此四百元，我借出的錢，從來不盼望收回，因爲我知道我借出的錢總是'一本萬利'，永遠有利息在人間的。

胡適還對人說：中國讀書人最重氣節，不願受人饋贈，故我每次寄款總說暫借，並囑咐辦理匯款人員不可對人言，以免傷害他們的自尊心。總之，胡適並非有錢人，他的薪俸要養家活口，這些額外開支，都是各處送的演講費、稿費。他助人之舉很多，終身不提一字，上面短信的話，真使人感動。

938 陳之藩對胡適的評價

胡適的忘年之交陳之藩對胡適的評價，我認為正確：

　　胡先生看到別人的成功，他能高興得手舞足蹈；他看到旁人的失敗，他就援救不遑，他對朋友的情誼是"柔如流水，溫如春光"……他對生死塗炭的事看不得，蹂躪人權的事看不得，貧窮他看不得，愚昧看不得，痛苦看不得。而他卻又不信流血革命，不信急功近利，不信憑空掉下餡餅，不信地上忽現天堂。他只信一點一滴、一尺一寸的進步與改造，這是他力竭聲嘶提倡科學、提倡民主的根本原因。他心裏所想的科學與民主，翻成白話該是：假使沒有諸葛亮，最好大家的事大家商量著辦，這也就是民主的最低調子。而他所謂科學，只是要先少出錯，然後再說立功……

939 鄭板橋的題竹詩

"揚州八怪"中的鄭板橋（1693—1765）人品很好，關心百姓，因此他畫的墨竹和題的詩以及家書等作品，都長久受到人們的欣賞和讚歎。前已有記他在做縣令時寫的題竹詩"衙齋臥聽瀟瀟竹，疑是民間疾苦聲。些小吾曹州縣吏，一枝一葉總關情。"就是他"橫塗豎抹千千幅，墨點無多淚點多"的愛民心事的寫照。以竹喻人，寄情言事，深刻貼切，即在二百多年後的今天讀來，也是一副很有意義的清涼劑。我們很難說清今天的一些"公僕"竟至於貪污腐化，禍國殃民到這等猖狂地步，遠不如封建時代的鄭板橋！

940 王雲五與胡適

　　發明四角號碼檢字法的王雲五（1887—1979），祖籍廣東中山縣，上海出生，自學成才，十九歲任上海中國公學英文教授，胡適（1891—1962）是他的學生。當時胡適只有十六歲，因爲家貧，在學習之餘也曾兼任該校初級班的英文教師。以後學校解散，胡適失學失業，由王雲五介紹到華童公學任教，叮囑他教學之餘多譯小說，增加收入，接濟老母。還爲胡適補習數學，準備留學考試。可以說王是胡的恩師。胡也不負王栽培之力，留美歸國後，即受北大校長蔡元培（1868—1940）聘爲教授，與陳獨秀（1879—1942），錢玄同（1887—1939）、魯迅（1881—1936）、劉半農（1891—1934）等人掀起“五·四”運動，並幫助蔡元培把北大辦成新型的大學。1921年，上海商務印書館編譯所長高夢旦推胡適接任該所長，胡薦王以自代。當時王無甚學歷，不受人重視，胡可謂獨具慧眼，使王爲商務印書館施展畢生精力，對中國文化事業貢獻很大。胡還對王建議博覽群書之外還要抓住中心問題做專門研究，才能把一切學問一切資料有所附麗。王認爲很對，就這樣一生勤勤懇懇治學，除把商務印書館發展成爲第一流的出版企業外，還編著許多如《中國政治思想史》、《中國教育史》等專書。這時胡王早已“師徒易位”了。正如王悼胡的詩中所寫：

　　　　　　冰已寒於水，青早勝於藍。

但胡一向對王尊師之禮不衰，這是胡的過人之處。胡王都病逝於臺灣。

941 五·四文學革命的醞釀和爆發

胡適 1915 年在美國康乃爾大學留學時，與同學任鴻雋（叔永）、梅光迪、楊杏佛（銓）等經常討論文學問題，漸漸形成了"文學改良"雛型，進而醞釀"文學革命"運動。當時他們組織的"中國科學社"，以任鴻雋為社長，胡適、趙元任、胡明復、楊杏佛等為社員，胡適的《論句讀及文學符號》一文發表於《科學》雜誌 1916 年二卷一期上，從此該雜誌即使用西文標點符號，為中國出版史上的創舉，也是在胡適"文學改良"初步具體實現。隨後寫成《文學改良芻議》寄給北京大學教授陳獨秀（1879—1942），在《新青年》雜誌上發表，芻議八則如下：

一、須言之有物；二、不摹仿古人；三、須講求文法；四、不作無病之呻吟；五、務去爛調套語；六、不用典；七、不講對仗；八、不避俗字俗語。

上面的八事芻議，胡適在與留美學友討論時，反調很多，不敢說"文學革命"，只說"改良芻議"。誰知陳獨秀接到該文，因為是革命者膽大氣盛，竟也寫了一篇《文學革命論》載在《新青年》二卷五號上，正式舉起文學革命的大旗，以為呼應。他說："文學革命"之氣運，醞釀已非一日，其首舉義旗之急先鋒為吾友胡適，余甘冒全國學究之敵，高張"文學革命軍"之旗，以為吾友之聲援，旗上大書特書吾革命三大主義：

曰：推翻雕琢的、阿諛的貴族文學；建設平易的、抒情的國民文學。
曰：推翻陳腐的、鋪張的古典文學；建設新鮮的、真誠的寫實文學。
曰：推翻迂晦的、艱澀的山林文學；建設明瞭的、通俗的社會文學。

胡適與陳獨秀兩文發表後，得到北大教授錢玄同（1887—1939）、魯迅（1881—1936）等的附和聲援，文學革命運動就從美國留學生的課餘閒話，一變而爲國內文人學者的專題討論，再成爲 1919 年包涵愛國的許多方面的洶湧澎湃的"五‧四"革命運動，而功勳彪炳地載在中國的歷史上了。

942 靈感一詞的翻譯

英文 inspiration 經過 1899 年梁啓超音譯爲"煙絲披裏純"後，大行其道。他認爲古來英雄豪傑、仁人志士的功業盛舉，皆是煙絲披裏純的力量所造成，這些人因精誠所感而一往無前成其偉績。其後這個詞，似乎是林語堂意譯爲"靈感"，視爲文學藝術創作的泉源。古人所謂"神靈附體"、"文思泉湧"，以及杜甫的"下筆如有神"，都是對靈感的解釋。作詩寫文確實是要有靈感的，但也不能說得玄乎其玄，把"精誠所至，金石爲開"的功能抹煞了。

943 黎元洪其人

辛亥武昌起義時，黎元洪（1864—1928）因緣際會取得聲譽，被舉爲副總統。其後大總統袁世凱陰謀稱帝，黎大不以爲然，迭次請辭空頭的副總統和參政院長、參謀總長等本兼各職，並拒領薪俸撤銷副總統辦公處。但袁爲利用黎的已有地位和名望，掩人耳目以惑衆，卻先冊封黎爲"武義親王"，並申令表彰"勳業偉大"。當 1915 年十二月十五日外交總長代理國務卿陸徵祥率領在京的文武大官，包括傳奇人物楊度，把冊封詔書送到黎府時，黎當場答話："大總統明令冊封，鄙人決不敢領受。蓋大總統以鄙人有辛亥武昌首義之勳，故優以褒揚，然辛亥革命起義，乃全國人民公意，及無數革命志士流血奮鬥與大總統支援而成，我個人不過濫竽其間，因人成事，決無功績可言，斷不敢冒領崇封，致生無以對國民，死無以對先烈，……」說罷即轉身回房，陸徵祥等人掃興而歸。後來袁還使江朝宗再持詔書爲黎度身製作親王制服，申令「毋許固讓」。結果給黎罵了出去。史學家一向認爲黎元洪庸懦老實，有點像《三國演義》中的魯肅，現在從他在袁世凱稱帝這齣醜劇中扮演的正派角色看來，要比當時勸進的袁門走卒，聰明正義得多了。

944 李秀成因財而死

廿世紀三十年代簡又文主編的《大風》雜誌，曾載有太平天國忠王李秀成被俘後的供詞，以憤恨交加心情供述從天京突圍獨自到山中破廟，因財而死的經過：「我命該絕，身上帶有寶物，到破廟休息，遂將珍珠寶物吊在樹下，欲寬身乘涼，不意民家尋到，……那幫百姓得我寶物，見利而爭。帶我這幫百姓，去問那幫百姓，兩欲分用。那幫百姓云：『你問我分此物，此物天朝大頭目方有，此外別無。你問我分此物，你必獲此頭目。』因此我藏不住，被兩個奸民查獲，解送前來……」查李秀成在廣西桂平起義時，只是一個小兵，以後逐步升爲統率百萬大軍、轉戰大江南北的青年名將。初時他和其他太平軍官兵一樣不會聚斂私財，以後才隨著天王等人腐敗唯私物欲澎脹起來，在蘇州居然也造起豪華的忠王府，裏面不知道藏著多少金銀珠寶，以後李鴻章進駐忠王府，也驚歎「瓊樓玉宇，真如神仙窟宅。」結果一代青年名將也竟然因財而死，不能不引起後人的感歎！

945 西北聯合大學

抗日戰爭時期，北京、清華、南開三間大學合併爲西南聯合大學，人盡皆知；而同時還有西北聯合大學，卻較爲生疏。按：西北聯合大學是以當時的國立北平大學、北平師範大學、天津國立北洋工學院和北洋研究院等爲基礎組成的。1937 年在陝西西安，後因戰事遷入陝南漢中一帶，直到抗戰勝利後結束。西北聯大也集結了一大幫原校的名教授，如黎錦熙、許壽裳、曹靖華、章友江、羅章龍、蕭一山、張伯聲、黃國璋等。聯大內設文理學院、法商學院、工學院、農學院、教育學院等。師生雖然在艱苦的戰時，但學習空氣很濃，利用當地教學資源。進行各種研究，爲國家輸送了萬千的高級人才，並爲落後的陝南地區的文化繁榮，作出可貴的貢獻。許多教授在一盞豆油燈下，除備課批改作業外，還譯著了許多作品，如曹靖華翻譯的蕭洛霍夫小說，余振翻譯的普希金長詩，羅章龍完成《中國國民經濟史》，黎錦熙寫作漢中各縣方志的論文，陸懋德發表《漢中各縣諸葛武候遺跡考》，黃文弼出版《張騫通西域路線圖考》等等。時光流逝，歷史綿延，抗日時期的西北聯合大學和西南聯合大學，同樣很值得人們去追懷、景仰和紀念，並載在中國文化教育史中。

946 "人文統一" 的原則

古往今來，人總是喜歡讀好人的作品的。岳飛、文天祥的《滿江紅》，《正氣歌》千古傳誦，而汪精衛也曾寫過一些好詩詞，但他做漢奸人格卑劣，人們都不欣賞。對周作人的優美散文同樣視之爲弊屣。讀者和觀衆是有感情的，善良的人怎麼會喜歡人格卑劣的作品？

有識之士是堅持"人文統一"的原則的,宋·蘇軾在《書唐代六家書後》指出:"古之論書者,兼論其生平,苟非其人,雖工不貴也。"清末王國維在文集中也說:"三代以下詩人,無過於屈子、淵明、子美、子瞻者,此四子苟無文學之天才,其人格也自足千古。故無高尚偉大之人格,而有高尚偉大之文學者,殆未之有也。"龔定庵也說:"人以詩名,詩尤以人名",這都道出了作者的人格效應,不像吃雞蛋那樣,只管是否好吃,而不必管下蛋的母雞。這些道理,對時下文化藝術界忽視藝德人格修養的人,很有教育意義,這類人儘管是甚麼家甚麼星,寫的文,演的戲,唱的歌再好,也不會久長的。

947 連載小說

現在報刊上有"連載小說",這大概起源於晚清的 1902 年,吳趼人的《二十年目睹之怪現狀》連載在《新小說》上。接著劉鶚的《老殘遊記》連載於 1903 年的《繡像小說》和天津的《日日新聞》。再後曾孟樸的《孽海花》,李伯元的《官場現形記》,秦瘦鵑的《秋海棠》,巴金的《家》,魯迅的《阿 Q 正傳》等也都以連載的形式和讀者見面。特別是被稱爲"鴛鴦蝴蝶派"的張恨水竟有連載章回小說《春明外史》、《金粉世家》、《啼笑因緣》、《紙醉金迷》、《北雁南飛》、《秦淮世家》、《京塵幻影錄》、《記者外傳》等九十四部之多,堪稱"連載小說之王"。其中代表作《金粉世家》,從 1926 年起在《世界日報》連載直到 1932 年,共一百一十二回,約百萬字,歷時整整七年。這些連載小說以後都出版單行本發行,至今仍行銷圖書市場。

948 胡適死後的哀榮

1962 年二月胡適在臺灣中央研究院院士會議閉幕時，仰身倒地而逝。據說，胡適因親睹其門生廣東五華籍陳槃當選院士，興奮過度而引發心肌梗塞逝世。當時在場的人連記者都哭了。臺灣著名記者于衡說：新聞記者平時見的大場面很多，都很冷靜理智，但在這個場合，爲甚麼都不禁同聲一哭呢？那是因爲胡適對新聞記者職業的尊重，而大家都對胡適有一份純真的情感。于衡又說：在胡適逝世後六天以來，殯儀館的遺體旁邊，一直爲哭聲所籠罩，一批批白髮老人一批批青年學生，小市民、販夫走卒，他們默默地走進來，哭泣著走出去……團體公祭開始時，在哀樂聲和人聲哭泣聲中，喊著 "一鞠躬，再鞠躬" 的司儀人員哭了，連換了五個人，他們全哭了。這些白髮老人，青年學生，小市民、販夫走卒，既非學者名流，也非胡門故舊，爲何默默而來，哭泣而去？想來他們也未必讀過《胡適文存》，或瞭解 "實驗主義"。爲甚麼這些司儀人員又不能冷靜理智地完成他們的任務呢？……胡適能夠得到這樣許多人的熱愛，我們能說他不是本世紀最幸運的天之驕子嗎……

949 胡適心目中的宋美齡

已經百歲的風雲人物宋美齡，因爲蔣宋權力在臺灣的喪失，將在美國紐約作長久的居留。她自幼在美國讀書，英語說得很好，在中國現代的政壇中是非功過，自有定評。1943 年二月，正當抗日戰爭轉機之際，她到美國歷時四個多月，到處演說，極爲轟動。隨從人員是姨甥兄妹孔令侃、孔令偉（孔祥熙宋藹齡的子女），曾兩次到白宮作客，這一對孔氏兄妹以貴賓身份，尤其是孔令偉（即孔二小姐，平時喜穿男裝）頤指氣使白宮服務男女人員，一如對待中國官場的雇工，很使人反感。其時胡適已離開駐美大使職務，（1938年10月至1942年9月）住在紐約，也曾去看宋美齡，並聽她演說。在他的1943年的日記中有如下的記載：

三月一日：今天蔣夫人到紐約，市長在市政府招待，我去了一趟，五年多沒見她了。

三月二日：晚上聽蔣夫人演說，到者兩萬人，同情與熱心是有的。但她的演說實在不像樣子，不知說些什麼。

三月四日：我下午去見她（宋美齡），屋裏有林語堂夫婦、孔令侃、鄭毓秀（當時任駐美大使魏道明之妻）。一會她出來了，風頭很健，氣色很好，坐下來就向孔令侃要紙煙點著吸。在這些人面前，我如何好談話？只好隨便談談，……她一股虛驕之氣，使我噁心，我先走了下到總領事的茶會，來賓近千人，五點就來了，到六點半以後主客（宋美齡）才下來，登高座，點點頭，說：謝謝你們，就完了。有許多人從波士頓很遠的地方來，竟望不見顏色。

胡適看不慣的宋美齡"虛驕之氣"，據說與美國當時總統羅斯福夫婦有關。羅夫婦曾親自到車站迎接她，並請她兩次入住白宮，待以國賓之禮（當時林森為國府主席國家元首，她不是第一夫人）。至於美國一般人對她的熱情歡迎，則是出於好奇與湊熱鬧心理。以後她還隨蔣介石出席著名的中英美首腦開羅會議，據當時傳媒消息，英國首相邱吉爾，不像羅斯福那樣開明隨和平易近人，有些瞧不起宋美齡，在照像座位上產生彆扭，大概這時"虛驕之氣"會少一些吧。

950 胡適為雷震祝壽

1960 年臺灣《自由中國》半月刊主持人雷震，涉嫌“判亂罪”，被提起公訴，經過軍法判處十年徒刑。轟動臺灣島。當時任中央研究院長的胡適，曾通過副總統陳誠營救，以後還面請蔣介石，應該由司法機關正確處理，都得不到效果，胡適也無可奈何。後來胡適為雷震祝壽，寫下南宋楊萬里的一首七絕，表明他對自由與民主終會勝利的信念，詩曰：

> 萬山不許一溪奔，攔得溪聲日夜喧。
> 到得前頭山腳盡，堂堂溪水出前村。

951 蘇雪林曾想發起對魯迅總攻擊

臺灣蘇雪林是中國最長壽的女作家，1999 年逝世，102 歲。一向反共反魯迅。1949 年到臺灣任大學教授，從此獨身。當 1936 年魯迅逝世後，她曾寫信給蔡元培和胡適，要發起對魯迅總攻擊，胡適不以為然，大潑冷水，回信說：“凡論一人，總須持平。愛而知其惡，惡而知其美，方是持平。魯迅自有他的長處。”又說：“魯迅的《中國小說史略》是高質量的，陳源（西瀅）說他抄襲日本鹽谷溫的著作是不公道的，我們應該為之洗刷明白。”我們知道胡適與魯迅曾有過“五·四”共同戰鬥的友好關係，也有在思想意識上互相爭論的歲月，但胡適還是沒有全盤否定魯迅，這種態度與雅量，是難能可貴的。

952 夏衍的三多

今年是夏衍（沈端先 1900—1995）誕辰 100 周年。他雖然在過去政治運動中曾受蒙蔽，做了一些對不住同志的事，但他爲中國文學藝術事業奮鬥終生，坐過“四人幫”的八年多監獄，平時沒有架子，平易近人，大家都很敬仰他，懷念他。有人認爲他獨特之處有三多：第一是朋友多而以德服人。德與才相輔相成，德高可以成爲有容乃大的智者，有利克服自己的片面狹隘和孤陋；第二是著作多而精彩。他是中國電影戲劇的開拓者，創作了話劇十二部，電影十二部。《上海屋檐下》、《法西斯細菌》、《戲劇春秋》、《芳草天涯》、《復活》、《風雲兒女》、《祝福》、《林家鋪子》、《革命家庭》和《烈火中永生》等都是經典。他還寫了雜文、隨筆很多，爲報刊寫的通信、政論、時評也不少，更有翻譯、小說等等。第三是涉及的領域多。他自稱是記者，電影戲劇是業餘創作。抗戰時期的《救亡日報》辦得有聲有色，有他的一份大功。總之，他一生爲大眾說話，他晚年寫的《懶得舊夢錄》曾有這樣的話：“1957 年以後，人權、人性、人道都成了忌諱的、資產階段的專有名詞。”這話說得多好！

953 做官在瑞士不吃香

歐洲中部的小國瑞士，一向是中立國，人民生活很安定富足，據說：你若問瑞士人，誰是國家高級領導人？許多人會回答不出來，有些連州長大人的名字也不知道。在瑞士做官並不吃香，而且很多做官的是第二職業，第一職業可能是教授、科學家或商人。所以一個僅有 700 萬人口的瑞士，先後竟有 25 名諾貝爾獎獲得者。而這 25 人的名字，瑞士人會如數家珍地告訴你。你說奇怪不奇怪？相對於“官本位”的中國而言，情況卻完全相反，這實在應該深長思之。

954 "雜文" 原來含貶義

"雜文"這一文體，現在大家都認可是針砭時弊、鞭撻假醜惡的
匕首投槍。其實它原來含貶義，是魯迅從反對派手中拿來使用的。
廿世紀卅年代，有一位大學生叫林希雋，對當時風起雲湧、富於戰
鬥性的短小文章，很輕蔑地評說："最近以來，有些雜誌報章副刊，
很行時地爭相刊載一種散文非散文，小品非小品，隨感式短文，形
式既絕對無定型，不受任何文學體裁的束縛，內容則無所不談，範
圍更少有限制。唯其如此，故很難加以某種文學作品的稱呼。在這
裏就暫名之爲'雜文'吧。"意即非驢非馬不受歡迎的"雜種
貨"。魯迅認爲這一稱呼很恰當，言簡意賅概括了這一文體的特點，
便寬宏大量取而用之，體現了他"拿來主義"的精神。

955 一副妙聯

傳說：1853 年三月，太平軍攻佔南京，定爲國都，大赦天下，
改南京爲天京，並把天國的"國"舊體字廢除，改用簡體字。當時
有被赦出來的知識份子，感激太平天國，寫了一句上聯：

囚內出人，進一王而爲国。

一時無法接續下聯。不久看見王府興修花園，取土掘池，靈機一
動便寫出下聯：

地中取土，加三點以成池。

這副對聯，拆合漢字，真是天造地設，巧妙至極。

956 丁文江曾任上海市長

丁文江（1887—1936）是我國著名的地質學家，與翁文灝、李四光齊名。遺憾的是 1936 年初他竟因媒氣中毒，搶救無效，英年早逝。當國共兩黨第一次合作，進行北伐的 1926 年，他曾受江浙閩贛皖五省聯軍總司令孫傳芳之命任上海市長八個月，使許多人不理解，特別是在法國留學的傅斯年聽到這一消息，竟向胡適表示：回國後第一件事便是要殺丁文江。他們三人都是好朋友，後來大家都知道丁文江並非賣身投靠軍閥孫傳芳，事情乃平息。丁文江和其他許多科學家一樣還擅長詩文，胡適 40 壽辰時，曾送一聯相賀，極其生動活潑，聯曰：

> 憑咱這點切實工夫，不怕兩三人是少數；
>
> 看你一團孩子脾氣，誰說四十歲為中年？

957 哈佛大學所出的人物

林語堂、竺可楨、梁思成等許多中國名人待過的美國哈佛大學，是美國建國前百多年建立的，已有近 400 年的歷史。一共產生過 6 位美國總統，13 位副總統，37 位諾貝爾獎得主。在 20 世紀初第一次世界戰爭中，有 11000 人次哈佛學生毅然投筆從軍，參加作戰。所以說：哈佛大學是知性的，理性的，而且是血性的，名滿天下，學者趨之若鶩，是世界最老的大學之一。

958 湯國梨小史

　　湯國梨（1883—1980）是20世紀偉大婦女，與茅盾（沈雁冰，1896—1981）同是浙江桐鄉烏鎮人，又是大名鼎鼎的革命家、國學大師章太炎（1869—1936）的夫人。他們結婚時，由蔡元培（1868—1940）證婚，孫中山、黃興、陳英士等近2000多人與會祝賀。他倆伉儷情深，志同道合，共同進行討袁、反蔣、抗日的革命活動和弘揚國粹，教育後輩不遺餘力。但湯國梨不藉太炎之名顯身露影心高氣傲，她認爲太炎有小覷婦女的偏見，沒有依靠太炎從事詩詞寫作而獨立特行自闢蹊徑，所作詩詞很少給太炎過目，也不公開發表。一生計有詠歎天下興亡、民間疾苦、世事哀榮、生命感慨之作近千首，逝世後由後人集印爲《影觀集》行銷於世，都是寄託遙深、境界高尚的上品。真想不到這位從鄉間出來的小腳婦女，能有勇氣與毅力投身于風雲時代，相夫教子，自學成材，也算難得了。

959 林徽音是女強人

　　最近播放的《人間四月天》電視，引起了轟動，也引起了非議，甚至受到林徽音家屬的抗議。據行家評論：該電視出於商業目的，比較媚俗，格調不高，把林徽音演成整天哭哭啼啼、只會寫情信情詩、泡在情海中的小女人。其實這位在美國留學的才女是很多長處的，既能寫詩也能寫小說文論，以及編輯文學雜誌，並堅持和夫君梁思成（1901—1972）進行古建築的考察和《中國建築史》的編寫，主持或參與中華人民共和國國徽和天安門廣場人民英雄紀念碑的設計。可以這樣說：她在愛情上是忠於梁思成，在友誼上是和徐志摩、金岳霖誠心互助的，她既是事業上的女強人，又是家庭中的女賢人。至於年輕時候受到不止一個方面的追求，那是新型才女的必然現象，就不足爲怪了。

960 假如魯迅五、六十年代尚在人間

魯迅逝世後，毛澤東在《新民主主義論》中以最高評價大加讚揚，一槌定音：

"魯迅的骨頭是最硬的，他沒有絲毫的奴顏媚骨，這是殖民地半殖民地人民最爲寶貴的性格。他是站在文化戰線上向著敵人衝鋒陷陣最勇敢、最堅決、最忠實、最熱忱的空前民族英雄。魯迅的方向，就是中華民族新文化的方向。"

但有人提出一個問題：假如五、六十年代魯迅尙在人間，會不會和其他許多文化名人那樣，被"反"得一塌糊塗，或者含冤慘死呢？

961 關於狗肉史話

廿世紀五、六十年代，我被送到內蒙古"脫胎換骨"，有幸在野外測定黃河各渠道的流量，比較自由。當地老鄉，時常會送來家狗，只要我們把狗皮毛剝好還給他，狗肉便歸我們大快朵頤，不用花錢。想來現在不會有那麼好事了。

狗肉濃香味美，驅寒補身，春秋戰國時代已被稱爲"王之美食"。歷史上有關狗肉的記載很多，荊軻的摰友高漸離就是"燕之狗屠"，漢高祖劉邦的猛將樊噲，原也是賣狗肉的，劉邦就是因爲時常吃他的狗肉而認識的。到了清朝，揚州八怪之一的鄭板橋，也很喜歡吃狗肉；李鴻章則因出使英國吃不慣西餐，而把隨身的名狗也殺掉吃了，事後有人問他狗哪里去了，他說：大快朵頤了。到了民國，山東軍閥張宗昌吃狗肉最有名，人稱"狗肉將軍"。

962 "南天王" 陳濟棠

人稱 "南天王" 的陳濟棠，字伯南，自 1929 年到 1936 年統治廣東八年，既能和好廣西的李宗仁、白崇禧，又能排除異己得到民國元老胡漢民、古應芬、鄒魯等人的擁護，與蔣介石分庭抗禮，並從事一些地方建設，多少顯出太平景象，可謂奇蹟，有人說這是他 "庸人多福"。更奇的是陳濟棠很迷信，胞兄陳維周精於星相卜卦，與其同道翁半仙等人都得到他的重用，儼然成爲軍師與幕僚，左右著他的行爲和政策。他們在花縣芙蓉嶂洪秀全祖墳山上找尋好風好水，盡人皆知，而他在廣東軍校招收學生或任用大小官員，也要先經過陳維周、翁半仙等人的面試，考察有無 "反骨"，才決定是否錄取。當 1936 年 6 月起兵反蔣猶豫不決時，他也問計於陳維周、翁半仙等人，得讖語 "機不可失"，便下定決心聯合廣西李宗仁、白宗禧共同舉起反蔣大旗奪取天下。誰知駐在江西的軍長余漢謀和空軍司令黃光銳、虎門要塞司令李潔之等，早已受到蔣的策反，紛紛倒戈；李漢魂等又掛印封金，風雲突變，大勢已去，只好宣告下野，逃往香港，一場美夢便結束了。

按：當時廣東擁有訓練精良的德製飛機百架，陳原倚爲長城，如今出走，始悟 "機不可失"，即隱指此，亦屬奇談。

963 張獻忠的 "七殺碑"

前記歷代許多皇帝老子隨意殺人，花樣繁多，包括明末還沒有一統天下的張獻忠。據史載：張獻忠在四川建 "大順政權" 時，殺人如麻，派出將軍四面出擊，分屠各州縣，這叫做 "草殺"；他還在上朝時候，百官跪在下面，叫數十隻狗下殿，聞誰就拉誰出去斬首，叫做 "天殺"。經過這樣的屠殺，到他死去十多年後，各州縣的人口還很稀少，故有以後清初移民入川的政策。至於他想殺讀書人，便宣佈開科取士，騙來任意處理。他立過一塊 "七殺碑"，說得很堂皇，似乎替天行道：

> 天生萬物以養人，
> 人無一德以報天，
> 殺殺殺殺殺殺殺！

類似上面的 "七殺碑" 我也曾看過一些，例如廿世紀四十年代末，統治潮汕地區的俞英奇就有 "十殺令" 的大布告，至今想起猶心有餘悸。大概生而為小民，總難避免做 "殺人狂" 的活靶子，即使沒有 "七殺碑" 或 "十殺令"，也是隨時可以定罪置之於死地的。

964 難以解釋的現象

當今改革開放繁榮發展的大好時期，卻有些現象很使人難以解釋。即如文化藝術而論，茶樓酒肆娛樂場所名之 "皇宮"、"皇后"、"公主" 等等，所有吃的穿的都號稱出自御廚宮廷，連藥名也冠以 "宮廷秘方"。還有，電影電視也多以皇帝為題材，大肆描寫三宮六院的帝王將相生活方式，居然把興起文字獄、造成冤案殺人無數的雍正皇帝，也渲染成愛民聖主。這是不是我們的社會，沒有其他的新題材可寫可演了？或者我們太平無事，又熱衷於一口一個 "皇阿瑪"，萬歲、萬歲、萬萬歲？

965 2001 年的新年賀卡

2001 年是廿一世紀真正的開始，臺灣的祥傑、君梅賢伉儷寄給我
一張美麗的賀卡，內書五言絕句一首，頗有新意，姑錄下作爲大家
對新年新春新世紀新中國的祝願：

華人思一統，兩岸盼三通；

新紀風雲壯，和平進大同。

966 秋瑾的一闋詞

近讀 "鑑湖女俠"秋瑾（1879—1907）遺作和傳記，肅然起敬。
中國近代有此烈士，真不愧是會稽乃報仇雪恨之邦的好兒女。她雖
是女性，卻以男人自命，爲國家民族和男女平等事業英勇地獻出寶
貴的生命。也許因爲她死得壯烈，人們竟忽略了她對女性解放的意
志和願望。請讀她一闋《滿江紅》詞：

小住京華，早又是中秋佳節。爲籬下黃花開遍，秋容如拭。四面
歌殘終破楚，八年風味徒思浙。苦將儂強派作娥眉，殊未屑。

身不得男兒列，心卻比男兒烈。算平生肝膽，因人常熱。俗子胸
襟誰識我？英雄末路當磨折。莽紅塵何處覓知音？青衫濕。

我看 "俗子"當包括她的碌碌庸懦的丈夫王廷鈞。她犧牲已九十
多年了，山河早已光復，人們也已得到解放，當可含笑九泉。

967 擺脫五個"不是"

鄧小平先生指出了 "貧窮不是社會主義"，便改革開放，以經濟

建設爲中心，發展生產力，奔向富裕。後來人加上 "專制不是社會主義"而要求民主自由建立法制；再後來又有人加上 "腐敗不是社會主義"，便大力肅貪，澄清吏治； "愚昧不是社會主義"，更加強教育科技設施以提高人民素質。最近作家嚴秀更提出 "門第網路不是社會主義"，希望用人唯賢唯能不唯親。論者曰：中國如果不能擺脫這五個 "不是"，要想有長遠美好的前景，是不可能的。

968 充滿怨氣的民諺

明人鄭煊的《昨非庵日纂》中有段話：南宋李之顏雲：嘗玩"錢"字旁，上著一戈，下著一戈，真殺人之物而人不悟也。這話雖未免偏頗，但也似有道理。古之嚴嵩、和珅，今之胡長清、成克傑都是大官而死之于對錢的貪婪。流風所至，似乎愈演愈烈，很難遏制和肅清，以致流傳著一首民諺：

> 看到別人貪，不要不服氣；
>
> 暫時撈不著，不要暗喪氣；
>
> 機會輪到你，堅決不客氣。

這雖然是老百姓在無可如何的情況下說的很不負責的怪話、怨氣話，但也應該作爲警鐘，加強肅貪倡廉工作。

969 入鄉隨俗的逸聞

入鄉隨俗或者見人隨俗，反映了人們對不同文化的瞭解和尊重。英國的交通靠左行，接吻也習慣左頰先上。當第二次世界大戰時，美國軍隊開到英國本土，美軍小夥子與英國姑娘接吻，都習慣右頰先上。爲了避免撞鼻子，美軍司令部下令士兵要入鄉隨俗，和英國姑娘接吻左頰先上。但撞鼻子的事，還是發生，原因是英國的婦女團體也叫所有姑娘和美軍接吻時，改爲美國式的右頰先上，以示友好親切。以上逸聞雖只可供茶餘飯後談助，但確也是大事。試想：清朝的大臣李鴻章出使外國，以爲自己是 "天朝"人物，狂妄自滿，不能入鄉隨俗，竟在外交生活中鬧了多少爲外國人不齒的笑話？

970 趙丹的言志詩

廿世紀三十年代，趙丹在中國電影界已經是紅員，能書善畫，多才多藝，與同時的劉瓊都是觀衆喜愛的偶像。他在五十年代以後的歷次政治運動中，都不免被打成 "牛鬼蛇神"，加以批鬥並投入 "牛棚"或監獄，受盡艱辛和屈辱。 "四人幫"覆沒後，他被釋放回到上海電影製片廠工作，曾寫了一首詩以表達當時的心志：

> 大起大落有奇福，兩度囹圄髮尚烏；
> 酸甜苦辣極變化，地獄天堂索藝珠。

971 廣州最早的公園

廣州自明清兩朝便已形成都市，但沒有現代意義上的公園，以供市民歇息和遊玩；有的名園都屬私家花園或 "皇家花園"。到了 1918 年，應孫中山先生的倡議，市政府才把清朝的廣東巡撫署闢爲市立第一公園，位置在市中心區，經過栽種花木和建築亭台坐椅圍牆等等，漸具規模。到了 1925 年易名爲中央公園，即今天的人民公園。這個公園面積雖小，內容也很單調，但交通方便，樹木蔥籠，一向成爲市民的遊樂、運動、集會場所，至今不衰。

972 關於蛇聯

今年是蛇年，抄幾副有關蛇的妙聯：

綠鴨浮水，數數一雙四隻；

赤蛇出洞，量量九寸十分。

上聯中 "一雙四隻"相加爲 "六"，下聯中 "九寸十分"合計爲 "尺"，而聯首的 "綠"與 "赤"的諧音爲 "六（陸）"與 "尺"。構思奇巧，讀來有趣。還有一副反義詞自對的妙聯：

小老鼠偷吃熱涼粉；

短長蟲纏繞矮高粱。

聯中 "老鼠"是 "小"的，"長蟲（蛇）"是 "短"的，"涼粉"是 "熱"的，而 "高粱"是 "矮"的，這四組反義詞自對，看似平易，但用得恰到好處，真不同凡響。還有一副謎聯，上下聯各打一物：

白蛇渡江，頭頂一輪紅日；

烏龍臥壁，身披萬點金星。

上聯的謎底是油燈碗中的燈芯。燈芯未浸油爲白色，入油中如 "白蛇渡江"，點燃後火苗爲紅色，好像 "一輪紅日"。下聯的謎底是牆上掛的稈秤。桿秤原爲黑色，掛在牆上如 "烏龍臥壁"，秤星呈黃色，好像 "萬點金星"。此聯比喻精當，對仗工整，堪稱佳作。

973 紀曉嵐的《閱微草堂筆記》

清·紀曉嵐（1724—1805）雖是乾隆的寵臣，主編《四庫全書》，名滿士林，但他在閑情中還是寫了不少刻劃人情世態、日常見聞、發人深思、短小精捍的小品隨筆。例如：他在《閱微草堂筆記》中就有這樣一則：

　有一人嗜河豚，卒中毒死。死後見夢于妻子曰："祀我何不以河豚耶？"

　我想：假如紀曉嵐活在今天，看見不少大貪官愛財如命遭到法辦槍斃，必然又會記上一則：

　有大貪官嗜錢如命，卒遭法辦處以極刑。死後見夢于妻子曰："何不以余所貪財寶陪葬耶？"

974 唐人的《金陵春夢》

　唐人（1919—1981）原名嚴慶澎，原籍浙江吳縣，筆名很多，以"唐人"爲著。他原在上海《大公報》工作，後到香港任《大公報》系的《新晚報》編輯。1952 年開始在《新晚報》發表《金陵春夢》長篇小說，到 1955 年將幾年連載集成八卷陸續出版發行海內外。唐人自己說：《金陵春夢》既不是小說，也不是歷史，只是把蔣介石其人其事像說書先生那樣描繪而已。就事論事既然像"說書"那就難免真真假假，假假真真，但由於文字生動活潑，刻畫入微，很使讀者相信其真實性，一版再版而至無數版發行。

　唐人一生還寫有《草山殘夢》八卷和《北洋軍閥演義》等八十多部小說和電影劇本，共約一千多萬字，可謂多產作家。唯其如此勤勞，於 1979 年間患上腦溢血，到廣州、北京治療。在醫院中還是竭力寫作，而且很多應酬，以至病情惡化，1981 年 11 月間不治逝世，年僅 62 歲。

975 廣州的橋

廣州在清末民初已是 100 萬人口的城市。但珠江南北情況截然不同，北面繁榮，南面荒涼，原因是江面遼闊，全靠小輪船和人力小艇交通，往來不便。直到 1933 年陳濟棠統治廣東時期，才建成一座海珠鐵橋。無論設計、鋼材、施工，都以高價由德國公司承辦，鐵橋中間可以開合，行駛較大輪船，在當時說來是稀罕之物，聞名遠近。到了 1938 年六月，日本敵機轟炸廣州，竟把鐵橋中間開合機械震壞失效；1949 年十月，國民黨軍隊撤離廣州時，更用炸藥炸得七零八落，珠江兩岸又全靠"百舸爭流"相往來了。值得驕傲的是：經過自力更生，1950 年十二月便修好通車。以後還先後自行建有人民、海印、廣州、江灣、解放、華南、鶴洞、洛溪等各式各樣大橋，橫跨珠江，把兩岸連成一片。我們從這些大橋的迅速建設，便可以看出廣州的飛快發展程度，特別在 20 世紀最後 20 年。

976 怕作官的袁中郎

林語堂生前盛讚的袁宏道，字中郎，與兄宗道弟中道同受李贄文風的影響，成為"性靈派作家"，又稱為"（湖北）公安三袁"。袁宏道的小品文寫得很精妙，信劄更富個性。明·萬曆 23 年（1595），他 27 歲以進士身份出任吳縣縣令，原以為大可以藉此機會遨遊山水，醉心詩酒，自由自在，發揮其性靈。誰知上任不久，即感到彆扭、難熬，遠非想象中的閒適，一年多以後便借病辭官"回家開飯"。他曾寫了不少書信給友人訴說作官的辛苦：

弟作令，備極醜態，不可名狀。大約遇上官則奴，候過客則妓，治錢谷則蒼老人，諭百姓則保山婆。一日之間，百暖百寒，乍陰乍陽，人間惡趣，今一身嘗盡矣。苦哉！毒哉！

吳令甚苦我，苦瘦，苦忙，苦膝欲穿，腰欲斷，項欲落。嗟乎中郎一行作令，文雅都盡……

類似以上的信劄很多，這與現在的庸官俗吏，忙著顯官亮職於媒體，衣錦還鄉於故里，拜迎長官於道途，徇私舞弊於暗室，大不相同。我們不反對有德有才者為經邦濟國、服務人群而做官，而且做得有滋有味。但四百年前的袁中郎，鄙棄世俗觀念和糞土功名利祿的人格品德，還是應該讚賞的，其文章的清新飄逸，散淡不羈，使人讀之如飲醇酒，要比作官有意思多了。

977 邵洵美的下落

清末大官僚大財閥盛宣懷的外甥，又是金龜孫女婿的邵洵美，生於 1898 年，是一位豪門公子洋場闊少。他有志留學英法，在文學上有所成就，被稱為頹廢的唯美派詩人，在上海創辦"金屋書店"、"時代出版社"，編輯《金屋月刊》、《論語半月刊》，可謂難能可貴。

邵洵美憑著他的家世背景和自己的能耐，在 20 世紀 30 年代風頭十足，曾與美國女作家項美麗（Emily Hahn）有一段情緣，他很少提及，但這位項小姐卻拋出《我的中國丈夫》、《中國與我》等自傳體小說，大肆渲染。1957 年"反右"時期他忽然想起這位老情人，拜託她幫助一位朋友去香港，這封信給海關查獲，自然成為"裏通外國"的特務罪證而入獄。據說他在獄中自覺難以釋放，曾托難友賈植芳先生要為他寫文章說明二件事：第一件是 1937 年英國作家蕭伯納來上海訪問，和魯迅等人會晤，原來由他出錢接待，當時大小報刊都沒有提及他的名字，很不公平；第二件事是魯迅先生說他的文章，都是出錢請人代寫的，並非事實，應該更正。幸運的是到了

60 年代初，意外得到周揚的關照而出獄。這時正是 "三年自然災
害" ，全國人民遭受饑餓時期，他夫婦很難度日，擠在一間小房子
裏，連床也賣了，睡在地板上，共捱饑寒，變成了真正的 "落難公
子" 。1968 年終因貧病交加逝世於上海。

978 2001 年的日曆

我不懂天文，也不懂曆法，但翻看今年（2001）的新日曆卻發現
一些巧合。第一，今年的元旦也是新千年、新世紀的第一天，這天
剛巧是星期一；再看傳統的干支紀日，恰巧是 "甲子日" 。無論是
日期、星期、干支都是： "一" ，真是 "一元複始、萬象更新" 。
第二，今年是中華人民共和國成立 52 周年，國慶節十月一日又是傳
統的中秋（農曆八月十五）。在香港、澳門回歸後新千年、新世紀開
始的第一年，國慶、家慶喜相逢，這是中華民族大團圓興旺發達的
象徵。據說國慶中秋喜相逢的現象 19 年一次，上回出現在 1982 年，
下回出現在 2020 年。以上兩點都是曆法運算上的巧合，我們不能迷
信，坐等好日子的到來，世界上一切東西都是人們力行創造的。

979 鼎湖山的寶鼎龍硯

1981 年 1 月，我受老友陳舉君兄之邀旅遊肇慶鼎湖山和七星岩，
當時國家開始改革開放，遊人不多，新的建設也少，全是原來 "一
貫制" 的自然人文景點。最近報載：鼎湖山寶鼎園開園迎接新千年
新世紀。一座九龍寶鼎是目前世界上最大的青銅鼎，高 6.68 米，寬
5.58 米，重 16 噸；另有端溪龍皇硯，長 2.78 米，寬 2.18 米，厚

0.25 米，重 2 噸。寶鼎、龍硯同獲吉尼斯世界記錄，中國歷史博物館永久收藏。肇慶市名醫生梁劍波有詩記之：（四首抄三首）

世紀之交喜事多，鼎湖兩寶鎮山河；
旅遊勝地添新景，中博收藏永不磨。

九龍寶鼎耀湖山，建設宏觀巨且艱；
世界喜添新記錄，風光名勝譽人寰。

龍皇端硯寫春秋，寶鼎呈祥展壯猷；
今古精華融合處，象徵團結固神州。

梁詩抄畢，忽憶舉君兄已先我於 1993 年逝世。生死之交，情深似海，我若不是他在 1950 年信任我愛護我，給我工作崗位，那我後半生的生活當不堪設想。及今年老體衰，無法前往肇慶市重遊名山看新景，並弔念故人，思之愴然！

980　再記胡適生平

號稱自由主義者的胡適，為國民黨工作了幾十年，卻也受到國民黨多次批判和圍剿。他一向認為自己站在公正的立場，不受黨派所左右，對不民主反科學的人和事做諍友諫臣，以期國家長治久安興旺發達。誰知虛弱的獨裁者，不體諒他這套 "小罵大幫忙" 的苦衷，使用種種方法警告他，駁斥他，眾口鑠金，終於使他屈服。到了 50 年代，由於他在大陸文化界很有影響，也發動了一場對他的大批判，這是盡人皆知的事實。更出人意外的是：1960 年雷震在臺灣辦《自由中國》被判刑，臺灣朝野認為胡適是後臺，許多人又大寫文章向他責難和漫罵，甚至有人主張派飛機把他空投大陸。他這樣兩頭不討好的尷尬，真使人匪夷所思。現在他已逝世近四十年，時空遠隔，是不是可以"蓋棺定論"，對這位"過河卒子"給予恰如其分的評價？

981 "官以食爲天"

《羊城晚報》2001 年 1 月 18 日載：海南省早已查出昌江縣烏烈鎮政府，濫用公款吃喝，拖欠餐費的腐敗案件。據悉最近瓊山市美安鎮政府又欠 30 多個債主、150 萬元債務。其中不少是吃喝債。最大的洪慶江食店就達 15 萬元，因而資金周轉不靈而歇業。另訊 ：安徽蕭縣黃口鎮新年前夕，豎起了一塊還債通知牌，牌上公佈了 45 名鎮幹部拖欠"青春飯店"23 萬元吃喝債，豎牌討債人就是被吃垮的"青春飯店"老闆李文海……

古話有說"民以食爲天"，現在應該改爲"官以食爲天"了。

982 再記陳獨秀的詩

受當代作家嚴秀稱譽爲 "不僅是中國近代史上的稀有偉人，也是三千年來中國歷史上屈指可數的大偉人之一" 的陳獨秀（1879—1942），雖是 "五‧四"新文化運動的主將，卻也創作了一百多首舊體詩，前已記有一首，現在再選記三首如下：

> 放棄燕雲戰馬豪，胡兒醉夢倚天驕。
>
> 此身猶未成衰骨，夢裏寒霜夜渡遼。

這是 "九‧一八"事變後的感事詩，堪與南宋陸游："樓船夜月瓜州渡，鐵馬秋風大散關；塞外長城空自許，鏡中衰鬢已先斑"。"僵臥孤村不自哀，尚思爲國戍輪台；夜闌臥聽風吹雨，鐵馬冰河入夢來。"等詩句媲美。又：

> 兵馬方過忍朝饑，租吏追呼烏夜啼；
>
> 壯者逃亡老者泣，將軍救國要飛機。

這是揭露和嘲諷當時政府貪贓枉法，倒行逆施，打著救國旗號，對人民敲骨吸髓募捐購買飛機的嬉笑怒罵。又一首：

> 四方烽火入邊城，修廟扶乩更念經；
>
> 國削民奴皆細事，首宜復古正人心。

這詩是對當時政府籌款修復孔廟祭孔復古讀經和搞扶乩等封建迷信活動，以及戴季陶在北平舉行"時輪金剛法會"迷惑人心；更以"不抵抗主義"、"攘外必先安內"爲國策一系列反動行爲，給以亦莊亦諧、一針見血的評擊。

　　按：陳獨秀因故辭去中共總書記後二年被開除出黨，1932 年被國民黨政府逮捕，囚于南京獄中五年，到了全面抗日戰爭開始出獄，在四川江津蟄居五年後病故。

983 人對書的感情

　　香港散文名家董橋，對書的感情說得使人心儀神會，莞然一笑。他打了一套比喻：

　　人對書真的會有感情，跟男女關係有點像。字典之類的參考書是妻子，常在身邊爲宜，但是翻了一輩子未必可以爛熟。詩詞小說只當是可以迷死的豔遇，事後憶起來總是甜的。又長又深的學述著作是半老的女人，非打點十二分精神不足以深解……倒過來說，女人看書也會有這些感情上的區分：字典參考書是丈夫，應該可以陪一輩子，詩詞小說不是婚外關係就是初戀心情，又緊張又迷惘；學術著作是中年男人，婆婆媽媽，過份周到，臨走還要殷勤半天，怕你說他不夠體貼；政治評論、時事雜文，是外國酒店客房裏的一場春夢，旅行完了也就完了。

984 北京閱微草堂舊址

清·紀曉嵐(1724—1805)在北京城南留下有"閱微草堂"，是他生前讀書寫作的地方，現因修建 "廣安大道"拆了許多民居，獨有這草堂舊址，卻受到各方面人士的重視，以大道拐彎辦法得以保留供人遊覽憑吊。該舊址在二百年來的漫長歲月中，幾經變化轉賣，但始終都是一些文化名人喜歡留連的好去處。老舍、臧克家、端木蕻良等，曾來此聚會、賦詩、祝壽和觀賞紀公手植的紫藤、海棠，頻增新的文化內涵。記得老舍有七絕寫道：

> 駝峰熊掌豈堪誇，撥魚貓耳實且華；
> 四座風香春幾許，庭前十丈紫藤花。

985 編纂《四庫全書》是虐政

前記清·乾隆下詔設館令紀曉嵐主持編纂《四庫全書》，看似爲中華文化立下大功。其實這正是乾隆繼秦始皇焚書坑儒餘緒對中華文化摧殘滅絕的虐政。章太炎、魯迅、傅增湘等人都有論證說明中華文化典籍至少存十萬種以上，而《四庫全書》只收了三千四百多種，雖說卷帙浩繁，卻是經過查禁焚毀剩下的殘品。當代學者陳四益先生最近以二萬字長文把乾隆下詔徵集、編纂《四庫全書》全過程，分"搜書記歷"、"焚書記烈"、"刪書記酷"、"編書記疏"四記詳加揭發乾隆對不利於統治和不順眼的中華文化典籍，加以殘酷的搜、焚、刪，再加偽編假造以掩飾罪惡事實。例如明人著作多抗清內容，或者當代不馴順、不合作、不甘心作奴才，具有民權元素，抗暴精神，自由血性的文化內涵，用"引蛇出洞"的方法先引誘後消滅，並把作者加罪斬首，株連九族。總之，《四庫全書》的編纂，是繼雍正歷次文字獄的驚人虐政，是中華文化空前的浩劫。今之歌其功頌其德者，實在太無知太健忘了。

　　我記得吳宓先生生前曾說過：中化民族即使亡於異族，一定時期以後，最終也能驅除侵略，恢復獨立；但若中國文化滅亡或損失了，那真是萬劫不復，不管這滅亡或損失是外國人或是中國人所造成的。吳先生這話值得牢記。

986 中國作家闊起來了

　　以前中國作家被稱爲"臭老九"，不敢言錢，也恥言錢。現在卻闊起來了，大富翁不少。北方作家賈平凹，前些時爲在廣州市出版的《家庭》雜誌寫稿，不管長短給稿費三千元。他的長篇小說《懷念狼》，初版印數十五萬冊，以10%版稅計算，總可收入數十萬元。王朔更牛，《上海青年報》向他約稿，競開價每字五元，寫二千字便可得一萬元。至於他的長篇《美人贈我蒙汗藥》和《看上去很美》，印數在二十萬至四十萬冊左右，版稅也可得百萬元以上。至於余秋雨、二月河等名家也莫不如此高收入。這當然由於他們的作品上乘，得到讀者的喜愛。否則照舊是窮酸秀才或是"臭老九"一個。我們可以相信：今後中國文壇將會興旺發達——只要文藝政策正確對路。

987 拍錯馬屁

某縣令微服于春節到處看春聯，見一戶人家門前貼的與衆不同：

數一道二的大戶；驚天動地的人家。

橫披是 "先斬後奏"。縣令很著急，忙著去購備大禮叩門拜訪，向：貴戶哪位大人在京做官？主人一聽，莫明其妙，隨口答：我們是窮苦小民，哪有京官？縣令一怔，忙問：那門上貼的對聯？主人笑答：我三弟是賣燒餅的，天天一個個數給顧客，所以叫 "數一道二的大戶；"我二弟是做爆竹的，一點火便響得驚天動地，所以又有了下句 "驚天動地的人家"。我則是屠夫，平時殺豬殺牛無須衙門批准，所以"先斬後奏"。

縣令聽後才知道拍錯馬屁，晦氣丟下大禮跑了。

988 豆腐的發明人

前記有民國元老張靜江旅居法國時，曾在巴黎開豆腐公司，生意興隆，尚未說明這一傳播世界、價廉物美、營養豐富的古老食品的發明人。現查朱熹曾有這樣的記述："世道豆腐本爲淮南王術。"又李時珍的《本草綱目》也說：豆腐之法，始于漢淮南王劉安。又查淮南王劉安是漢高祖劉邦的孫子，生於西元前 122 年，襲父封爲淮南王，養食客數千人，學呂不韋由食客編寫《淮南子》，並命方士煉丹，無意中造出豆腐。這是中國古代化學方面的一項發明。事物都是變化發展的，不進則退。近來廣州市菜市場有 "日本豆腐"出售，其質量勝過我們土製的，莫非這又像中國的羅盤、火藥、造紙、冶鐵那樣，一到外國人手裏便發揚光大，勝過原産地？

989 猜燈謎

我們一到元宵、中秋或者其他民俗盛會，都設置猜燈謎這一專案，可謂源遠流長，雅俗共賞。其內容浩如大海，趣味無窮，啓人智慧。有的深奧難猜，如 "劉邦笑，劉備哭"，打一字——翠。翠拆開爲 "羽卒"，項羽自刎垓下，劉邦當然要笑；關羽走麥城被殺，劉備當然要哭。又如袁世凱稱帝，倒行逆施，天怒人怨，有人製燈謎以刺之："廢民國，號洪憲，世所不容"，打一明朝詩人——袁凱。至於一些淺而易猜的也很有趣，如 "一鉤殘月帶三星"打一字——心。"一騎紅塵妃子笑"打一農藥名——樂果。"此曲只應天上有"打一成語——不同凡響。"萬紫千紅"打一《水滸》人名——花榮。"一年四季花如錦"打一地名，有人猜是四季如春的昆明，其實是吉林的長春。

990 翁同和死得其時

清末政治家、書法家、學者翁同和（1830--1904）江蘇常熟人，殿試中狀元後，曾任同治、光緒的師傅、軍機大臣。1898年他還參加康有爲梁啓超的維新運動，雖然倖免殺頭，卻被撤銷一切官職，回鄉居住。六年後（1904）病逝，再過四年光緒、慈禧相繼故世，又再過三年武昌起義，二千多年的封建帝制爲民國所取代。翁同和真是死得其時死得其所，假如他長壽到八九十歲，那麼，1911年的辛亥革命，1913年的孫中山二次革命，1916年的袁世凱稱帝，1917年的張勳復辟等等民國初年的許多重大事件，他作爲改良維新派，又滿腦子忠君思想，將持何種態度？何去何從？實在難說。假如他走向任何一次革命的對立面，其留下的聲名，當然就不像現在的好了。

991 丁聰喜爲人畫像

當代漫畫家丁聰，喜爲人畫像，不收分文，佳話頗多。一次他爲詩人胡遐之（自號荒唐居士）畫像，胡感激之餘，無以爲報，乃作題像長詩以奉酬，詩曰：

畫家小丁年不小，八十猶似少年郎。
心善毋須菩薩佑，鬢青不用染髮方。
詼諧有若東方朔，畫絕直追顧長康。
早有佳作傳四海，麝過山頭草亦香。
百忙之中揮大筆，也畫小卒像一張。
陋容因之增顏色，陋室因之煥霞光。
頭平髮短眉鬚細，牙缺鼻方耳朵長。
似在冷眼觀世道，何妨笑嘴嚼文章。
膽又大而力又弱，智欲圓而業成荒。
不甘自掃門前雪，常管他人瓦上霜。
苦恨年年壓金線，爲他人作嫁衣裳。
鯫生從無標準像，電視緣慳名不揚。
野狐談禪號居士，大夢難覺自荒唐。
少壯久欽丁老畫，今幸有機沾其芳。
虎年獲此真佳兆，半夜眼猶盯像框。

992 蘇東坡在車陂村的後裔

前記有北宋蘇軾（東坡）後裔在珠江三角州繁衍生息，但不知其
詳。今年春節《羊城晚報》有一則報道說：廣州市天河區車陂村，
有蘇軾後裔世代居住，人丁興旺，是當地的大家族。村中有個蘇氏
宗祠，歷代都作爲文化中心，舉辦私塾或學校。現在不僅是全村男
女老少休息文娛的好去處，而且還是村民喜慶設宴的好地方。報道
還用照片說明該祠堂建築宏偉壯觀，蘇氏後裔在大廳中熱氣騰騰接
待親友共慶新千年新世紀第一個春節的盛況。

993 春節隨感

我國改用新曆與世界接軌，已有九十年，但舊曆依然沿用，特別
在廣大農村中，有幸沒有被歷次的政治運動"一刀切"革掉，實行雙
軌制，可謂適應潮流順乎民意。每年的新曆元旦後，我們照舊貼上
"桃紅柳綠，千山競秀；張燈結綵，萬戶迎春"的紅對聯，過著熱鬧
快樂的春節，互相拜年，普天同慶，而且一年年重視，從放假三天
增加到一周，恐怕全世界也少有這樣的長假期。在這樣的節日裏，
我們看到臺灣、香港、澳門、大陸和世界各地的華僑華人同樣歡慶
佳節的電視，真是感慨萬千。我們有這樣共同文化，苦樂與共的同
胞，同心同德致力於國家民族的復興，何愁不興旺發達，受人欺侮？
可惜，我們卻偏偏喜歡"窩裏鬥"，造成嚴重的內耗和損失。以前的
帝王將相家，兄弟叔侄互相殺伐爭權，社會上官吃民，官吃官，民
吃民的慘劇，歷史記載很多，尤其三十多年前"文化大革命"時期，
更把"窩裏鬥"演成"窩外鬥"，把同一營壘的自己人，說是："叛徒、

特務、內奸、走資派"加以打倒。難怪臺灣作家柏楊曾傷心地說過這樣的話：

外國人批評中國人不知道團結，我只好說：你知道中國人不團結是誰的意思？是上帝的意思。因爲中國有十幾億人口，團結起來，萬眾一心，你受得了？是上帝可憐你們，才教中國人不團結……

至於不團結喜歡"窩裏鬥"的根源何在？那就說來話長了。

994 和珅的歪理怪論

和珅是乾隆皇帝的寵臣，也是中國歷史上的大貪官。在最近播放一些有關的電視裏，表白他的歪理怪論很多。例如說：貪官才會聽話，才會忠實推行政令，才能政通人和、國泰民安；而那些清官卻食古不化，對上級的命令吹毛求疵，下級有錯也毫不留情，弄得上下交怨，政局不穩，百姓不安。所以他對貪官不主張斬盡殺絕，認爲貪官是"肥鴨子"，把"肥鴨子"殺了，新補上的是"空肚鴨子"，靠什麼養肥它？還不是食民而肥？貪官換班，於國於民都很不利，不如讓貪官長期做下去。

和珅對名也另有見解，有一次他對紀曉嵐說：我不圖名也有名，不管是壞名還是好名，千百年後知道我和珅的人要比知道你紀曉嵐的多，你信不信？我反正是悶在墳墓裏，什麼也聽不見，管它是臭是香。你不圖名不圖利，活得多累？君子哪時候鬥得過小人？

近來社會上貪官大貪官層出不窮，離奇古怪出人意外的事也多，是不是和珅的謬種流傳？

995 蔣方良的晚景

　　報載：臺灣蔣經國遺孀蔣方良，最近因急病進了醫院。我們知道她早年在蘇聯與蔣經國結婚，成就了異國姻緣，從此把青春獻給了蔣經國，於抗日戰爭前夕回到中國，最後到了臺灣過她的後半生。她今年已經 85 歲，曾是第一家庭的媳婦，也曾是第一夫人。但回顧她的人生之路，畢竟是一位平凡的女人，蔣經國就是她的整個世界，幾乎沒有走出過蔣家大門。蔣經國過世後，又受著三個孩子蔣孝文、蔣孝武、蔣孝勇相繼逝世的打擊，老病交侵，加上門前零落車馬稀，據說每天只安靜地坐著，沈浸在沒有聲息的世界裏，有時看看壁上掛著的蔣經國和子女們照片，或者在庭院裏曬曬太陽，至多到榮總醫院去看病取藥，就這樣靜悄悄冷清清地過著日子。她傴僂的身軀、蒼白的臉面，寫滿了孤寂和傷痛，和她的身份很不協調，許多知道她的人都爲她的苦命、堅貞而唏噓歎息和崇敬。她是蔣家六位遺孀和孫兒們的精神支柱。

996 植樹節的由來

　　1925 年 3 月 12 日孫中山先生在北京病逝。1928 年 3 月 12 日爲紀念孫先生逝世三周年，舉行了植樹儀式。從 1929 年起，更把過去清明植樹節改爲 3 月 12 日。1979 年 2 月 23 日全國人大常委會通過決議正式把每年 3 月 12 日定爲植樹節，一方面爲了紀念一生重視和倡導植樹造林的孫先生，另一方面 3 月 12 日恰是我國驚蟄之後、春分之前，從氣候環境的實際出發，這個時間最適合植樹造林，成活率較高。

997 題彌勒佛的對聯

我國題寫寺廟中彌勒佛的對聯很多,有長有短,有俗有雅,人們都視之爲處世哲學,奉爲圭臬。其中最著名的有河南開封相國寺、北京潭柘寺和安徽鳳陽龍興寺的一副:

> 大肚能容,容天下難容之事;
>
> 開口便笑,笑世上可笑之人。

還有蘇州西園寺的:

> 大肚能容,了卻人間多少事;
>
> 滿腔歡喜,笑開天下古今愁。

998 廣州市區的擴大

廣州是中國南方的大都市,又是國務院公佈第一批歷史文化名城。早在四五千年以前,我們的先民就在這方熱土繁衍生息。西元前 214 年秦統一嶺南,南海尉任囂在此建築番禺城,距今已有二千多年,一直是嶺南地區政治、經濟和文化中心,並曾是海上絲綢之路的起點。朝代的更替,統治者的興衰,以及天災人禍等等都沒有改變首府的地位,這是難得的現象。從現存的史料證實,城中心就在今天中山四路至中山五路即人民公園一帶。居民大半是五湖四海前來營生的後裔與原來居民一代代融合形成的新族群,但語言文化都沒有很大的變化。現在所轄除原有的荔灣、芳村、海珠、越秀、東山、黃埔、白雲、天河八區外,2000 年又把番禺、花都劃歸市區,範圍更見擴大了。

999 王朔又在罵人

當代作家王朔,以罵人出名。最近又在《藝術世界》雜誌說:齊白石會畫蝦,但沒見他畫過人物。繪畫大師連人物都不會畫,哪叫本事?他對張大千也嗤之以鼻,說他只會畫山水。其實齊除畫花鳥蟲魚外,也畫鍾馗和其他人物。至於張大千的自畫像就達百多幅,而且還題詩作識,衆所周知。何況齊、張兩人大師地位是世人和徐悲鴻、畢卡索都首肯的。王朔先生對歷史情況特別是對中國繪畫藝術缺乏研究,卻大放高論,自作聰明,是不是有點過份了?

1000 作曲家劉雪庵

20 世紀初期著名愛國作曲家黃自的學生劉雪庵也很有名。我記得 1931 年 "九·一八" 後流行一曲《在松花江上》,不久,劉雪庵卻創作《離家》、《上前線》,合稱《流亡三部曲》,傳唱全國,激動著全國人民起而抗戰,其功不小。其後又創作了《長城謠》等等抗戰歌曲,再後還創作了給臺灣歌唱家鄧麗君唱紅的《何日君再來》。劉雪庵極具音樂天才,多產各種情調的歌曲,大概就因爲他是《何日君雨來》的作者,在大陸歷次政治運動中被揪鬥得七上八落,吃盡苦頭,卒至銷聲匿跡,不知所終。

1001 中國最早的女報人裴毓芳

1898 年康有爲、梁啓超推行維新變法時期,江蘇無錫出版一份《無錫白話報》,大聲疾呼滌蕩時弊,變法維新,人們爭相傳讀,風行大江南北以及北京。這份報紙就是我國新聞史上第一位女報人裘毓芳（梅侶女史）得到她的伯父、維新人物裘廷梁舉人的支援而主辦的。裘毓芳新舊學造詣都很高，並通英語，思想進步，她把報紙五天出版一期，開闢中外新聞、無錫新聞、海國叢談、海外奇聞等等欄目。她文筆優美，親自採寫與改編新聞，爲維新變法搖旗吶喊。還譯介了外國大量政治、經濟、法律、名著和科學故事、異域風情、人生哲學等等，使讀者大開眼界，成爲一份標新立異、驚世駭俗，影響深遠的江南最早的白話報紙，對平民百姓起著很大的啓蒙作用。到了變法失敗後，該報被查封，共出版了29期，在我國新聞史上留下重要的一章。裘毓芳不僅是一位中國最早的女報人，也是一位中國女權運動最早的興起者。

1002 "男人是茶壺"

怪話連篇的辜鴻銘，曾這樣說過：

"男人是茶壺，女人是茶杯。只見一個茶壺倒水到多個杯裏，未見多個茶壺往一個杯裏倒。"這顯然是大男人主義者的說法。

陸小曼和徐志摩熱戀時也曾這樣說：

"你不是我的茶壺，你是我的牙刷。茶壺可以公用，牙刷不能公用"。這又是堅貞女人的表白。兩人都以茶壺喻男人，是巧合？還是抄襲？

1003 吃粥詩話

"憶苦思甜"據說可以勵志奮發，以免腐敗沈淪。1960年前後三年，我們在所謂"自然災害"下，以"瓜菜代"餓得不亦樂乎，至今記憶猶新。回想起來，又宛如隔世，比比現實好生活，我想任何人也不會 "端起大碗吃肉，放下筷子罵娘" 那麼沒道理的。誠然，我們有時也會嫌乾飯魚肉吃得太多，想改換口味，吃吃稀粥或其他什麼。現在我想起了古人一些吃粥詩：

　　南宋陸游（1125---1210）的一首粥詩是這樣寫的：

　　　　　　世人個個學長年，不悟長年在目前。

　　　　　　我學宛丘平易法，只將食粥致神仙。

　　按：宛丘即陸游同時代人張來，曾寫《粥記》勸人多吃粥以健身補氣。傳說：粥的發明者是黃帝，可以節省糧食，但不耐飽，也顯寒磣，故在特殊情況下才弄來吃。明代解縉曾爲寒士生活自我解嘲：

　　　　　　水旱年來稻不收，至今煮粥未曾稠。

　　　　　　人言箸插東西倒，我道匙挑前後流。

　　　　　　捧出堂前風起浪，將來庭下月鈎沉。

　　　　　　早間不用青銅照，眉目分明在裏頭。

　　還有一位陳文勤寫的煮粥詩：

　　　　　　煮飯何如煮粥強，好同兒女細商量。

　　　　　　一升可作三升用，兩日堪爲六日糧。

　　　　　　有客只須添水火，無錢不必作羹湯。

　　　　　　莫嫌淡泊好滋味，淡泊之中滋味長。

　　這詩簡直對窮人的無奈寫得謔而又虐了。至於明代藥學家李時珍在《本草綱目》中列出的五十種用蔬菜果豆製成的粥品，那是藥膳，既好吃又有營養且可防病，我們大可以提倡選用。

1004 許廣平致胡適的兩封信

　　20 世紀初的 "五‧四" 運動，魯迅與胡適原是站在同一營壘的戰將，以後因思想意識和政治立場不同，逐漸疏遠、對立。在魯迅的雜文中對此很多表達。但胡適對魯迅，一直懷有敬意，而魯迅對胡適，雖確有尖銳的批評或譏諷，但都出於公心，未見有私人的仇恨。這是我們很可以體會到的事實。

　　最近有人發現魯迅夫人許廣平（1898—1968）生前致胡適兩封信，寫信時間當在魯迅 1936 年逝世後至 1937 年上海淪陷於日寇期間。其一是對胡適允爲 "魯迅紀念委員會" 委員致謝："將來公務進行，得先生領導指引，俾收良效，曷勝感幸！" 其二是爲出版《魯迅全集》請胡適鼎力設法幫助而寫的。後來許廣平確曾看過胡適致商務印書館經理王雲五關於托辦這事的親筆信。後來大概因爲 "八‧一三" 上海抗日戰事影響，商務印書館受創內遷，已無法出版這部《魯迅全集》大書，才改由其他書店出版。

　　許廣平逝世於 1968 年三月，正值 "十年浩劫" 時期，幸好上述兩封信沒有被揭發，否則必然遭受滅頂之災，同時胡適對魯迅夫婦這段歷史故實，也就不能浮一大白了。

1005 "三個臭裨將，頂個諸葛亮"

　　中國的字、詞或成語，往往是 "約定俗成" 而以訛傳訛的。譬如說："三個臭皮匠，頂個諸葛亮"，不知道流傳了多少年，詞典是這樣寫的，寫文章也是這樣引用的，從無人提出異議。最近有人認爲這句成語有邏輯錯誤，爲什麽拿臭皮匠和諸葛亮相比？兩者根本沒有可比性，於是查到《辭海》有 "裨將" 一詞，即古代的副將，"三個臭裨將，頂個諸葛亮"，都是將兵打仗之人，具有可比性，這樣就合乎邏輯順理成章了。估計這句成語在口頭流行時，"裨將"

被說成諧音字"皮匠"，於是錯誤下來。所以說：我們讀寫時候應該多動腦筋，對字、詞或成語等等多問問爲什麼，尋根究底大有好處。

1006 天怒人怨的蔡京

有道是：人民的眼睛是雪亮的。凡是違逆人民意願行事的權臣惡棍、貪官毒霸，儘管用盡辦法掩飾罪惡，也只能欲蓋彌彰。嘗讀宋人筆記張淏的《雲穀奇記》、王明淸的《探塵錄》，都提到蔡京的劣跡，嫌惡、怨毒之氣躍然紙上：

蔡京南貶，道中市飲食者，問知乃蔡氏，皆不肯售，甚至詬罵無所不及，州縣官吏須驅民始得行。蔡京坐於轎中獨歎曰："京失人心一至於此，"至潭州作一詞："八十一年處世，四千里外無家，如今流落向天涯，夢到瑤池闕下。玉殿五回命相，彤庭幾度宣麻。只因貪寵戀繁華，便有如此事也。"

蔡京五度任宰相，惹得天怒人怨，生既受罵，死亦遺臭，真是自作自受無話可說。

1007 "一生艷福仗娥眉"

幾年前死在美國寓所，久無人知曉的中國當代女作家張愛玲，平生的行狀耿介孤獨，使人追懷不已，歎爲紅顏薄命。她的祖父張佩綸，因中法之戰督師馬尾失利，與大埔何如璋同遭撤職，落魄京華。張聽聞權相李鴻章尚有老女，乃托人求婚。婚後李老小姐仗勢凌人，使張受盡苦頭，追悔莫及。據說：他臨終前曾有遺言囑咐子孫："娶妻當娶不如我家者，嫁女當嫁強於我家者。"可見刻骨銘心之深。有人戲作一聯加以嘲諷：

　　　三品功名丟馬尾，一生艷福仗娥眉。

1008 "回首河山意黯然"

　　春秋難遣強看山，往事心驚淚欲潛。
　　四百萬人同一哭，去年今日割臺灣。

　　宰相有權能割地，孤臣無力可回天。
　　扁舟去作鴟夷子，回首河山意黯然。

　　以上兩首詩是愛國詩人丘逢甲於抗日保台失利離台回大陸後所作。除以激烈之情責備李鴻章割地賠款不當外，還悲憤地抒發無力保台的無奈苦衷。今天我們重讀，真是百感交集，不能自己。誰能預料到 "甲午戰爭"百周年紀念日，竟有台獨分子公然組織近百人的代表團，到日本去與軍國主義者一同謳歌 "甲午戰爭"的勝利？又誰能預料到時至今日，有一些做過 "皇民"的人，竟公然不承認自己是中國人？丘逢甲老先生地下有知，當又會 "回首河山意黯然"吧！

1009 紀曉嵐善拍馬屁

　　清·乾隆寵臣、《四庫全書》總纂官紀曉嵐，可以說是一位很會拍馬屁的名家。因為他學問淵博，對答如流，很能應付尷尬場面而不著痕跡。有一次，他在朝房待漏（值班），坐久倦甚，戲語同僚曰：老頭兒，胡尚遲遲其來？（意指乾隆如何還不上朝？）語未盡，步聲起於座後，乾隆微服至矣，厲聲問：老頭兒三字何解？紀曉嵐從容叩首啓稟：萬壽無疆謂之老，頂天立地謂之頭，父天母地謂之兒。
乾隆聞之大悅。

1010 胡適拒做 "博士茶" 廣告

胡適是安徽績溪人。徽人多外出從商，結成徽幫團結互助。胡適
難免受到影響，成名後家鄉有所請求幫助，無不盡力而爲，如捐款
捐書擔任學校名譽校長等等。但有一次卻屬例外。緣於家鄉有一家
叫 "裕新" 的茶莊，推出一種 "博士茶" （想是因胡博士而創意的），
敦請胡適最敬愛親密的叔輩胡靜仁出面函請在北京的胡適認可已擬
好的 "仿單"（像今天的廣告），以廣宣傳促銷。"仿單" 說："胡適昔
年服此茶，沉痾逐得痊愈。" 又說："凡崇拜胡適博士欲樹幟於文學
界者，當自先飲博士茶爲始。" 胡適看到這內容，急忙復信堅稱："仿
單" 千萬不可發出去。並說：博士茶非不可稱，但切勿用我的名字作
廣告或仿單。這仿單必不可用，其中措詞多甚俗氣小氣。胡適針對
"沉痾逐得痊愈" 這句話稱：這更是欺騙人的話；對所謂 "喝博士茶樹
幟于文學界"，譏爲 "何不喝一斗墨水？" 胡適語重心長預言：這仿單
一發出當爲人所詬病，等到我出來否認，更於裕新茶莊不利……

真想不到上世紀初胡適還有這一段與廣告有關的軼聞。

1011 蒙哥馬利的名言

世界上還有霸權主義者，便存在戰爭的危機。熱愛生活的人，總
希望消滅戰爭，和平共處。過去有些戰爭，已被認爲大忌，這是好
事。英國第二次世界大戰的名將蒙哥馬利元帥，曾評論美國越戰失

利時說：美國犯了兵家第二大忌。兵家第二大忌就是絕不使用陸軍在亞洲大陸作戰；兵家第一大忌是：絕不進軍莫斯科，這兩大忌是我發明的。

蒙氏說的第一大忌，已由拿破崙、希特勒東征軍事行動得到證實，第二大忌則由日本侵華和美軍介入韓戰越戰獲得驗證。"兵者國之大事，死生之地，存亡之道，不可不察也。"戰爭狂人幸垂察焉。

1012 揚州八怪

凡談清代文學藝術，莫不談及揚州八怪。但現行的《辭源》、《辭海》卻未列揚州八怪之名。根據"補白大王"鄭逸梅先生（1895—1992）生前的查考，八怪有：金冬心，名農；羅兩峰，名聘；鄭板橋，名燮；高西園，名鳳翰；李復堂，名鱓；汪東湖，名士通；黃瘦瓢，名慎；閔正齋，名貞。他們大都是康、乾時人，先後生活在文化名城揚州，有揚州產，也有非揚州產而寓居其地的，各有其生活品性和藝術特色，不同流俗。最著名的當推鄭板橋，遺下各種作品也最多。

1013 高奇峰的義女：張坤義

番禺高奇峰（1889—1933）與胞兄高劍父（1879—1951）同為嶺南畫派創始人，又是追隨孫中山先生革命的志士。奇峰於 1933 年 11 月 2 日病逝於赴德國的途中上海。此前建畫室天風樓於廣州二沙島，作育人才。因無子以門人張坤義女士為義女，情同骨肉。張女曾用淚血和粉作顏料畫梅花一幅哀悼義父，並題詩云：

　　寫盡淚痕和血痕，空餘哀怨塞乾坤。

> 天風瑟瑟孤山影，痛絕難招海上魂。

張女還與楊家駱搜集遺作出版，蔡元培先生在卷首題詩：

> 革命精神徹始終，
>
> 政潮藝海兩成功。
>
> 介推豈肯輕言祿，
>
> 筆底煙雲供奉豐。

猶憶我曾於抗日勝利後，在廣州街頭購得一幅奇峰爲“九‧一八”事變義賣梅花圖，極爲高興，掛在廳堂，日夕欣賞，後因世亂遺失，至今惋惜。

1014 李伯元的春聯

《官場現形記》作者李伯元，憤世嫉俗，文筆犀利，嘗以千里馬自命，恨不遇伯樂。當他寓居上海勞合路時，附近多妓院，日夜鶯聲燕語，攪亂思緒，曾自撰春聯張貼門外以解嘲：

> 老驥伏櫪；流鶯比鄰。

1015 允文允武的陳銘樞

陳銘樞原廣東合浦人，留學日本，隨孫中山先生革命南征北戰。1932 年“一‧二八”與蔣光鼐、蔡廷鍇率十九路軍淞滬抗日，更被人稱爲“抗日英雄”。他一生追求進步，熱愛國家民族，一度曾做居士學佛，法名“真如”，能作詩善書法，更熱衷出版事業。北伐後他在上海寓公，接辦神州國光社，刊行許多文史書籍，內容主要是明、清兩朝農民起義、民族鬥爭、宮廷政變、列強侵略等秘笈抄本。抗戰勝利後，曾在南京辦"大士農場"，其後參加全國政治協商會議，晚年更沉迷於文史研究，曾發現《聊齋誌異》作者蒲松齡詞稿手迹，是一件研究蒲氏生活和寫作的重要史料。

1016 張善孖養虎作模特

張善孖、張大千兄弟四川內江人，善畫虎，抗日戰爭前寄居蘇州網師園時，曾養一小虎，日食雞蛋四十隻，牛肉一二斤。據說這小虎是江西一位軍官在山中獵獲，擬送何應欽的，卒爲善孖所得，溫馴如羔羊，任其活動，善孖睡覺，小虎蹲於榻畔；客至則隨主迎送如儀；善孖以其爲模特畫虎十二幅，名曰"十二金釵圖"，以美女名虎，可見溺愛之深。一日廣東葉譽虎至，善孖（人稱虎癡）攜小虎同攝一照片，名爲"三虎圖"，亦趣事也。後小虎因病不治而死，厚葬之，哀傷不已。到了抗日軍興，張氏兄弟西遷，接著遠遊歐美，爲抗日而義賣籌款並宣揚中華文化。大千曾在巴黎與西班牙世界級大師畢卡索會晤，名滿天下，惜未回大陸。曾作詩感懷：

> 海角天涯鬢已霜，揮毫醮淚寫滄桑。
>
> 五洲行遍猶尋勝，萬里歸遲總戀鄉。

1017 豐子愷無法謝絕愛他的人

豐子愷（1898-1975）仁愛處世，盡人皆知。當他未被打成"牛鬼蛇神"時，求取書畫者絡繹不絕。其女豐一吟極爲顧慮，勸其謝絕或少作應酬，以保健康。他說："愛我書畫的人總是愛護我的，愛護我的人，不是壞人吧，我怎能謝絕他們？"後來他竟爲"四人幫"迫害得身殘體弱，提早謝世。

1018 書法代筆

于右任（1879—1964）作書，由其外甥周伯敏伺候，書就爲之蓋章。以後求書者日衆，于老也漸衰老，即由伯敏代筆，頗具功力，足以混淆。又：孫中山先生（1866—1925）翰墨，而時出自田桐、田桓兄弟，也不易判別真僞。

1019 陳子展執行簡體字

陳子展湖南人，曾任上海復旦大學教授。二十世紀三十年代，與魯迅、曹聚仁等人投稿於黎烈文主編的《申報·自由談》，大談吃辣椒的好處，能刺激文人寫潑辣諷刺的文章。他曾自稱：生平沒有得意事，最倒楣的是一度執行不合規格的簡體字，"展"字寫作 "屍"字，自己的姓名變成 "陳子屍"。幸即取消，否則我命殆矣。

1020 劉海粟的幽默

當 "十年浩劫"時期，不論任何文件或書刊，都必冠以 "最高指示"一二則。已故藝術大師劉海粟早年在藝校曾倡用裸體模特爲教具，得到毛澤東關注與人談及並加讚賞。因此劉海粟也在畫室壁上大書 "最高指示：上海有個劉海粟……。"真想不到大師也這樣幽默可喜。

劉海粟曾八上黃山尋找畫材，直到九十高齡還不甘示弱，在作品上落款常加 "年方九十有幾"等等，以示年輕，來日方長。他熱愛寫生，尤擅畫牛，據說在美國紐約，曾有人以五十萬美元買了他的一幅墨牛，真是奇聞。他對各門藝術都很愛好，在黃山遇見丁玲，便和她切磋文學藝術，談論稗官野史。早年在日本遇見柳亞子，也大談拜倫、蘇曼殊的詩歌，當時柳曾贈詩：

> 相逢海外不尋常，十載才名各老蒼。
> 一卷拜倫遺集在，斷鴻零雁話蘇郎。

1021　馮玉祥一副美聯

馮玉祥（1882--1948）出身行伍，卻做了許多大事業，也寫了不少詩聯。抗日戰爭時期，他看見各種會議浪費時間和物質，深感不滿，乃寫一聯加以諷刺抨擊：

> 一桌子水果，半桌子點心，哪知民間疾苦？
> 三點鐘開會，五點鐘到齊，是否革命精神？

1022　夏丏尊自稱不是叫化子

二十世紀三、四十年代聞名文化界的夏丏尊先生，原名勉旃，後以諧音字改成現名，一般人往往讀成夏丐尊，很使他難為情。有一次他應劉大白之邀到某大學講授中國哲學，一上講臺便在黑板上大書：「我是夏丏尊，不是夏丐尊，是教書先生，不是叫化子。」弄得滿堂哄笑。

1023　費新我軼聞

已故左書家費新我，85 歲後接到不相識的浙江溫嶺縣張某來信，一開始即老氣橫秋稱 "新我老弟"，要求寫一對聯，自稱年已古稀。新我復一字條，算是對聯："自稱年已古稀，呼我老弟求書。" 另以小紙書 "膽大心粗" 算是橫披，還蓋上常用的 "左翁八十五後書"、"人書未老" 兩印章。這也是一則現代中國書畫界可圈可點的軼聞。

1024 好好先生

馮夢龍（1574—1646）編纂的《古今譚概》有一則故事講述好好先生來歷很有趣，云：好好先生相傳出於三國時期的隱士司馬徽，徽不管是好是壞都說好。某日有人很悲傷地自述兒子死亡，他答道：很好。妻子責備他，他也答道：你說得很好。

像這樣言不及義，糊塗混世的好好先生，當今社會也是不少的。按：馮夢龍是明末的通俗文學家、戲曲家，以編輯話本集 "三言"：《喻世明言》、《警世通言》、《醒世恒言》而聞名於世。

1025《徐霞客遊記》

一周假期的國際 "五・一" 勞動節快到了，脫了貧的人準備著到期外出旅遊，報刊上也刊載著遊記文學和廣告專版。在中國，遊記文學開創於南北朝，酈道元的《水經注》、謝靈運的《遊名山志》是其代表。唐代柳宗元的《永州八記》、南宋陸游的《入蜀記》，夾敘夾義，把地理見聞與遊記巧妙地結合，可讀性更強。特別明末徐霞客（1587—1641）所著《徐霞客遊記》，更繼承前人遊記文學的優良傳統而加以發揚光大。其文字趨向 "公安派"，獨抒性靈，不拘客套，搜奇抉怪，吐韻標新，自成一家。已故地質學家丁文江，曾整理該遊記並附年譜、路線圖等出版發行。竺可楨教授也於1941年，當徐霞客逝世 300 周年之際，盛讚徐霞客是一位爲求知而探險的地理學家，不能與同時代歐洲所有唯利是圖，掠奪別人，帝國主義海盜式的所謂 "探險家"同日而語。

1026《三字經》史話

"人之初，性本善"的《三字經》作者及年代，至今尚無定論，估計在宋朝之後。它與《百家姓》、《千字文》、《增廣賢文》等，同屬古代優秀啓蒙讀物，内容豐富，文字簡潔暢曉，易讀易記。後來有人仿照寫出《女兒三字經》、《醫學三字經》、《時務三字經》等等；太平天國還另編一本宣揚它的宗教和政策的《三字經》；到了民國初年，章太炎更把舊《三字經》修訂增補；前幾年廣東省教育部門，爲適應時代需要，還以舊瓶裝新酒方式新編一本《新三字經》，作爲少年兒童的讀物，頗得好評。還有：舊《三字經》曾於清·雍正五年（1727）被譯成俄文，流傳到俄國，譯本至今尚存。此外還有英、日、韓等國譯本。1990 年秋，聯合國教科文組織，更把新加坡出版的中英文對照本，選入《兒童道德叢書》，向全世界發行。

1027 "衝冠一怒爲紅顏"

陳圓圓原是南京秦淮河一名娼妓，容貌姣好，能歌善舞，氣質不凡，爲當時有名的四公子之一的冒辟疆所傾倒，原擬收爲妻妾，後冒公子因事赴京，恰值朝廷派國舅田弘遇來南京選美，陳圓圓中選。

當時崇禎爲國事憂心，無暇顧及圓圓，遂住在田家，日夜笙歌，名滿京城。一天，吳三桂到田家作客，一見圓圓怦然心動，便乘機好言要去。後吳三桂受命鎮守山海關，防禦清軍，圓圓未隨往，留在京城吳家。論者曰：假如圓圓也去了山海關，則吳三桂不會"衝冠一怒爲紅顏"，竟至引清兵入關；李自成、劉宗敏也不會因爲一個陳圓圓而把眼看可得到的江山丟掉。如此這般，中國這段明、清歷史就要改寫了。到了清軍取得江山後，吳三桂被康熙派爲雲南平西王，圓圓同往，後因失寵削髮爲尼。三十年後，吳三桂反清，受到康熙鎮壓，所有家小親族被凌遲處決，圓圓聞知，自沉于五華山華國寺蓮花池中。一代名妓就這樣成爲文學家藝術家們常寫常新的歷史題材。

1028 "愁看秋雨濕黃花"

今年是辛亥革命推翻帝制的 90 周年，我們應該記得武昌起義前半年的 3 月 29 日是黃花崗烈士殉國紀念日。當時幾十具烈士遺體暴露廣州街頭，幸有番禺人同盟會員潘達微先生的冒死奔波，把遺體收拾叢葬於沙河附近的紅花崗。潘先生認爲"紅花"比較軟弱，而黃菊傲視寒霜，代表著烈士們的高風亮節，因此改"紅花崗"爲"黃花崗"。以後幾經經營，把烈士墓建成現有的格局，以便後人憑弔祭祀，並成爲今天傳統革命教育基地。我記得當年流傳著一副楹聯也以"秋雨秋風愁煞人"情意寄託哀思：

　　七十二健兒，酣戰春雲湛碧血；

　　四百兆國子，愁看秋雨濕黃花。

1029 多變化的杜牧《清明》詩

清明時節雨紛紛，路上行人欲斷魂。

借問酒家何處有？牧童遙指杏花村。

以上是唐·杜牧（803—852）的《清明》七絕，它通過雨、行人、牧童、酒家勾勒出清明時節的特殊氣氛，通俗易懂，膾炙人口。多少年來，文人學士把它改變成許多形式，頗有趣味：

第一，三言句：清明節，雨紛紛，路上人，欲斷魂；問酒家，何
　　　　處有？牧童指，杏花村。

第二，四言句：清明時節，行人斷魂；酒家何處？指杏花村。

第三，五絕：時節雨紛紛，行人欲斷魂；酒家何處有？遙指杏花
　　　　村。

第四，小令：清明時節雨，紛紛路上行人；欲斷魂。借問酒家何
　　　　處？有牧童遙指：杏花村。

第五，短劇本：時間：清明時節　佈景：雨紛紛　地點：路上　人
　　　　物：行人：（欲斷魂）借問酒家何處有？牧童：（遙
　　　　指）杏花村（幕落）

1030 一千年來世界最富的五十人

據最近《亞洲華爾街日報》報導：該報選出一千年來世界最富的50人中，目前在世的有身家過360億美元的汶萊蘇丹哈志哈山納拍嘉，以及美國電腦奇才比爾蓋茲。在入選的50人中，有六人是中國人：成吉思汗、忽必烈、和珅、太監劉瑾、清商人伍秉鑒、宋子文。據稱：如按征服土地計算，成吉思汗可謂天下最富，打下1300萬平

方公里疆土；明武宗時太監劉瑾被處死後，搜出黃金 3300 公斤，白銀 725 萬公斤，而明末庫存僅得 200 萬公斤白銀；清朝乾嘉時候的和珅，貪污金額達 2.2 億兩，等於十多年的全國賦稅；清末廣州十三行的大買辦伍秉鑒和二十世紀四十年代的宋子文富甲天下，則早為人耳熟能詳了。

以上的報導屬於舊聞當新聞，準確與否？姑妄聽之。

1031 李敖是不是狂人？

前記臺灣作家李敖曾參加 2000 年諾貝爾文學獎提名，結果失敗。相信他又會憤憤不平、指斥瑞典人有眼不識泰山。他曾不止一次地說："五十年來和五百年內，中國人寫白話文的前三名是：李敖、李敖、李敖。嘴巴上罵我吹牛的，心裏卻為我供了牌位。"類似這類自負的話，他說過很多，確實有點狂妄，但他又確有天才，世間的事他幾乎無所不知、無所不曉，只要臺灣發現離奇事件，他馬上便可以引經據典寫出評論文章，為人矚目。他十二歲開始發表文章，讀高中二年級寫出《胡適文存》的讀後感，被胡適說成"比胡適還瞭解胡適"。他還具備大丈夫的氣概，敢想敢幹，眼見不平，挺身而出，立足道義，仗義執言，打遍天下無所懼，兩次入獄只等閒。我認為下面魯迅的話可以送給李敖：

"有缺點的戰士，終究是戰士；完美的蒼蠅，也終究不過是蒼蠅。"

1032 江澤民賦詩贈卡斯楚

2001 年 4 月 1 日，美國的軍用偵察機在海南省附近撞毀我軍用飛機，造成飛行員王偉失蹤。隨後美機又未經我方允許進入我領空，降落在淩水軍用機場。這一事件十足暴露了美國霸權主義的嘴臉。當時江澤民按照原定日程訪問古巴，竟閒情逸致步唐‧李白《早發白帝城》原韻賦詩一首並書贈卡斯楚：

> 朝辭華夏彩雲間，萬里南美十日還；
>
> 隔岸風聲狂帶雨，青松傲骨定如山。

這首詩既抒發了他像三國諸葛亮"安居平五路"的豪情壯志，也歌頌了卡斯楚幾十年來在美國後院鬥爭不屈的精神。

1033 孫立人原是籃球健將

1949 年以前，一共舉辦過十屆"遠東運動會"，1921 年的第五屆，中國的籃球隊得了唯一一次冠軍。其中主力是王耀東、魏樹桓、王鑒武、翟蔭梧、孫立人。前四人都是北京高等師範學生，孫立人卻是清華大學學生。這位後衛孫立人平時是白面書生，沉默寡言，為人耿直，性格剛毅，深得人們尊重。而在球場上卻步伐靈活，拚勁十足，防守有方，是一位不可多得的健將。後來他留學美國維州軍校，畢業後歸國參加部隊，抗戰後期升為新一軍軍長，出征印度緬甸，戰績不俗。後至臺灣曾任陸軍總司令，因故被軟禁多年，1990 年病逝台灣省台中市。

1034 現實中的饕餮

前記有鄉鎮幹部吃垮當地茶樓酒館的官場腐化新聞，我因此想起了傳說中古代只有腦袋、沒有身子的怪獸—饕餮。這怪獸為什麼有首無身？說法不一。有的說：它貪於飲食，只要兩肩扛著一張嘴巴能夠吞食就行，以免被人指著後樑骨或者打屁股，達到 "無身一身輕"。有的說：這怪獸從來吃不夠，卻又消化不良，日久病變，高位截肢。更有的說：這怪獸貪食，天下可食之物，不滿其欲，終於把自身連皮帶骨也吃下去了，只剩下一張嘴和腦袋云云。

現在，這怪獸只能在鍾鼎彝器上可以看到，那些吃垮茶樓酒館的鄉鎮幹部是不是它傳下的子孫或者變種？

1035 我們決不信奉金錢萬能

最近我讀到一首新詩寫得很淺白易懂：

金錢能買到高堂華屋，

卻買不到真情溫暖。

能買到長壽秘典，

卻買不到青春容顏。

或許能買到文憑，

卻買不到學問。

或許能買到威風，

卻買不到尊嚴。

當然更買不到——

壯士浩氣，英雄義膽。

買不到人格的魅力，

和人傑的風範。

我們決不信奉金錢萬能，

決不相信有錢就是神仙。

多少例證，

多少感歎，

錢能把你送入高天，

也能把你拖到深淵。

美醜之差在於貪廉一瞬間，

善惡之間在於公私一閃念……

1036 永遠保持志節不容易

一個人在漫長的人生歷程中，難免會受到複雜環境的影響和淘汰分化，有的前進，有的退隱；有的落荒，有的投敵。"五·四"時期的戰將周作人固無論矣，即如錢玄同也是不能跟隨隊伍遷入內地堅持抗日，而病逝於淪陷區的。他曾對人說過："四十以上的人，都應該槍斃！"但他到了四十歲也跟不上時代，大發"頭可斷，辯證法不可開講"的論調，反對進步思想的學習。作爲老戰友的魯迅，爲此寫了一首打油詩開他的玩笑：

作法不自斃，悠然過四十；

何妨賭肥頭，抵擋辯證法。

至於更早的民主主義者章太炎，也如魯迅說的到了晚年"既離民衆，漸入頹唐"，難免有白圭之玷。可見人要保持堅貞不屈、永遠跟著時代前進的志節是不很容易的，很值得我們警惕。

1037 蔡元培的婚姻

前記蔡元培先生（1868—1940）原配夫人王昭 1900 年病逝後，曾公開提出徵婚啓事數節，開婚姻風氣之先，結果得到江西才女黃世振女士相愛，于 1901 年在杭州結婚，感情深摯，互愛互敬。不幸黃女士又于 1921 年在北京去世，使蔡先生無限哀痛。壯年喪偶，其苦可知—生活上固然乏人照料，而北京大學校長公務又極繁忙，乃接受親友勸導，與年輕聰明的周峻女士結婚。婚後共同負擔家務，雖洗衣掃地之事，蔡先生也親自爲之，在公務和學習上更多砥礪，蔡先生出國考察，周女士也去歐洲留學，在漫長的歲月裏經常吟詞和詩，情意盎然，周峻有一首《送春·立夏前夕》：

> 今年花事已闌珊，臨去春風夜又寒。
>
> 林鳥依依還惜別，願君寄語報平安。

蔡先生接到詩後，即依原韻相和：

> 來遲本已苦珊珊，去又匆匆趁嫩寒。
>
> 但願隨春共來去，不叫別恨擾恬安。

在婚姻問題上，蔡先生一向是主張自由、平等，破除舊習，樹立新風，而且身體力行，爲人表率的。

1038 "東方雪萊"王禮錫

王禮錫(1901－1939)與陸晶清(1907－1993)是一對志同道合的恩愛夫妻。上世紀二十年代初，王禮錫即參加革命，1929 年應陳銘樞之邀，在上海神州國光社編輯部工作，出版了許多進步書籍，後被通緝，逃亡歐洲。1933 年又應邀回國參加福建人民政府反蔣抗日，失敗後又逃亡英國，曾兩次遊歷蘇聯。著有《海外雜筆》、《海外二事》，揭露德國納粹和意大利法西斯的反動面目，而且經常用英語寫作詩文在英語國家發表，被高爾基稱爲"東方雪萊"。是一位優秀的國民外交家，爲中國抗日救亡做了許多工作。不幸的是 1939 年在赴前線慰問抗日戰士時在洛陽逝世，年僅 38 歲。

1039 名人贈詩謝冰瑩

謝冰瑩(1906—2000)已於去年病逝於美國舊金山。大家知道她是上世紀北伐時期的女兵，在中國文學和愛國工作上作出很大的貢獻，很受人敬愛和讚揚，尤其在 1937 年"七七"事變她再組團赴上海前線工作以後，更多名人寫詩相送，例如何香凝有一首：

> 征衣穿上到軍中，巾幗英雄武士風。
>
> 錦繡河山遭慘禍，深閨娘子去從戎。

柳亞子也寫了一首送別詩：

> 三載不相親，意氣還如舊；
>
> 殲敵早歸來，痛飲黃龍酒！

又當謝冰瑩和田漢、柳亞子等人同到大場前線時，田漢口占七絕《贈冰瑩》：

> 謝家才調信縱橫，慣向槍林策杖行。
>
> 應為江南添壯氣，湖南新到女兒兵。

到了 1938 年，謝冰瑩在漢口適逢黃炎培老先生，黃老先生同樣以《贈冰瑩》為題贈詩兩首：

> 早讀冰瑩美妙文，雲中何地識湘君？
>
> 可憐相見滄江晚，九派潯陽壓寇氛。

> 投筆班生已自豪，如君不櫛亦戎刀。
>
> 文章覆瓿誰論價？獨讓《從軍日記》高。

又到了 1939 年，謝冰瑩因病回到重慶，訪陳銘樞不遇，陳見留字乃賦詩一律，也以《贈冰瑩》為題：

山居晚步自蹣跚，返睹留書訝木蘭！

又告從軍披甲舊，早彰妙筆挾心丹。

東山蠟屐非吾事，大漢金甌看共完。

苦病週閽揮慧劍，春風猶屬願加餐！

總計抗戰八年，謝冰瑩克服了重重困難，一直到國土重光，做了許多大事，寫了許多文章，可謂一代女傑，所以得到了許多人衷心的讚許。

1040 流沙河的風趣

老詩人流沙河很早便被劃爲"右派"，歷盡坎坷艱難猶精神健旺。平反後，哲思妙解，隨意揮灑，多風趣帶機鋒。在他那本《Y先生語錄》裡有一則：

有位女詩人擅長舊體詩，自海南島歸來，熱情熾烈，贈Y先生紅豆三粒，Y先生回贈綠豆三斤，附詩一首：

綠豆生北國，春來發幾葉；

勸君多採擷，此物最清熱。

流沙河老詩人化神奇爲腐朽，以綠豆三斤報答紅豆三粒，真是浸透了靈氣的大幽默，所附打油詩淸心解頤，蘊涵著無限的才情與智慧。

1041 于右任的墓園與銅像

于右任先生(1879－1964)是民國元老，任國民政府監察院長三十多年，擅長書法詩詞，爲人敦厚，熱愛祖國。1964 年病逝台北後，爲了滿足他生前願望，特在台北省淡水鎮光明里海拔 700 多公尺的高山上建立墓園，面向大陸，墓前有墓道、牌坊，牌坊兩邊石柱刻有一聯：

> 西北望神州，萬星風濤接瀛海；
>
> 東南留勝跡，千秋豪傑壯山岳。

牌坊背面還有一聯：

> 革命人豪，耆德元勛尊一代；
>
> 文章冠冕，詩雄草聖足千秋。

除了上述墓園外，另有台灣青年學生自籌資金在我國東南地區最高峰的玉山之巔、海拔 3997 公尺處，塑造了一座于先生三公尺高銅像，合計 4000 公尺，這也算更滿足了他老先生遙望故鄉的願望。

1042 用中藥名造句的《致在台友人》信

我記得豐子愷先生曾有一篇散文，盛讚許多中藥名極富美感和詩意，例如：知母、當歸、獨活、熟地、紅娘子、相思子等等。歷來文人雅士用來造句子寫成妙趣橫生的書信、詩詞不少，膾炙人口。最近我讀到一封《致在台友人》函，通篇幽默中蘊涵苦澀，嬉戲中隱藏真意，文筆流暢，使人擊掌叫絕：

*白尤*兄：

君東渡*大海*，*獨活*於異鄉*生地*，如*浮萍*漂泊，*牽牛*依籬，豈不*知母*親思念，今日*當歸*耶？家鄉*常山*，乃祖居*熟地*，春有*牡丹*，夏有*芍藥*，秋有*菊花*，冬有*臘梅*；真是*紅花紫草蘇木青*，*金櫻銀杏玉竹*林，*龍眼蛤蚧*鳴*赭石*，*仙茅石斛*連*鉤藤*。昔日*沙苑滑石*之上，已建起*凌宵重樓*，早已不用*破故紙*擋窗*防風*了；而是門前掛*金鳳*，懸*紫珠*，誰不*一見喜*？家中東園遍佈*金錢草*、*益母草*；西苑盛開*百合花*、

月季花；北牆爬滿*絡石藤*、*青風藤*；南池結有*石蓮子*、*芡實子*。但見*青果*累累，*花粉*四溢。令尊*白前公*，拄*虎杖*、扶*寄奴*，踏*竹葉*，上*蓮房*，已是危危*白頭翁*矣。令堂*澤蘭*嬸，雖年邁而*首烏*，猶千年健之*甘松*也。唯時念海外*千金子*，常盼家人*合歡*時，勿戀寄*生地*，願君早*茴香*(回鄉)！

弟*杜仲*頓首

1043 孫立人與謝冰心的交情

前記孫立人(1900－1990)原是一位籃球健將，他到台灣後，曾任陸軍總司令，顯赫一時，於1955年因部下郭廷亮的"兵變案"而累及受軟禁三十三年之久，直到逝世前二年才恢復自由。他是武將，卻與文人謝冰心夫婦很有交情，當他逝世那年的五月十五日給冰心信中寫到：

回憶同舟東渡，轉瞬送七十年。昔日少年俱各衰邁，而文藻(冰心的丈夫)且已下世，人世無常真不可把玩也。立人兩三年來身體狀況亦大不如前，雖行動尚不須人扶持，而步履遲遲，不復輕快，有時目內空空，思緒難以集中，除定時赴醫院作復健運動外，甚少出門矣。

同年十月五日，冰心九十華誕之時，他又致電北京：

海內存知己，天涯若比鄰。欣聞九十大慶，敬祝福如東海，壽比南山。　弟孫立人拜賀。

不幸的是又是同年十一月十九日孫立人竟在自己家中因肺炎及敗血症"壽終正寢"撒手人寰，從此兩位同齡人、文武知交便不復相往來了。

後　記

　　1998 年秋，《閑情記舊》初集出版後，我原以爲已活到八十多歲，老病交侵，在讀寫上難有作爲，更難副周伯乃先生對我的期許，再行出書。然而，世間就多出於意外之事，1999 年夏，我來番禺就醫，竟能好轉，並接受兒孫們的建議，在廣州住了下來。閑來無事，尚有"餘熱"，二年中不知不覺又寫了"記舊"五百餘則。多謝伯乃先生和吳偉英兄以及三弟楷才，認爲志氣可嘉，決定把它先在《世界論壇報·副刊》連載，然後編成《閑情記舊·二集》，另行作序交出版社印行，讓我多一本著作存世。

　　這五百餘則"記舊"，還是一如既往在飯飽茶足之餘，記些古今仁人志士的嘉言懿行、趣事逸聞，以及一些反面人物禍國殃民、遺臭萬年的劣跡。我生當內憂外患、饑寒交迫、動亂變革的二十世紀初期，真是生不逢辰又生而逢辰，何解？蓋因上個世紀，白雲蒼狗，世事滄桑，人間百態，無奇不有，我一直好像生活在萬花筒中，隨波逐流，左衝右突，嘗盡戰爭、牢獄等等艱難痛苦。這書所記的人和事，就是所見、所聞、所歷的一小部份，但可悲可喜，可歌可泣，可恨可笑，足資借鑑警惕的卻也不少。我很榮幸今天能夠把它出版，實在是盛世興文的一件大好事。古人有說：天下有道，則庶人不議。反過來好像是有人議，天下就無道。其實有人議也是天下有道，到了天下無道的時候，就連議的人也沒有了。這叫做"萬馬齊喑"的無聲世界，人們是不希望這樣的日子到來的。

　　我還記得司馬遷曾舉過聖賢發憤的典型：文王拘而演《周易》；仲尼厄而作《春秋》；屈原放逐而賦《離騷》；左丘失明而撰《國語》……這說明人有抑鬱憤懣，必有所發洩，或述往事，或記來者，雖然各人所作所爲高下不同，但都算是許多瞬間片斷疊成的歷史。我一向喜歡讀書，把自己擺進歷史的長河中，與他人比附、對照，得到一些啓發和反思，把可傳之人，可感之事，可念之情記了下來，點滴積累，藉此知人論世，修心養性，砥礪德操，這又是本書所記的一小部份。但我讀的書畢竟少得可憐，人生大半寶貴時光被迫付之東流。總之，本書內容都是些信手拈來，隨意塗鴉之作，難免空乏單薄，雜亂無章，也許還有不少錯誤，只堪拿去覆盆覆缽。然而，我還是"敝帚自珍"，不怕獻醜。這是缺乏自知之明？抑或算是人之常情？我一時無法說清。

　　現在，書畢竟要付印出版了，我還要感謝文史哲出版社發行人彭正雄先生，對本書先後上、下兩集的出版，都以服務文化事業爲宗旨，盡力幫助，毫不言利，只求完美，可謂難得的神交。說實在話，我此生無悔無憾，感到滿足。幾十年的風雨憂患，總算已經過去，迎來了晚年的紅霞滿天。我自認已竭盡全力去補回被迫付之東流的人生大半寶貴時光和失去的東西，無負青年時代的豪情壯志。"人生不滿百，常懷千載憂"，以後我將與書籍筆墨疏離，很應該以閑情去享受自然，享受陽光空氣，享受親情友情，享受各方面給我的快樂，輕鬆瀟灑，再走好人生最後一圈。值得高興安慰的是：在這新的二十一世紀，我們的國家民族，已遠離了荒唐的歲月，而走向繁榮富強、團結奮發的金光大道。有位老同學最近贈我一首七絕，可算是我此刻內心的寫照：

　　　　七層樓上樂爲家，安度晚年歲月佳。
　　　　臘鼓冬深梅鬥雪，春回欣見木棉花。

　　　　　　　　　　　　　　　　2001 年七月記於廣州